Le recours à la tradition

Michel MICHEL

LE RECOURS A LA TRADITION
La modernité : des idées chrétiennes devenues folles

Préface de Fabrice Hadjadj

COLLECTION THÉÔRIA

L'Harmattan

© L'Harmattan, 2021
5-7, rue de l'École-Polytechnique ; 75005 Paris
http://www.editions-harmattan.fr
ISBN : 978-2-343-23557-8
EAN : 9782343235578

COLLECTION THÉÔRIA
DIRIGÉE PAR PIERRE-MARIE SIGAUD
AVEC LA COLLABORATION DE BRUNO BÉRARD

OUVRAGES PARUS :

Jean BORELLA, *Problèmes de gnose*, 2007
Wolfgang SMITH, *Sagesse de la cosmologie ancienne – Les cosmologies traditionnelles face à la science contemporaine*, 2008
Françoise BONARDEL, *Bouddhisme et philosophie – En quête d'une sagesse commune*, 2008
Jean BORELLA, *La crise du symbolisme religieux*, 2008
Jean BIÈS, *Vie spirituelle et modernité*, 2008
David LUCAS, *Crise des valeurs éducatives et postmodernité*, 2009
Kostas MAVRAKIS, *De quoi Badiou est-il le nom ? Pour en finir avec le (XXᵉ) siècle*, 2009
Reza SHAH-KAZEMI, *Shankara, Ibn 'Arabî et Maître Eckhart – La voie de la Transcendance*, 2010
Marco PALLIS, *La Voie et la Montagne – Quête spirituelle et bouddhisme tibétain*, 2010.
Jean HANI, *La royauté sacrée – Du pharaon au roi très chrétien*, 2010
Frithjof SCHUON, *Avoir un centre*, 2010
Patrick RINGGENBERG, *Diversité et unité des religions chez René Guénon et Frithjof Schuon*, 2010
Kenryo KANAMATSU, *Le Naturel – Un classique du bouddhisme Shin*, 2011
Frithjof SCHUON, *Les Stations de la Sagesse*, 2011
Jean BORELLA, *Amour et Vérité – La voie chrétienne de la charité*, 2011
Patrick RINGGENBERG, *Les théories de l'art dans la pensée traditionnelle – Guénon, Coomaraswamy, Schuon, Burckhardt*, 2011
Jean HANI, *La Divine Liturgie*, 2011
Swami Śrī KARAPATRA, *La lampe de la Connaissance non-duelle*, suivi de *La crème de la Libération*, attribué à Swami TANDAVARYA, suivis d'un inédit, *La Connaissance du soi et le chercheur occidental* de Frithjof SCHUON, 2011
Paul BALLANFAT, *Messianisme et sainteté – Les poèmes du mystique ottoman Niyâzî Mısrî, (1618-1694)*, 2012
Frithjof SCHUON, *Forme et substance dans les religions*, 2012
Jean BORELLA, *Penser l'analogie*, 2012
Jean BORELLA, *Le sens du surnaturel*, 2012
Paul BALLANFAT, *Unité et spiritualité – Le courant Melamî-Hamzevî dans l'Empire ottoman*, 2013
Michel D'URANCE & Guillaume DE TANOÜARN, *Dieu ou l'éthique – Dialogue sur l'essentiel*, 2013

Le Śrimad Bhāgavatam – La Sagesse de Dieu, résumé et traduit du sanskrit par Swāmi Prabhavānanda, traduit de l'anglais par Ghislain Chetan, 2013
Frithjof SCHUON, *De l'unité transcendante des religions*, 2014
Gilbert DURAND, *La foi du cordonnier*, 2014
Robert BOLTON, *Les âges de l'humanité – Essai sur l'histoire du monde et la fin des temps*, traduit de l'anglais par Jean-Claude Perret, 2014
Mahmut EROL KILIÇ, *Le soufi et la poésie – Poétique de la poésie soufie ottomane*, traduit du turc par Paul Ballanfat, 2015
John PARASKEVOPOULOS, *L'appel de l'Infini – La voie du bouddhisme Shin*, traduit de l'anglais par Ghislain Chetan, préface de Patrick Laude, 2015
Jean BORELLA, *Aux sources bibliques de la métaphysique*, 2015
Frithjof SCHUON, *Christianisme/Islam – Visions d'œcuménisme ésotérique*, 2015
Frithjof SCHUON, *De tout Cœur et en l'Esprit – Choix de lettres d'un Maître spirituel*, traduit de l'allemand par Ghislain Chetan, 2015
Jean BORELLA, *Lumières de la théologie mystique*, 2015
Jean BORELLA, *Histoire et théorie du symbole*, 2015
Patrick LAUDE, *Apocalypse des religions – Pathologies et dévoilements de la conscience religieuse contemporaine*, 2016
Jean BORELLA, *Marxisme et sens chrétien de l'histoire*, 2016
Hari Prasad SHASTRI, *Échos spirituels du Japon – L'esprit et les formes du Japon traditionnel*, traduit de l'anglais par Patrick Laude, 2016
Frithjof SCHUON, *Regards sur les mondes anciens*, 2016
Victoria CIRLOT, *Hildegarde de Bingen et la tradition visionnaire de l'Occident*, traduit de l'espagnol par Sébastien Galland et Juan Lorente, 2016
John PARASKEVOPOULOS, *Le parfum de la Lumière – Une Anthologie de la sagesse bouddhiste*, traduit de l'anglais par Ghislain Chetan, 2017
Jean BORELLA, *Ésotérisme guénonien et Mystère chrétien*, 2017
Frithjof SCHUON, *L'Œil du Cœur*, 2017
Luc-Olivier D'ALGANGE, *Le déchiffrement du monde – La gnose poétique d'Ernst Jünger*, 2017
Louis SAINT-MARTIN, *Sagesse de l'astrologie traditionnelle – Essai sur la nature et les fondements de l'astrologie*, 2018
Jean BORELLA, *Sur les chemins de l'Esprit – Itinéraire d'un philosophe chrétien*, 2018
Jean BORELLA, *L'intelligence et la foi*, 2018
Jean-Pierre LAURANT, *Guénon au combat – Des réseaux en mal d'institutions*, 2019
Jacques VIRET, *Le retour d'Orphée – L'harmonie dans la musique, le cosmos et l'homme*, 2019
Jean BORELLA, *Le sens perdu de l'Écriture – Exégèse et herméneutique*, 2019
Svāmī SATCIDĀNANDENDRA SARASVATĪ, *Doctrine et méthode de l'Advaita Vedānta*, édité par Gian Giuseppe Filippi et traduit par Alessandra Tamanti, 2020

Yûnus Emre, *L'Amour de la Poésie – Les poèmes spirituels de Yûnus Emre (1240-1320),* traduction de Paul Ballanfat, 2020
Paul Ballanfat, *Poésie en ruines – La pensée et la poétique de Yûnus Emre,* 2020
Frithjof Schuon, *Racines de la condition humaine,* 2020
Luc-Olivier d'Algange, *L'Âme secrète de l'Europe – Œuvres, mythologies, cités emblématiques,* 2020
Jean Borella, *René Guénon et le guénonisme – Enjeux et questionnements,* 2020
Michaël Rabier, *Nicolás Gómez Dávila, penseur de l'antimodernité – Vie, œuvre et philosophie,* 2020
Swami Kedarnath, *Introduction à la philosophie indienne de la connaissance de l'Absolu selon Śrī Mā Ānandamayī,* traduction de Ghislain Chetan, 2021
Frithjof Schuon, *Images de l'Esprit – Shinto, Bouddhisme, Yoga,* 2021

Remerciements à Françoise Michel, Jean-Marc Joubert, Aurélie Michel, Sophie Vassal, Sœur Gloria, Christine Sionnet Thirion, Henri Augier, Richard de Sèze, Pierre Builly et tous ceux qui m'ont encouragé, conseillé et fraternellement corrigé.

☙

« *Non nobis Domine sed nomini tuo da gloriam.* »

PRÉFACE

Apocalypse de la Tradition

> *Oui, cette renaissance est entre nos mains à tous.*
> *Il dépend de nous que l'Occident suscite ces Contre-Alexandre*
> *qui doivent renouer le nœud gordien de la civilisation,*
> *tranché par la force de l'épée. Pour cela, il nous faut prendre*
> *tous les risques et les travaux de la liberté.*
>
> Albert Camus, *Discours d'Uppsala*, 14 décembre 1957

1. Recourir à la tradition suppose une situation moderne. C'est parce que tout devient liquide que l'on cherche l'étoile qui guide la navigation. C'est parce qu'on a cassé le fil que l'on cherche à renouer. Rupture révolutionnaire et recours traditionnel sont donc corrélatifs, à tel point que le traditionalisme peut découler d'un modernisme qui s'ignore.

Je me sens déshérité, perdu, sans repère, mes parents soixante-huitards ont failli dans leur tâche de transmission ; dès lors, pour ne pas m'enfoncer dans ces sables-mouvants, je me constitue un sol stable, je me procure des invariants, des archétypes, d'infrangibles symboles. En un mot, je lis René Guénon. Mais, d'emblée, l'initiative étant individuelle, et la découverte se faisant par un livre muni d'un code barre, et non de bouche à oreille, le rapport à la prétendue Tradition primordiale s'opère à travers les moyens de la consommation : Schuon, Trungpa, Evola ont été piochés au rayon « spiritualités » ou commandés sur Amazon et se retrouvent empilés dans le même caddie virtuel…

J'ai beau me déclarer antimoderne, je suis plus certainement postmoderne. Le moderne croyait aux lendemains qui chantent. Le postmoderne, ayant déchanté tout au long du XXe siècle, n'y croit plus, et le passé devient pour lui un grand supermarché à partir duquel il fait ses emplettes contre-révolutionnaires. Je peux bien protester avec Maistre que « la contre-révolution ne sera pas une révolution en sens contraire, mais le contraire de la révolution », ce contraire de la révolution présuppose encore la révolution elle-même et son fait incontournable. Comme si la modernité sur avait définitivement refermé son piège. Antoine Compagnon pourra soutenir en ce sens que l'antimoderne est le sel du moderne, et même en quelque sorte le moderne au second degré : un individu dressé contre l'individualisme, un moderne libre des conformismes et des réflexes de son temps.

2. Le célèbre *Motu proprio* du pape Jean-Paul II, *Ecclesia Dei afflicta,* par-delà les circonstances qui motivent sa rédaction, laisse entrevoir cette logique de surenchère qu'entretiennent modernisme et traditionalisme, de même que puritanisme et laxisme, ou encore abolition des frontières et xénophobie. Aussi met-il ainsi en garde contre « une notion incomplète et contradictoire de la Tradition » (la majuscule est dans le texte pontifical).

La notion de Tradition est incomplète quand elle prétend situer le traditionnel entièrement au-dessus du temps. *Tradire*, c'est transmettre, ce qui implique une succession, une suite des générations, et donc une histoire – sans pour autant verser dans l'historicisme. De là cette difficulté à tenir un concept de tradition où l'éternité et l'époque, le même et l'autre, la définition et le développement du dogme, connaissent une juste articulation. Jean-Paul II insiste sur le « caractère *vivant* » et « l'unité dans la variété ». Il propose en conséquence une image organique où ce qui « est *ab Apostolis* » est aussi ce qui « se poursuit *in Ecclesia* » et qui « s'accroît *ex contemplatione et studio* ».

La notion de Tradition est contradictoire quand un individu ou un groupe prétendent décider du traditionnel à partir d'un rejet de la communauté réelle qui en est la dépositaire, plus particulièrement ici avec le pape dans l'exercice du Magistère : « Personne ne peut rester fidèle à la Tradition en rompant le lien ecclésial avec celui à qui le Christ, en la personne de l'apôtre Pierre, a confié le ministère de l'unité dans son Église » (avec un renvoi au Concile Vatican I). Le traditionalisme est ici dévoilé comme une réaction moderne au modernisme.

3. Mais on peut aussi renverser la perspective et remarquer que la modernité ne peut se défendre contre la logique fondamentale de la tradition. Le moteur du moderne est en effet moins la table rase que le court-circuit. Il coupe avec l'héritage direct, mais il s'octroie une légitimité en passant par-dessus les générations. Contre ses pères, il tend la main à des ancêtres qui ne peuvent pas contester les intentions que leur prêtent ses exercices de spiritisme. Ainsi les révolutionnaires français se réclamèrent de la république romaine. Ainsi l'Empire, gêné par le patrimoine latin et la dynastie des rois francs, enseigne dans ses écoles « nos ancêtres, les Gaulois ». Même le transhumanisme a besoin de son livre de la Genèse : il faut se débarrasser de toute l'histoire humaine ? Qu'à cela ne tienne ! On remonte, via la vulgate néo-darwiniste, à la tradition des dinosaures et des bactéries, à l'avantage sélectif dans le *struggle for life*.

C'est ici que Michel Michel est lui-même un recours. *Nomen est omen* : son nom assume le même et l'autre, l'apparente répétition y étant passage du prénom au nom de famille, l'apparente identité, dialogue incessant entre présence à soi et legs des aïeux. Une lecture superficielle de son livre pourrait conduire à le ranger parmi les traditionalistes obtus, focalisés sur la marche arrière et le rétroviseur, pourfendant le révolutionnaire pour s'attacher au révolu. Mais c'est un fidèle, et non un néo-païen. On pourrait dire, pour paraphraser Jacques Maritain, que son antimodernité est aussi bien une ultramodernité. Il me semble toutefois plus juste d'affirmer qu'elle est une métamodernité : elle montre comment le moderne est encore héritier à sa façon, ne cessant de refourguer en contrebande et en pièces détachées les éléments d'une Tradition méconnue.

Autrement dit, le fait moderne est sans doute incontournable, mais plus incontestable encore est son soubassement traditionnel. Pour Michel Michel, il n'y a pas à choisir entre deux chemins. La modernité est une réalité. Mais la Tradition est le réel. Il n'y a qu'un seul Chemin, celui où l'on va en sachant d'où l'on vient. Le reste n'est qu'une multitude de façon de verser dans le fossé ou de se casser la jambe.

L'héritier et l'hérétique

4. Il est un lieu où la tradition est toujours présente, c'est la langue maternelle. Personne n'a inventé sa langue, chacun l'a reçu au sein de sa famille. Non point par le canal institutionnel, académique ou livresque, mais par la vie de tous les jours qui fait passer insensiblement de la bouche qui tète à la bouche qui articule, du charnel au spirituel.

C'est dans un tel contexte familial que j'ai reçu de Michel Michel. Parce que c'était moi et parce que c'est mon beau-père, nous nous retrouvions régulièrement, non dans un amphithéâtre, ni à travers des écrits, mais autour de la table, à converser librement. Jusqu'à ce jour, je l'avoue, je n'ai pas lu une seule page de Guénon, mais je l'ai fréquemment mangé au petit-déjeuner. Michel m'en parlait, comme il me parlait de tant d'auteurs que ma jeunesse de gauche ignorait complètement. Et la métaphysique peu à peu s'élaborait entre le café et les tartines.

Son premier enseignement sur la Tradition m'est venu à travers son attention pour la pub. J'ai déjà signalé ma dette à ce sujet dans *La profondeur des sexes* (éd. Seuil, 2008). Les vitrines du consumérisme ne peuvent briller qu'en recyclant des lueurs religieuses ou en confisquant des attributs divins. Les corps de la publicité singent les corps glorieux. Telle voiture vous procurera la joie, tel yaourt, le goût du vrai, telle connexion haut-débit, l'ubiquité et l'omniscience, etc. Pour inciter à la dépense, il faut que la marchandise se pare des ornements de l'absolu. En période de soldes, le comportement du client parodie celui du fidèle à la fin des temps : « Liquidation totale », « Tout doit disparaître »… *Puisque tout cela est en voie de dissolution, vous voyez quels hommes vous devez être* (2 P 3, 10) – des acheteurs compulsifs…

J'ai vu, dans le grenier de Michel, des classeurs où il avait découpé d'innombrables réclames pour les ordinateurs personnels depuis le début des années 80 jusqu'à nos jours. Texas Instruments y proposait rien de moins que la « Super-Puissance », Hewlett Packard « un calculateur, un système, une nouvelle étape vers la perfection ». Quand Apple, en 1984, lance son Macintosh à travers un clip réalisé par Ridley Scott, il s'agit tout simplement de vaincre Big Brother : à chacun son écran, et nous serons libérés. Dès le départ, le dataïsme se défend comme un évangile, et son réseau prétend réinventer la communion des saints.

5. De même que l'image de Dieu demeure alors que nous en avons perdu la ressemblance, la lumière de la Tradition apparaît encore dans la modernité comme dans les éclats d'un miroir brisé. Michel Michel reprend ainsi la thèse de Chesterton : « Le monde moderne est plein de vertus chrétiennes devenues folles. »

Ce qui doit être distingué sans confusion ni séparation, selon le principe de Chalcédoine, se retrouve soit séparé, soit confondu, si bien qu'à la place de l'harmonie espérée on passe d'un bord à l'autre, d'une erreur à l'erreur opposée, par de perpétuels rééquilibrages qui sont autant de retours de balanciers. Du socialisme au capitalisme, de l'homme sans Dieu au Dieu qui refuse de se faire homme, de la bête supérieure à la rationalité sans animalité, de la croix à la gloire, c'est à chaque fois les *membra disjecta* de la Tradition vivante qui s'entredéchirent au lieu de faire corps.

Cela porte un nom : « hérésie », du mot grec qui signifie « choix ». Ce choix, qu'on pourrait prendre pour un accomplissement de la liberté, accueille une partie du vrai afin de mieux rejeter l'autre. Jésus vrai Dieu et vrai homme n'est plus que Jésus vrai homme. Aussitôt, en face, des contradicteurs se lèvent : Non, il n'est que vrai Dieu. Puis se détache un troisième camp : il est moitié Dieu et moitié homme. Ainsi l'hérésie appelle des hérésies adverses, les idées chrétiennes disloquées s'affolent et s'affrontent. Comme de bien entendu, ces hérésies dépendent de l'héritage, mais c'est un héritage sans testament, que l'on dilapide loin de la maison du Père.

6. Selon Michel Michel, le grand danger est de prendre ces hérésies pour des éléments de culture, et donc des « préparations

évangéliques » qu'il s'agirait de saisir et de faire fructifier. On confond alors le monde déchristianisé avec le monde païen. On prend Marx pour un nouveau Virgile. On ne sait plus différencier un antichrist qui *est sorti de chez nous* (1 Jn 2, 19) et un sauvage qui aspire à y entrer. Comment la politique de la main tendue pourrait-elle aboutir quand ce que l'on vous offre en face est votre propre main tranchée ? Toute une pastorale s'y est pourtant adonnée avec de bonnes intentions et des sentiments encore meilleurs. Elle a raclé tout ce qu'elle a trouvé d'eau stagnante au fond des citernes fêlées, mais cela ne lui a guère permis de faire jaillir l'eau vive qui se trouvait tout près d'elle, dans la Tradition de l'Église.

L'hérésie n'en fait pas moins partie du dynamisme de cette Tradition même. Comme l'écrit Paul dans sa première lettre aux Corinthiens (11, 19) : *Il faut qu'il y ait des hérésies parmi vous, afin que ceux qui sont dignes d'approbation soient parmi vous manifestés.* Cette affirmation de l'hérésie opportune n'est pas loin de celle de la pourriture noble dans la culture du sauternes. Il ne s'agit pas de confondre le bon grain et l'ivraie. Il s'agit de constater : 1. Qu'on ne saurait arracher l'ivraie sans arracher aussi le bon grain. 2. Que cette ambivalence vient éprouver notre foi comme le feu éprouve l'or. 3. Que l'hérésie est toujours l'occasion d'un approfondissement et d'un développement du dogme.

Sans aucun doute, la pastorale est d'abord celle du berger qui conduit ses ouailles. Mais elle est aussi celle du combattant qui les protège des loups (spécialement des plus *ravisseurs, déguisés en brebis* – Mt 7, 13). Michel martèle ainsi que l'Église ici-bas est militante, et que la voie de l'amour y est aussi celle du guerrier. Le pasteur biblique manie la houlette et la fronde. Saint Paul fait endosser aux fidèles d'Éphèse tout l'équipement du chevalier : *Tenez donc ferme, ayez à vos reins la vérité pour ceinture ; revêtez la cuirasse de la justice ; mettez pour chaussure à vos pieds le zèle que donne l'Évangile de paix ; prenez par-dessus tout cela le bouclier de la foi, avec lequel vous pourrez éteindre tous les traits enflammés du Malin ; prenez aussi le casque du salut, et l'épée de l'Esprit, qui est la parole de Dieu* (Ep 6, 14-17).

Le fidèle sait bien sûr reconnaître ce que l'hérétique, par sa mutilation même, a pu mettre en exergue : la justice sociale, par exemple, pour le marxisme ; l'interdépendance des créatures, pour l'écologisme ; ou l'appel à la transcendance, pour le transhumanisme. Mais ces facettes – ces aspects mutilés – sont à ressaisir comme dans un miroir, à partir du visage vivant de la Tradition, et pour détruire l'hérésie comme telle. Aussi le chrétien pourra-t-il même être sociologue, mais sa sociologie recommencera à partir du Corps mystique du Christ, et non seulement de Durkheim ou de Bourdieu.

La Vierge et le venin

7. Gustave Thibon rappelait qu'il fallait lutter aussi bien contre les adeptes des fossiles que contre les amateurs d'invertébrés. La Tradition vivante n'est pas un simple conservatisme pétrifiant. Elle ne se contente pas de s'extasier devant les vieux monuments, pas plus qu'elle ne s'ébahit devant les dernières nouveautés. Catholique, et donc pleinement elle-même, elle sait assimiler les traditions païennes : *Hommes athéniens,* dit Paul dans son discours à l'Aréopage, *je vous trouve à tous égards extrêmement religieux. Car, en parcourant votre ville et en considérant les objets de votre dévotion, j'ai même découvert un autel avec cette inscription : Au dieu inconnu ! Ce que vous révérez sans le connaître, c'est ce que je vous annonce* (Ac 17, 23). Cependant, cette assimilation, qui est aussi une assomption, ne peut que transsubstantier le sens des anciens mythes, selon ce que Paul affirme aux Corinthiens : *Nous prêchons un Christ crucifié, scandale pour les Juifs, folie pour les païens… Ce sont des choses que l'œil n'a point vues, que l'oreille n'a point entendues, et qui ne sont point montées au cœur de l'homme, des choses que Dieu a préparées pour ceux qui l'aiment* (1 Co 1, 23 ; 2, 9).

Michel souligne ce point. Le miracle de Cana inverse l'âge d'or : le meilleur vient à la fin. Le vin nouveau exige des outres neuves. Cette insistance sur la nouveauté, si forte dans ce qu'on appelle justement la Loi nouvelle ou le Nouveau Testament, permet toutes les interprétations révolutionnaires, voire l'opposition marcionite entre religion et Évangile, et par réaction, avec le jeune Maurras, l'affirmation d'une Église de l'ordre contre les « turbulentes écritures orientales ». Selon l'auteur du *Chemin de Paradis,* la Vierge fille d'Israël a quelque chose du serpent, son Magnificat est chargé de venin : les Puissants y sont renversés de leur trône, la mutinerie gronde déjà. Chez Charles Maurras comme chez Simone Weil, ainsi que l'observe finement Michel, le rapport entre christianisme et paganisme relève du syncrétisme plutôt que de « la gloire catholique du Dieu d'Israël » (selon une expression de Léon Bloy) : Grecs et Romains auraient policé les Écritures juives. De fait, la Bonne Nouvelle a été la plus grande provocation de l'histoire. Elle a comme accéléré, précipité les temps vers leur fin, apparaissant donc aussi pour ceux qui veulent tout conserver comme une mauvaise nouvelle. C'est ce que dit très bien le nom du dernier livre, *Apocalypse,* qui signifie « révélation » et qui évoque la catastrophe. La venue du Sauveur a pu aggraver le péché jusqu'au déicide. L'annonce de la miséricorde a permis l'irrémissible, c'est-à-dire le refus de la miséricorde elle-même. Coïncide avec elle, par voie de conséquence, le creusement de l'enfer.

8. Pour expliquer ce lien entre Tradition et Apocalypse, Michel reprend deux principes, l'un rationnel, l'autre révélé. Le premier est formulé par l'adage latin : *Optimi corruptio pessima,* la corruption du meilleur, voilà la pire. Seule la grâce ouvre un espace à l'ingratitude. Seule la connaissance de la volonté divine donne lieu au péché mortel : *Le serviteur qui, ayant connu la volonté de son maître, n'a rien préparé et n'a pas agi selon sa volonté, sera battu d'un grand nombre de coups. Mais celui qui, ne l'ayant pas connue, a fait des choses dignes de châtiment, sera battu de peu de coups* (Lc 12, 47-48). À mesure que la Tradition se déploie, les hérésies se multiplient, et la lutte continue en se radicalisant.

Second principe : Satan sait que son temps est désormais compté, voilà pourquoi lui et ses légions se déchaînent. Il n'a pas seulement semé la zizanie, il favorise sa pousse au milieu du blé, il fait exprès de mêler inextricablement leurs tiges, qu'on n'y comprenne plus rien : *Et il fut donné à la bête de faire la guerre aux saints, et de les vaincre. Et il lui fut donné autorité sur toute tribu, tout peuple, toute langue, et toute nation* (Ap 13, 7).

Le Catéchisme de l'Église Catholique contient ce bouleversant passage (§ 677), qui marque sa limite définitive à tout progrès : *Le Royaume ne s'accomplira pas par un triomphe historique de l'Église (cf. Ap 13, 8) selon un progrès ascendant, mais par une victoire de Dieu sur le déchaînement ultime du mal (cf. Ap 20, 7-10) qui fera descendre du Ciel son Épouse (cf. Ap 21, 2-4). Le triomphe de Dieu sur la révolte du mal prendra la forme du Jugement dernier (cf. Ap 20, 12) après l'ultime ébranlement cosmique de ce monde qui passe (cf. 2 P 3, 12-13).*

9. *Voici, je fais toutes choses nouvelles.* Cette affirmation de l'Apocalypse (21, 5) reprend des versets anciens d'Isaïe (43, 18-19). Partout dans le Nouveau Testament est affirmé l'entrelacs de l'ancien et du nouveau dans la Tradition : *Tout scribe instruit de ce qui regarde le Royaume des cieux est semblable à un maître de maison qui tire de son trésor des choses nouvelles et des choses anciennes* (Mt 13, 52). *Bien-aimés, ce n'est pas un commandement nouveau que je vous écris, mais un commandement ancien que vous avez eu dès le commencement ; ce commandement ancien, c'est la parole que vous avez entendue. Toutefois, c'est un commandement nouveau que je vous écris, ce qui est vrai en lui et en vous, car les ténèbres se dissipent et la lumière véritable paraît déjà* (1 Jn 2, 7-8). La nouveauté ici n'est pas disruptive comme celle de l'innovation. Toutes choses nouvelles, cela veut dire y compris les anciennes. Et c'est cette manière dont l'ancien se renouvelle pour notre temps qui importe spécialement à Michel Michel.

Proche de Maistre, il a souvent affirmé une certaine opposition à René Girard. L'accent est mis sur la continuité plutôt que sur la rupture. Le sacrifice de la nouvelle Alliance accomplit les sacrifices des Hébreux et les sacrifices des païens. Les mythes sont des pierres d'attente pour ce « mythe devenu fait » (C.S. Lewis) qu'est le mystère de l'Incarnation. Cependant, pour ce qui est de la conclusion, Michel n'est pas si éloigné du Girard dernière mouture. La Révélation n'est pas sur le même plan que les religions païennes, il y a donc entre elle et celles-ci plus de continuité et plus de rupture qu'on ne se le représente, comme il y en a entre le soleil et les couleurs, le glacier et les ruisseaux, ce qui descend d'en haut et ce qui émerge d'en bas – autant d'images défaillantes. Mais surtout elle est épreuve : Salut pour les uns, Jugement pour les autres, résurrection pour l'essor ou pour le précipice, montée aux extrêmes… L'ancien professeur de Stanford observe dans *Achever Clausewitz* : *Nous sommes aujourd'hui vraiment devant le néant. Sur le plan politique, sur le plan littéraire, sur tous les plans. Vous allez voir, cela se réalise peu à peu… Est-on encore dans un monde où la force peut céder au droit ? C'est précisément ce dont je doute. Le droit lui-même est fini, il échoue dans tous les coins. […] Je persiste néanmoins à penser que l'histoire à un sens. Cette montée vers l'apocalypse est la réalisation supérieure de l'humanité.*

De telles paroles, Michel pourrait les reprendre à son compte. La catastrophe cache toujours pour lui sa face de lumière. L'imminence de la fin ne le conduit pas à la résignation, mais à la célébration de l'héritage et de sa promesse. Il est en cela un de ces Contre-Alexandre qu'Albert Camus appelait de ses vœux. À l'heure de toutes les solutions faciles qui prétendent en finir avec l'histoire avec le couperet du posthumanisme, il cherche à renouer patiemment le nœud de la civilisation.

Fabrice HADJADJ

INTRODUCTION

> « *Quel malheur pour vous lorsque tous les hommes disent du bien de vous ! C'est ainsi, en effet, que leurs pères traitaient les faux prophètes.* »
> Luc 6-17

À mes yeux, le monde moderne n'a pas engendré une culture parmi d'autres, mais une exception anthropologique ; cette monstruosité moderne, que l'ethnologue Robert Jaulin avait nommé la décivilisation[1], trouve sa source dans le christianisme.

Les idées modernes sont des idées chrétiennes devenues folles remarquait G.K. Chesterton ; par quelle fascination morbide, l'orthodoxie chrétienne s'est-elle éprise de sa propre pathologie ? Comment ne renonce-t-elle pas, enfin, aux mirages de la sécularisation, cette utopie suicidaire ?

La Tradition catholique attaquée, suppose non pas d'être défendue – elle est par essence indéfendable puisque hors d'atteinte humaine –, mais comprise.

Pour me prémunir face aux inévitables soupçons, je dirai quelques mots sur mon itinéraire intellectuel, en vue d'expliquer « d'où je viens ».

Mes origines familiales ne sont pas étroitement liées au catholicisme : du côté paternel, un grand-père suisse allemand, protestant, parti en Abyssinie, au service du Négus, implanter la poste et le télégraphe ; fortune faite, il s'établit sur la Côte d'Azur. Comme tout bon protestant, il maniait facilement les citations bibliques, et j'ai encore, au revers d'un tableau qu'il m'avait offert lors de mon baptême, le petit papier où il avait relevé cette citation : « *il prospéra*

---

[1] *La Décivilisation*, Bruxelles, Éditions Complexe, 1974.

et répandit la joie ». Ce n'est que tardivement, sur l'insistance de certains de ses enfants, qu'il consentit à devenir catholique.

Du côté maternel, mes deux grands-parents étaient instituteurs laïques dans la région de Nice, à l'époque des hussards noirs de la République... Mon grand-père, socialiste à la façon dont on pouvait l'être avant la scission du Congrès de Tours en 1920, était mort très jeune laissant à son épouse la charge de deux petites filles à élever. Ma grand-mère avait une imagination très vive et raffolait de cinéma. Venant d'un milieu largement déchristianisé, elle s'était passionnée pour le domaine spirituel et suivait avec grand intérêt toutes les conférences organisées par les petites églises hétérodoxes et par les sectes les plus diverses qui prospèrent auprès des retraités de la Côte d'Azur. Cet intérêt spéculatif pour la religion s'accompagnait d'une grande anarchie dans la pratique, puisque ma mère, après un bref passage dans « l'armée du salut », s'aperçut juste avant son mariage qu'on avait oublié de la baptiser, et reçut en même temps les sacrements du baptême, de l'eucharistie et du mariage.

Je ne me moquerai cependant pas de la foi de ma grand-mère, d'abord parce que cet itinéraire étrange l'a amenée à mourir elle aussi dans le sein de l'Église, ensuite parce que j'ai hérité de sa Bible annotée qu'elle lisait tous les jours avec piété. J'ai depuis remis cette Bible à ma fille, moniale contemplative : juste accomplissement des choses !

Cet héritage m'a peut-être conduit à ne pas trop vite condamner les hommes de désir qui cherchent une voie au milieu des ruines spirituelles de notre époque. Je vois aujourd'hui, avec un certain malaise, l'appareil ecclésiastique qui, hier encore, cherchait avec complaisance à se rapprocher des adversaires les plus résolus de la foi, et avec effusion serrait la main que leur tendaient les représentants de l'abomination communiste, diaboliser sans nuance sous le nom de « Nouvel Age » par exemple, tous les phénomènes sociaux qui manifestent un regain d'intérêt pour le sacré préclassique ; regain qui ne peut prendre que des formes anarchiques et sauvages, d'autant plus que les tenants de l'orthodoxie proposent si peu de réponses à ceux qui cherchent du sens.

Entendons-nous bien. Il est dans la fonction de l'Église enseignante d'anathémiser telle ou telle erreur doctrinale – et, certes, les spéculations néo-spiritualistes foisonnent d'erreurs –, mais à la condition de répondre effectivement à la soif de ceux qui se leurrent, au lieu de se couper d'eux au profit d'une désespérante alliance avec les tenants d'un rationalisme désenchanté – l'épistémè classique dénoncée avec justesse par Michel Foucault –, banquise intellectuelle qui aujourd'hui se désagrège de façon évidente. Combien d'hommes de bonne volonté, aux convictions tâtonnantes, n'arriveront pas à rejoindre le sein de l'Église, comme ma grand-mère a eu la grâce d'y parvenir, parce que les docteurs de la Loi auront préféré jouer la guerre de tranchée plutôt que l'offensive maïeutique ?

Je dois surtout à ma grand-mère de m'avoir initié, par la lecture régulière des contes et des légendes, à une conception « non-chosiste » du monde que je n'ai jamais perdue depuis mon enfance. Je sais que l'homme ne vit pas dans un monde de choses, mais dans un monde de signes. Cette conception, qui m'a toujours utilement habité dans ma pratique de sociologue, je la dois en partie à cet héritage du légendaire... Et si les oiseaux et les sources ne nous parlent plus à présent aussi souvent et aussi clairement, je sais que c'est le signe que nous sommes entrés dans les sombres forêts de l'âge de fer. Cependant, pour le dire comme Gustave Thibon, je sais aussi que dans cette obscurité, ce n'est pas la lumière qui manque, mais « notre regard qui manque à la lumière ». Le « désenchantement du monde » annoncé par Max Weber n'est pas la morne réalité à laquelle aboutirait une humanité parvenue à l'âge adulte, mais l'illusion d'une obscure période que doivent traverser les descendants d'Adam à la fin de leur pérégrination. Et tant pis pour les imbéciles qui pensent nous insulter en nous traitant d'animistes ou de païens !

Dans les années 50, j'ai passé mon enfance dans un vieux quartier de Grenoble, et dans un contexte culturel Don Camillo/Peppone, où tout bien considéré, Don Camillo ne se conduisait pas si mal et savait regagner du terrain. Côté Peppone, inscrit à l'école laïque, puis au lycée, je me suis mis très tôt à me défier des enseignements de certains maîtres avant de les défier eux-mêmes. Face à la platitude conformiste des cours d'instruction civique, de lettres et surtout aux clichés des cours d'histoire – Ah ! Ces champs de blé systématiquement piétinés par les seigneurs, ou ces pyramides construites par tous ces malheureux esclaves ployant sous le fardeau et le fouet –, je me suis mis à faire du mauvais esprit. J'étais un « enfant rebelle », réactif et, pourrait-on dire, « réactionnaire ». Et j'ai cherché tous les livres susceptibles de m'aider à bâtir une représentation de l'histoire des hommes autre que celle qui n'exaltait que le ressentiment, ou qui n'était visiblement faite que pour justifier l'état actuel du monde, ou pire, celle qui devait préparer les « lendemains qui chantent ». Cependant, je ne regrette pas trop d'être passé par cette formation, elle m'a permis de glisser sans ployer à travers l'hégémonie P.S.U. de l'Université des années 60, et la tourmente des multiples gauchismes durant les années 70. Bien plus, avec mon épouse, nous avons préféré envoyer – je n'ose dire confier – nos huit enfants à la laïque puis au lycée public plutôt que dans les écoles privées catholiques : j'avais côtoyé trop d'amis qui affirmaient avoir été dégoûtés de la religion durant leur passage dans ces collèges. Par ailleurs, dans les années 70, la plupart des écoles libres me semblaient être inspirées par un curieux mélange de « perspectives post-conciliaires » et de soixante-huitardisme version soft – public bien-pensant oblige ! – qui ne me disait rien qui vaille... J'ai donc préféré que mes enfants « chouannent » intellectuellement dans le public, quitte à nuancer ou rectifier régulièrement un certain nombre de leçons, plutôt que de les confier à des maîtres recherchant le consensus, confondant l'esprit du monde avec les « signes des temps ». Cela ne m'a pas empêché de manifester, au début des années 80, pour la défense de l'école libre qui représentait un éventuel recours précieux.

Côté Don Camillo, mes parents, pratiquants plus ou moins réguliers, se rattachaient à une certaine vie paroissiale qui à cette époque, même en ville, représentait une réalité sociale sans commune mesure avec ce à quoi elle s'est réduite aujourd'hui. Ma mère, avec cette bonne volonté exploratrice des néophytes, se frottait à la réalité bien vite décevante de divers mouvements d'action catholique. Mon père, assez discret sur ses convictions, m'a appris que c'était toujours le même Adam qui poursuit son aventure à travers les générations et que l'attachement à l'individualité était moins important que le devoir d'état.

Dans mon enfance, j'ai fait partie d'une manécanterie. J'ai appris le catéchisme par questions et réponses. J'en garde un excellent souvenir : au moins nous enseignait-on ce que l'Église avait défini, et non des opinions plus ou moins dominantes d'une faction cléricale particulière. Malgré la relative sécheresse de la méthode, pourvu qu'on veuille bien méditer un peu sur les dogmes offerts à la réflexion – car apprendre par cœur, c'est connaître avec les automatismes de la mémoire, mais aussi par le cœur –, on était vite introduit à l'essentiel, aux mystères de la vie divine. Là, j'ai côtoyé toute une société – ou contre-société ? – cléricale (JEC, aumôneries), avec ses petits côtés et ses mérites ; des personnages qui auraient pu inspirer les caricatures de chorale de Fernand Reynaud, des réunions dégoulinantes de « généreuses » banalités, où chacun faisait montre de tant de bons sentiments que j'en ressortais parfois avec un réel malaise. J'ai rencontré aussi de grandes figures de prêtres, peut-être quelques saints. Je me souviens avec émotion du hiératisme de ces chapitres de chanoines réunis dans la pénombre de la cathédrale pour chanter les vêpres. Naïf, je croyais que cela durerait toujours…

Dans cette période antéconciliaire, j'ai vu aussi cette société se désagréger. Pour lutter contre tout triomphalisme, l'autodénigrement de l'Église par ses membres était une sorte d'obligation : lors des rencontres paroissiales, affirmer que les athées étaient meilleurs que nous devenait un lieu commun, et dans les cercles de la J.E.C., on affirmait comme vérité d'évidence qu'un chrétien qui ne doutait pas de l'existence de Dieu ne pouvait pas avoir une foi vraie. Moi, c'est à ce monde que je ne croyais pas. Dans les catéchismes des grandes classes de mon lycée, j'ai vu se mettre en place les méthodes pour enraciner une « mauvaise conscience » chronique vis-à-vis du Tiers-Monde, les aumôneries de lycée et surtout d'université servir de bases de soutien indirect, et probablement direct, au F.L.N. Dans mon année d'hypokhâgne, le fin du fin philosophique était de nous parler de Teilhard de Chardin...

À mon grand regret, à cette époque, je n'ai pas eu à proprement parler de maître spirituel, sinon le Maître commun à tout chrétien et avec lequel nous sommes reliés par la communauté ecclésiale, et la grâce de l'Esprit... J'ai surtout eu des maîtres intellectuels. Comme beaucoup d'adolescents, j'ai dévoré des livres de toutes sortes ; à seize ans, la lecture de Maurras a pour moi été une illumination. Il formulait avec clarté tant d'évidences qui confortaient ce que je pressentais et le caractère provocateur de ses propos faisait ma jubilation. Cela me donnait l'impression d'être ainsi libéré des faux principes de l'idéologie dominante. Après cette découverte, j'ai fréquenté les camps d'Action Française lors desquels les conférences d'un Pierre Debray me donnaient le goût de la réflexion sociologique.

Parallèlement, je participais à des cercles de la « Cité Catholique ». Je lisais la revue *Verbe* et ses avatars à travers lesquels je découvris la doctrine sociale de l'Église. Un peu rétif à certaines des formulations thomistes qui étaient professées dans ces cercles et ayant rencontré depuis d'autres thomistes, j'ai compris que ces réserves n'étaient pas seulement dues à la faiblesse de mes capacités métaphysiques, mais peut-être aussi à celles de ceux qui tentaient, avec tant de bonne volonté, de m'expliquer les fondements de la philosophie de l'Être et la querelle des Universaux. La fréquentation de ces réseaux amenait naturellement à suivre les retraites spirituelles des « bons pères », je le dis sans ironie, Coopérateurs Paroissiaux du Christ-Roi, qui, à Chabeuil ou ailleurs, donnaient en cinq jours les exercices spirituels de S. Ignace de Loyola.

Malgré l'intensité avec laquelle je me plongeais dans le militantisme et dans la guerre sainte intérieure, ma soif de connaître l'ordre du monde et les subtiles analogies qui le sous-tendent n'était pas étanchée. Aussi, je lisais toute une littérature « occultiste » qui m'apparaissait aussi fascinante qu'un grand bazar oriental. Dans ce souk hétéroclite, ce sont les ouvrages rigoureux, presque, si j'ose dire, de style « cartésien », de René Guénon et de certains de ses disciples qui m'ont donné un fil d'Ariane, des principes d'intelligibilité et m'ont évité de me perdre dans cet univers baroque où les perles rares sont perdues dans la verroterie. Les lectures de Maurras et de Guénon m'ont appris qu'on pouvait résister au monde moderne.

Plus tard, quand j'entrepris des études de sociologie, cette première teinture intellectuelle me permit de ne pas adhérer au juridisme contractualiste et d'accueillir probablement avec plus de profondeur, et en les relativisant, les théories de Mircea Eliade, Gaston Bachelard, Georges Dumézil, et aussi celles de Jung, Spengler ou Caillois auxquelles notre maître grenoblois en recherches sur l'imaginaire, le sociologue Gilbert Durand, nous initiait. C'est en découvrant plus tard l'œuvre de Joseph de Maistre que je pus davantage saisir les liens subtils qui reliaient deux pensées apparemment aussi dissemblables que celles de Maurras et de Guénon.

Comme à l'époque soviétique, les intellectuels ayant quelques sympathies dissidentes se cantonnaient dans les disciplines techniques – la physique par exemple –, mais l'économie ou la philosophie étaient réservées aux marxistes orthodoxes. De même, les rapports de forces idéologiques au sein de l'Université m'ont détourné de l'enseignement des sciences politiques ou de l'histoire des idées monopolisées par les courants « gauchistes » et ont fait de moi un sociologue de terrain, et la plus grande partie de mes écrits – en dehors de mes écrits militants souvent publiés sous le pseudonyme d'Yves Carré – se rapportent à des recherches sur les images de telle ou telle institution, ou à la sociologie des organisations hospitalières.

L'expérience m'a appris qu'il y avait deux sortes de sociologues, ceux qui haïssent leur objet – du style de Pierre Bourdieu – dont l'étude est sous-tendue par une dénonciation au moins implicite du scandale que la société fonctionne et qu'elle se reproduise ; et ceux qui aiment leur objet – du style de Pierre Sansot – qui visent à retrouver les harmoniques d'un ordre caché, même à travers l'apparent désordre des sociétés humaines. J'appartiens à la seconde catégorie et j'ai toujours eu une méfiance *a priori* pour les placages des idéologues, surtout de ceux qui ont conquis un pouvoir institutionnel – « le pays légal » – et veulent imposer leur utopie contre l'ordre spontané des comportements coutumiers – « le pays réel ». Mon travail consiste donc à montrer que si les hommes se conduisent comme ils se conduisent, et pensent comme ils pensent – en général pas comme une certaine « rationalité » le voudrait –, c'est qu'il y a de bonnes raisons pour cela, et qu'on ne peut vouloir entreprendre de « changer la vie », qu'après avoir pris en compte ces logiques sous-jacentes.

Traditionaliste marginal au sein de l'Université, j'ai tenté d'y mener une guérilla intellectuelle à la mesure de mes moyens, concevant mon combat comme celui des corps francs, infiltrés sur les arrières de l'adversaire, plutôt que celui des troupes régulières de la Tradition menant une guerre de front.

J'ai donc connu les « porteurs de valise du FLN », les hystéries des « comités Viêt-Nam de base », la terreur intellectuelle que faisaient régner les althussériens, les surréalismes des « mao-spontex », le nihilisme des ultras du structuralisme, le pseudo-paganisme des nominalistes de la « nouvelle droite » – qui s'est pas mal amendée depuis –, et pire encore pour les exigences de l'esprit, le triomphe imbécile du libéralisme après les années 80. Dans chaque contexte, j'ai tenté de faire ressortir les contradictions internes de ces systèmes et de retourner ce qui pouvait l'être, et ceux qui pouvaient l'être – on ne se refait pas, je suis un pédagogue.

À la fin des années 70, dans la prompte débâcle de l'utopie gauchiste, j'avais organisé un colloque à l'université de Grenoble sur le thème « Crise de la modernité et désir de Tradition », à partir duquel s'était mis en place un réseau d'universitaires où se côtoyaient en bonne intelligence, trois types de sensibilité : les traditionalistes de type « catholique et Français toujours », les « pérennialistes » et assimilés, guénoniens ou non, et un certain nombre de déçus du gauchisme en quête de sens via Katmandou ou des métaphysiques extrême-orientales. Je craignais que cette confrontation ne se fasse pas sans heurts ; ce ne fut pas le cas et l'intelligence commune fut telle qu'elle nous conduisit à fonder une association :

« Tradition et modernité » – j'espérais alors un retour du balancier idéologique vers le traditionalisme, mais ce fut le libéralisme et même le « libertarisme/libéralisme » qui triompha.

Dans le combat des idées, comme dans tout combat, il est nécessaire de désigner son adversaire et de compter ses alliés. Toute société se fonde sur un consensus idéologique ; il ne suffit pas d'avoir raison pour avoir raison des autres. On sait que Gramsci avait longuement médité la synthèse de Maurras pour concevoir qu'une « hégémonie » idéologique était nécessaire pour réaliser la révolution dont il rêvait.

Pour ma part, il me semblait, que joindre à cette synthèse les adeptes de la tradition primordiale – ou « pérennialistes » – serait bien utile. L'utilité est un critère bien subalterne, mais pour le combat intellectuel, il reste essentiel, car les disciples de Guénon, Schuon, Coomaraswamy, Evola, voire Lanza Del Vasto ont de fortes convictions et attaquent la « modernité » à la racine des principes – trop souvent en se contentant de cela.

Je n'étais pas le seul à penser que cette synthèse soit possible ; de 1982 à 1998 la revue *La Place Royale* dirigée par l'écrivain Henri Montaigu visait cet objectif. En outre, de nombreux militants de l'Action Française, qui par ailleurs ont des convictions « pérennialistes », ne les intègrent pas à leur combat militant, ce qui conduit parfois à des attitudes mentales un peu compartimentées. En acceptant la critique de la modernité à partir de la « *philosophia perennis* », comme ils acceptent celle des catholiques traditionalistes sans en faire une obligation doctrinale, ils rendraient plus large et plus solide la synthèse antimoderne.

Un certain nombre des chapitres de cet ouvrage ont été retravaillés à partir de communications faites lors des colloques organisés par l'excellent Roland Goffin et publiés dans sa revue *Vers La Tradition* qui visait à rassembler les différents courants hérités de Guénon.

Je crois qu'il faut préciser ce point et ne pas se tromper sur ma position. Je ne suis pas un « guénonien » qui pratique son devoir d'exotérisme au sein du christianisme, parce que c'est le plus pratique. Je suis un chrétien, c'est-à-dire que j'ai été conquis par le sacrifice divin du Christ, et intégré à son corps mystique (S. Paul, 1 Corinthiens 12.12-30). Mais, par ailleurs, le chrétien que je suis comprend que ce corps mystique, l'Église parturiente est historiquement menacée par le dragon de l'Apocalypse. Menace externe, mais plus encore menace interne : les principaux adversaires du christianisme sont ses propres déviations.

La connaissance a toujours été ma motivation et ma préoccupation principale. Or, la masse des choses à découvrir a de quoi décourager cette ambition. Faire l'expérience ou être à jour sur la production bibliographique, il faut déjà choisir. Ensuite il faut se confronter aux innombrables filtres des interprétations. Le monde est fait pour être connu ; comment ne pas renoncer à cet idéal ? Un nombre infini de vies n'y suffirait pas…

Il fallait donc que j'établisse une hiérarchie des connaissances pour en dégager les principes. D'autre part, j'ai pris conscience de cet antique adage : « le semblable connaît le semblable » ; l'homme est cette partie de la création qui a conscience d'elle-même, de la totalité d'elle-même et de ce qui la dépasse.

Je ne dis pas que l'homme est de nature divine, bien qu'il soit par grâce divinisable. Mais il a été créé « *à l'image et à la ressemblance de Dieu* » (Genèse). Cette image redevient vraie à partir de l'incarnation puisque « *nul ne connaît le Père* », mais « *qui voit le Fils voit le Père* ». On comprend pourquoi les Hébreux se refusaient à toute représentation de Dieu et privilégiaient l'écoute sur le regard, tandis que le christianisme triompha des iconoclastes…

J'ai donc décidé de faire un peu plus confiance à mes intuitions, à cette connaissance innée et directe qui dans le domaine des principes s'impose avec le plus d'évidence. Un peu, parce que je sais que la catastrophe originelle qui nous a exilés de l'état adamique a certainement, mais partiellement, affecté nos capacités intuitives. Aussi, si dans ces intuitions et plus largement dans mes spéculations quelque chose se trouvait en contradiction avec la Révélation traditionnelle que nous transmet l'Église enseignante, je suis prêt à y renoncer et me soumettre.

Mais à la condition de ne pas confondre l'enseignement de la Révélation avec les croyances théologiques particulières. J'ai trop souvent rencontré des contradicteurs qui, parfois en toute bonne foi, s'opposaient à mes idées au nom de ce qu'ils croyaient être l'essentiel du christianisme. Dans ces « *disputatio* » le poids des idéologies de l'époque est souvent très pesant.

Pour se prémunir – un peu – contre l'hégémonie de l'esprit du monde, surtout quand ce monde s'est bâti en dehors et souvent contre les valeurs de la chrétienté, il faut tenir compte de l'ensemble de la Révélation et particulièrement de la Tradition qui « développe », rend explicite les dogmes.

« Il faut être de son temps », cet impératif est particulièrement ridicule car personne n'échappe à son temps, que ce soit « l'épistémè » – questionnement fondamental qui spécifie une époque ou une discipline – sous-jacente ou des modes plus éphémères ; on peut y réagir, ce qui est encore une façon d'être influencé.

Le vrai problème est de savoir comment ne pas être totalement asservi à l'esprit du temps ? Par la Tradition et plus généralement par la « culture générale », qui nous fait connaître les hommes d'avant, les hommes d'ailleurs et l'homme de toujours – intuition et archétypes –, ce qui permet de relativiser les croyances naïves des hommes d'aujourd'hui.

Cette pensée « réactionnaire » qui met en question les « certitudes » suscite normalement l'ire de ceux qui adhèrent pleinement aux critères de la modernité. Mais après avoir lu le discours sur la montagne, je me suis rendu compte que, parmi les Béatitudes, une des rares à laquelle je pouvais prétendre était : « *Heureux êtes-vous quand on vous insultera, qu'on vous persécutera, et qu'on dira faussement contre vous toute sorte d'infamie à cause de moi* ». À la vérité, il faut savoir sacrifier le plaisir de se faire aimer...

Un jour où je montrais un de mes textes à un collègue, celui-ci me reprocha : « ce n'est pas de la sociologie ». J'acquiesçai. Je reconnais bien volontiers que mon ouvrage mêle allégrement les genres : manifeste, anthropologie religieuse, exégèse, témoignages, mais aussi sociologie « compréhensive », dans la perspective d'un Max Weber. Je connais assez les sciences humaines pour ne pas vouloir y trouver des critères ultimes de certitudes. Contrairement à l'apparence, cet ouvrage relève plus de *l'histoire des mentalités* que de la théologie.

Qu'on n'y cherche pas un plan linéaire de type « problème – diagnostic – solution » ; je « balaye » les analogies entre de très nombreux niveaux et chaque point abordé renvoie à une multitude de points comme les rayons d'une étoile dans une vaste constellation, c'est pourquoi ma pensée fonctionne à la façon de la digestion des ruminants, en « *corsi é ricorsi* » – comme l'Histoire vue par Gianbattista Vico.

Je connais la principale objection que l'on fera à mes propos : sur le plan surnaturel, nul n'est capable de savoir comment le miracle de la conversion arrive. Dieu est capable d'atteindre qui il lui plaît dans les plus mauvaises conditions. Il peut faire fleurir le plus grand saint dans le pire des camps de concentration. De ce point de vue, j'admets tout à fait que l'on ne puisse réduire l'efficacité surnaturelle à des statistiques de pratiques religieuses. On juge l'arbre à ses fruits ; il peut y avoir des fruits tardifs, voire des fruits secrets. Même le mal sert les desseins de la Providence. Mais sur le plan de l'ordre naturel et celui de la sociologie religieuse, rien ne doit m'empêcher de faire un sévère diagnostic et de combattre la pastorale qui a abouti à de si piètres résultats.

Certes, j'ai souffert pour et par l'Église, toutefois ce n'est pas le ressentiment qui m'a fait rédiger ce livre, mais le souci de voir l'Église abandonner la pastorale catastrophique qu'elle a adoptée depuis plus de deux générations. Je pense que l'on trouvera ici des éléments qui démontrent que le « décrochage » de l'Église d'Occident n'est pas d'abord dû à une inévitable sécularisation du monde, mais à des causes endogènes, et cela doublement. D'une part, parce qu'elle se couche devant la conception du monde et les « valeurs » du monde moderne. Ce qui réduit d'autant sa spécificité et l'intérêt d'une pratique catholique particulière. Et d'autre part, parce que la conception et les « valeurs » du monde moderne sont elles-mêmes des émanations d'un christianisme dévoyé.

On trouvera aussi que des pans entiers de notre héritage catholique ont été négligés dans la pastorale contemporaine pour satisfaire à l'adaptation au monde moderne alors qu'ils pourraient être particulièrement pertinents dans la post-modernité – c'est-à-dire la modernité en crise.

Je suis très conscient de ne pas exposer ici la totalité de la foi ou des pratiques de salut ; ceci est seulement l'évocation de ce qui est négligé par le catholicisme contemporain au profit d'idéologies qui ne sont pas sans rapport avec la Révélation comme l'hérésie dérive de l'orthodoxie.

Par ailleurs, je demande pardon à ceux qui ont mis leur espoir dans ce que je stigmatise, j'accepte volontiers d'être critiqué dans les perspectives et les « idéal-types » élaborés dans ce travail et encore plus d'être repris dans les erreurs factuelles qui ne manqueront pas de s'y glisser.

I. LE DÉCLIN DU MYTHE DU PROGRÈS PERMET DE REPENSER LE RELIGIEUX

Vous avez peut-être déjà fait cette expérience : dans un grenier on croit voir un rayon de lumière dans lequel dansent une myriade de grains de poussière. En réalité, on ne voit que les poussières qui font obstacle à la lumière. La lumière ne se voit pas, elle permet seulement de voir ce qu'elle éclaire. De même, l'Absolu peut être connu à travers la connaissance que nous pouvons avoir des choses relatives.

Pour saisir les limites des propos qui vont suivre, et bien que catholique qui veut croire à ce que croit l'Église, il m'a semblé plus utile d'exprimer un point de vue de sociologue. C'est-à-dire que je reconnais n'avoir pas d'autre qualification ici que celle de décrire l'écorce profane des phénomènes spirituels – *pro-fanum* = devant le temple. Car si, comme le dit l'adage médiéval, la philosophie est servante de la théologie, le rôle des sciences humaines sera d'autant plus ancillaire.

Que peut-on attendre des sciences profanes ? Certainement pas qu'elles édifient ; car elles sont essentiellement critiques. Mais peut-être qu'elles éprouvent la force ou révèlent la faiblesse de certains discours sur le religieux, y compris certains discours tenus par les sciences humaines.

Je ne suis pas théologien, mais je me suis suffisamment frotté à la théologie pour avoir une idée des nombreux pièges qu'elle recèle ; en particulier lorsque j'évoquerai le Concile Vatican II, ce ne sera pas pour juger des textes votés par les Pères conciliaires, mais pour me référer à une date commode et pour jauger ce que fut « l'Esprit du Concile » que diffusèrent les médias et les prêcheurs.

Dans ces limites, je me contenterai d'esquisser ici les réponses à deux questions :

- L'homme est-il naturellement religieux ?
- De quelle nature relève la déchristianisation à laquelle nous assistons ?

Ces questions sont classiques, mais je les revisiterai à partir d'un fil directeur qui l'est moins : en quoi la fin de la croyance au mythe du Progrès qui caractérise le passage du XXe au XXIe siècle, modifie notre façon de penser le religieux ? L'Avenir avait remplacé le Ciel en guise d'Espérance : c'est fini.

La contestation du « Progrès » s'est manifestée dans plusieurs domaines : elle s'est illustrée d'abord dans le domaine artistique (Delacroix, Baudelaire, etc.), dans l'écologie (Jacques Ellul, Bernard Charbonneau) qui reconnaît la limite des ressources de la planète et prophétise les catastrophes climatiques et médicales, ou encore dans la fiction – la science-fiction optimiste est remplacée par les visions catastrophiques des « dystopies » (*Matrix*, *Mad Max*). Depuis Gaston Bachelard les épistémologues ne croient plus à un savoir automatiquement cumulatif – fini l'optimiste « nous sommes des nains juchés sur des épaules de géants » –, chacun attend la prochaine crise économique ; de plus en plus, les gens croient que les conditions de vie de leurs enfants seront pires que celles qu'ils ont vécues. Même la mode fut envahie par le « *No Future* » des Punks.

Or, l'Église, au XXe siècle, avait massivement appuyé sa pastorale sur le mythe du Progrès auquel elle semble encore s'accrocher. Mais elle est prise à contrepied et désarçonnée. D'où l'opportunité de reprendre l'analyse de la situation à la base.

1. *L'homme est-il naturellement religieux ?*

Le plus délicat dans cette question réside dans l'adverbe « naturellement ». J'hésite à m'engager sur ce point théologique. La distinction entre un ordre naturel et un ordre surnaturel est probablement pertinente. Mais il me semble qu'on a pu – à tort sans doute – en induire l'idée que seul le surnaturel est grâce divine, tandis que dans la conception moderne, « désenchantée », du monde, le « naturel » n'obéirait qu'à des causes secondes quasi-mécaniques ou au pur arbitraire de la « liberté » humaine.

Or, d'un certain point de vue, les religions sont naturellement « surnaturelles », ou alors, si elles n'entretiennent qu'une relation illusoire au divin, elles sont un mensonge. Dans ce cas, il sera difficile dans l'apologétique chrétienne d'affirmer que seul le christianisme fait exception à ce caractère illusoire alors que, par tant de traits, il s'apparente aux autres religions du monde…

En outre, depuis le XVIIIe siècle, le « naturel » des « Philosophes » s'associe à ce qui est inné et s'oppose aux variations historiques et culturelles ; or, même si un substrat inné est nécessaire à l'économie religieuse – peut-être, par exemple, le caractère universel des archétypes au sens jungien ou bien l'orientation générale des fidèles vers un pôle sacré –, il est difficile de penser les religions autrement que de la façon dont elles se présentent elles-mêmes : la transmission d'une influence supra-humaine à travers les traditions qui irriguent l'humanité.

Finalement, c'est au mythe qu'il faut recourir pour comprendre la réalité mythique qui est au centre de la réalité religieuse : en particulier la tradition primordiale adamique, l'alliance noachique, l'alliance mosaïque et la prophétie – S. Augustin n'affirmait-il pas que les païens eux-mêmes avaient eu leurs prophètes ? Comme le langage, les religions sont toujours « reçues ».

Aux juifs – c'est-à-dire aux bergers qui dormaient près de Bethléem –, Dieu se manifeste par la parole des anges. Aux païens – les mages –, Il se manifeste par la cosmologie – l'Étoile. Mais finalement, par des moyens différents, juifs et païens parviennent à la crèche où naît le Sauveur.

Alors parler de nature humaine ? Pourquoi pas si on reconnaît que l'homme est *capax Dei* et que l'on prend en compte avec Pascal ce qui dans « *l'homme passe l'homme* ».

2. *Penser le religieux comme distinct*

Une seconde question se pose : le terme de « religieux » lui non plus ne va pas de soi. Dans les sciences sociales, on lui préfère celui de « sacré ».

Dans de nombreuses sociétés de tradition orale, celles que naguère on appelait « primitives » ou « archaïques », le terme n'existe pas. Non par absence de sacré, mais au contraire par saturation par le sacré. Comme le montre l'ethnologue Marcel Griaule, chez les Dogons, Malgaches ou Bambaras, le religieux fournit le modèle – le « *pattern* » – de tout acte humain, qu'il s'agisse de tissage, de construction de la maison, de météorologie, de santé, de sexualité ou d'organisation des divisions sociales.

Rien n'est à proprement parler « profane », tout est sacré ou plutôt sacralisé, car le monde n'est pas homogène pour autant. Les hommes ont partout conscience que certaines choses ou certaines actions sont plus sacrées, plus « chargées de numineux »[2] que d'autres. Le vocabulaire implique cette échelle de sacralité où, par cascade, rien n'échappe au sacré : le « profane », ne définit un domaine de moindre densité sacrale qu'en relation avec le temple, haut lieu de la Présence.

En un sens, concevoir vraiment un domaine religieux spécifique, suppose de penser un domaine autonome du non-religieux. C'est là certainement un héritage du christianisme : « *mon Royaume n'est pas de ce monde* », « *rends à César ce qui est à César et à Dieu ce qui est à Dieu* ».

C'est déjà vrai avec l'idée biblique d'un Dieu transcendant, et créateur : le monde n'est pas Dieu ; il est contingent. Les dieux du paganisme sont des aspects supérieurs du monde créé, auquel ils appartiennent.

L'idée d'un ordre « naturel », d'une société « laïque » ou d'un domaine « temporel », doit évidemment beaucoup au travail des théologiens pour distinguer les « deux cités » (S. Augustin), élaborer

---

[2] Le numineux est, selon Rudolf Otto et Carl Gustav Jung, ce qui saisit l'individu, ce qui venant « d'ailleurs », lui donne le sentiment d'être dépendant à l'égard d'un « tout Autre ». C'est « un sentiment de présence absolue, une présence divine ».

un droit des clercs distinct de celui des laïcs, ou une cosmologie des causes secondes. Sans doute, le monde moderne post-chrétien a-t-il durci et déformé les subtiles distinctions des théologiens scolastiques dont il est l'héritier.

Évoquer la « religion » – au XVIIe on parlait de « vertu de religion » – implique déjà un rétrécissement du sacré, et parler « des religions » un relativisme qui suppose une position fausse – en tout cas problématique – d'extériorité qui permettrait le comparatisme.

Le religieux ne se laisse pas aisément appréhender par la pensée si on le considère comme l'englobant – une des étymologies supposées de « religieux » est le verbe latin *religare*, relier.

Dès lors qu'il y eut un domaine particulier du religieux, un religieux compartimenté, il a pu devenir objet de savoir, celui des sciences humaines des religions – histoire, psychologie, sociologie, anthropologie, etc. Il y a même une neurologie religieuse : en injectant un traceur radioactif dans les flux sanguins du cerveau de méditants bouddhistes ou de moniales franciscaines en prière, des neurologues ont pu localiser sur nos lobes pariétaux la manifestation de l'activité mystique.

3. Des formes religieuses variables

Pour comprendre l'*homo religiosus*, il convient d'abord de ne pas réduire les manifestations du religieux à ce que chacun en a pu connaître dans sa culture : en apparence, quoi de commun entre les transes du vaudou et la méditation zen ? Entre les rites chamaniques et l'office luthérien, ou entre le très formaliste culte impérial romain et les torrides dévotions « bhaktiques » des foules du Gange ? On distinguera les religions à vocation universelle comme le bouddhisme, l'islam et le christianisme, des religions du clan, de l'ethnie ou de la tribu auxquelles on n'est agrégé que par naissance. Les religions agraires des peuples sédentaires ne sont pas celles des peuples nomades. Les religions sapientielles ne se présentent pas comme les religions prophétiques. Les métaphysiques de l'Être en Occident suscitent des paysages mentaux différents des métaphysiques de la vacuité en Extrême-Orient. Quant aux dualismes cathares ou bogomiles, ils semblent aux antipodes d'un non-dualisme comme celui de Shankarâchâria.

En outre, les mêmes hommes pourront pratiquer des systèmes différents dans différentes parts de leur vie comme ces Japonais qui vivent dans le Shinto, se marient dans des formes chrétiennes et meurent en bouddhistes ou comme ces Romains de l'Empire qui sacrifiaient publiquement aux dieux de la Cité et se faisaient initier secrètement aux religions à mystère de Mithra, de Sérapis, de Cybèle, ou de Jésus le Messie.

D'ailleurs, les membres d'une religion se perdent eux-mêmes dans la variété des formes possibles : la mystique du soufisme est parfois mal tolérée par l'islam juridique des docteurs de la Loi ; des fidèles habitués aux liturgies grégoriennes ou à celle de S. Jean Chrysostome risquent de se retrouver aussi mal à l'aise dans les débordements pentecôtistes d'un office charismatique qu'un libéral ashkénaze dans la chaleur des youyous des femmes sépharades...

4. Des typologies religieuses contestables

En revanche, certaines typologies religieuses – animisme, totémisme, évhémérisme – qui ont pu être reprises par les ouvrages d'apologétique chrétienne du début du XXe siècle apparaissent à présent comme des systèmes artificiels peu pertinents.

À la fin du XIXe et au début du XXe siècle, avec Spencer, Tylor, Frazer (« *Le Rameau d'or* ») Durkheim ou Lévy-Bruhl, l'anthropologie a tenté d'expliquer le phénomène religieux ; mais, plutôt que de le comprendre en lui-même, elle s'est plutôt intéressée à l'origine des religions – transformation du culte des morts en culte des dieux, angoisse devant la nature qu'on ne peut maîtriser –, ou encore à l'évolution du phénomène dans l'histoire de l'humanité – l'ensemble sur fond d'idéologie du Progrès. Au XIXe siècle, comprendre un phénomène, c'est le placer dans une étape de l'évolution.

Après les études sérieuses des ethnologues de terrain, l'anthropologie religieuse a renoncé à l'idée d'une évolution historique qui aurait fait passer l'humanité de l'animisme au polythéisme, puis au monothéisme. De telles spéculations permettaient d'asseoir la supériorité du christianisme sur les religions « primitives », mais au final, elles se retournaient contre l'intention apologétique quand on envisageait que l'évolution spirituelle de l'humanité n'avait aucune raison de s'arrêter là et devait se poursuivre soit dans l'islam, soit passerait d'un dieu personnel au dieu des philosophes, ou encore vers une vague spiritualité athée…

Au contraire, la phénoménologie des religions a pu montrer que le polythéisme n'excluait pas l'intuition de la transcendance, ou que le culte des saints – ou des marabouts – pouvait recouper quelque panthéon païen. En dehors de quelques philosophes comme Spinoza, le panthéisme existe-t-il vraiment ?

Lorsque S. Paul évoque parmi les hiérarchies angéliques, les Puissances et les Principautés qui gouvernent ce monde, sa cosmologie n'est probablement pas très différente de celle du monde hellénistique où les dieux se manifestent dans les influences planétaires – ou plutôt les correspondances entre le microcosme et le macrocosme.

Aussi convient-il toujours de se méfier des concordismes de circonstance entre la foi et la science. La théorie du *Big Bang* qui semble attester de l'événement de la création de l'univers sera probablement abandonnée demain… Comme l'ont montré Bachelard, Kuhn et toute l'épistémologie contemporaine, les théories scientifiques sont provisoires et toujours – malgré les critères de réfutabilité de Popper – teintées d'une coloration idéologique. Il est donc périlleux pour la foi de vouloir s'appuyer sur des fondements aussi aléatoires.

5. *Religion et économie sacrificielle*

Ces précautions étant prises, il est possible de définir le religieux. Par exemple, avec Emile Durckheim, on peut concevoir la religion comme « *un système solidaire de croyances et de pratiques relatives à des choses sacrées, c'est-à-dire, séparées, interdites, et qui unissent en une même communauté morale […] tous ceux qui y adhèrent.* »

Cette définition ne pose pas de difficultés pour ce qui concerne les croyances, le rituel et l'organisation ; le problème se pose quant au rapport aux choses sacrées, qui est le noyau de la définition durkheimienne. Les ethnologues ont découvert que dans toutes les sociétés, des êtres, des animaux, des objets, des mots, des espaces ou des temps, étaient l'objet d'un respect spécial – autre étymologie latine possible de « religion » : *relegere*. Ces objets sacrés sont présentés comme la manifestation dans ce monde, la *hiérophanie*, d'un autre monde, l'*au-delà*. Cette césure ici-bas/au-delà est redoublée par une césure profane/sacré qui la représente et rend possible une économie d'échanges entre les deux niveaux. Nietzsche dénonçait l'au-delà comme un « arrière-monde », mais dans les religions, c'est plutôt le monde « d'ici-bas » qui est « l'arrière-monde » du « Ciel », un pâle image du vrai monde. Théorisé par Georges Bataille, ce système quasi-structuraliste, semble universel.

6. *Théories évolutionnistes et stades de développement*

Comment est advenue l'idée que cette dimension « religieuse » – qui a par ailleurs fasciné historiens, sociologues et ethnologues – pourrait ne pas être consubstantielle à l'humanité ? Deux schémas explicatifs concomitants se présentent à nous :

- celui que l'humanité passerait par des stades qualitatifs de développement ;
- celui de l'émergence progressive de la Raison.

Issue d'une réinterprétation de l'histoire du Salut dont une des premières formes se manifesta dans les spéculations du cistercien calabrais du XIIe siècle, Joachim de Flore – âge du Père, âge du Fils, âge de l'Esprit –, la mythologie occidentale postulait un parallélisme entre les grandes étapes dans lesquelles devait passer l'humanité – philogénèse – et les étapes traversées par l'enfant, l'adolescent et l'adulte – on évite de parler du vieillard et du défunt.

Au début du XIXe siècle, cette mythologie du Progrès dominait le champ des sciences. Alors que le savoir du XVIIIe siècle s'était constitué sur les taxinomies (Linné, Buffon) et sur l'opposition d'une nature humaine restaurée contre les aliénations de l'histoire – Montesquieu, Rousseau, et autres inventeurs de « bons sauvages » –, le savoir du XIXe siècle se fondait sur l'histoire et les rapports de forces. Hegel, Darwin – évolution et sélection naturelle –, Adam Smith, Marx – l'histoire accoucheuse des sociétés et lutte des classes – et dans une certaine mesure Nietzsche et Freud – le comportement d'une personne s'explique par son histoire et la conscience s'analyse en termes de mécanique des fluides libidineux –, toute la pensée du XIXe siècle – qui ne finit vraiment qu'à la fin du XXe siècle – consiste à expliquer un phénomène en le situant sur un continuum historique par rapport à ce qui le précède et ce qui le suit.

Et comme la glorification du progrès de demain passe par la dévalorisation de l'obscurantisme d'hier[3], pour dévaloriser le passé, on invente des légendes noires ; massivement à partir du XVIIIe siècle.

C'est pourquoi, quand les Occidentaux entrent en contact avec des sociétés différentes, ils les appellent « primitives », « archaïques », ou plus récemment encore « peuples premiers », tentant ainsi de réduire les différences qualitatives à une différence de stades d'évolution. Contre toute évidence – car ce sont en réalité nos contemporains –, Bororos d'Amazonie, Pygmés ou Aborigènes australiens sont perçus comme les témoins fossiles de stades que les Occidentaux, à la pointe de l'évolution, auraient vécus antérieurement.

Dans cette perspective, le « magique », le « mythique », le « mystique », le « religieux » apparaissaient comme l'attribut d'une humanité à la rationalité sous-développée – Lévy-Bruhl parlait de la mentalité « pré-logique » des primitifs et finit par y renoncer. En attendant sa disparition, le religieux devait donc être confiné, enfermé avec les autres figures de l'altérité : l'enfant, le vagabond, le fou dans des institutions spécialisées, sacristies, asiles, prisons ou musées. Michel Foucault a longuement disserté sur le « grand enfermement » à l'âge classique – c'est-à-dire moderne – des figures de « l'irrationnel ».

En cette fin du XIXe siècle, à l'hôpital de la Salpétrière, le Professeur Charcot ou Pierre Janet assimileront les phénomènes

---

[3] Jean-François Colosimo, *Aveuglements – Religions, guerres, civilisations*, Cerf, 2018.

mystiques aux hallucinations de l'hystérique. De même, dans la société communiste, « nouveau stade dans l'évolution de l'humanité », les croyances religieuses devaient spontanément disparaître dans les « poubelles de l'histoire ».

Cette croyance naïve dans une nécessaire évolution vers une conception « séculière » de la société sous-tend encore aujourd'hui les prévisions « optimistes » de ceux qui espèrent que « l'islamisme fanatique » finira par se dissoudre ou se modérer dans la modernité occidentale. Ceux-là ne saisissent pas que la modernité « sécularisante » est un phénomène spécifiquement « post-chrétien » dont l'effet n'existe que dans les sociétés chrétiennes.

On pourrait penser que le processus d'affadissement religieux qui s'est emparé de l'Occident ne soit pas autre chose qu'une pathologie spécifique du christianisme.

Cette idéologie de l'émergence de la Raison assimilant le religieux à l'irrationnel a suscité de nombreuses réactions de protestation, depuis les premiers romantiques et contre-révolutionnaires (Chateaubriand, Joseph de Maistre ou Louis de Bonald) jusqu'aux surréalistes ou au « Collège de Sociologie » (Bataille, Caillois, Leiris, Monnerot…) en passant par des philosophes comme Henri Bergson.

Au sein de l'Église, cette idéologie provoquera aussi des mouvements de défense.

- Défense naïvement adaptative de la part des modernistes et des exégètes de la démythification qui, prisonniers de l'idéologie dominante, au nom de la promotion d'une « foi adulte », pourchassent les traditions populaires et les manifestations de la mystique – combien parmi les exorcistes diocésains de la fin du XXe siècle ne croient pas à l'existence du diable ?
- Défense de fond de la part du Magistère romain qui, à l'encontre des fausses oppositions, revendiquera la profonde unité entre la foi et la raison[4].

Or, il s'avère que cette idéologie des stades d'évolution dans lesquels la mentalité religieuse ne serait qu'une étape réservée aux

---

[4] Cf. l'encyclique *Fides et ratio* de Jean-Paul II.

peuples « enfants » est fausse et largement abandonnée. L'anthropologie religieuse des savants s'oppose à présent très largement à l'anthropologie issue de l'idéologie du Progrès.

Ce que montre l'anthropologie religieuse du XXᵉ siècle à travers Mircea Eliade, Gilbert Durand, Georges Dumézil, Ernst Cassirer ou même Georges Bataille, C.G. Jung ou encore Roger Caillois, c'est que le fait religieux n'est pas, comme on le croyait au siècle dernier et au début du XXᵉ siècle, une étape dans l'histoire de l'humanité, mais une dimension irréductible qui perdure même dans le cadre apparemment désacralisé des sociétés « modernes ».

D'ailleurs la plupart des sciences humaines se sont détournées de la recherche de la généalogie des phénomènes – même les économistes aujourd'hui renoncent à décrire des « stades de développement ».

La recherche d'une origine extra-religieuse de la religion – ce qui ramène invariablement à jouer à la question du premier œuf et de la première poule – ou d'une loi universelle d'évolution des religions est aujourd'hui abandonnée par les sciences sociales.

On retrouve les mêmes fondements mythiques dans les grands mouvements idéologiques de la modernité – communisme, nazisme, libéralisme – que dans les religions classiques[5] : même « *la majorité des sans-Dieu se comporte encore religieusement à son insu* », reconnaît Mircea Eliade[6]. Il suffit d'observer un joueur qui lance ses dés ou une personne pressée qui attend l'autobus en retard pour comprendre que les formes les plus superstitieuses de la prière ou de l'imprécation sont toujours présentes.

En outre, non seulement la pensée mythique n'est pas « archaïque », mais elle n'est plus considérée comme « irrationnelle ». Jadis on opposait le *logos* au *muthos*. Le mythe était présenté comme une histoire fausse, illusoire, puérile, une fable inventée pour consoler ou tromper le peuple. La religion était soupçonnée d'être une défense contre l'angoisse de l'homme devant une nature

---

[5] Cf. les travaux de Jean-Pierre Sironneau.
[6] *Le Sacré et le Profane*, p. 174, éd. Gallimard, 1975.

qu'il ne parvenait pas à maîtriser – c'est pourquoi les progrès des Lumières et de la Science devaient amener à l'extinction du religieux ; ou bien elle n'était qu'une vaine consolation contre la misère ontologique de l'homme (Feuerbach), ou une légitimation et une dissimulation de la domination des opprimés par les classes dominantes (Marx), ou encore une forme de névrose – pour Freud, tout phénomène culturel est lié à la névrose…

7. *Misère de l'apologétique progressiste*

Cette représentation dominante amenait de nombreux croyants, impressionnés par cette rhétorique, à croire que la foi serait plus « pure » si elle ne présentait aucune de ces caractéristiques « fonctionnelles » – dans le style : « les sacrements c'est pas de la magie » ou encore « on n'a pas besoin de miracles pour croire ». À la suite des théologiens protestants du XIXe siècle, on a cherché à désacraliser les pratiques et « démythifier » la foi, pour qu'elle ne se perde pas avec les « naïvetés d'un âge révolu ».

Alors que, dans la perspective traditionnelle d'une histoire gouvernée par la Providence – celle d'un Joseph de Maistre par exemple –, au début du XIXe siècle, la quasi-universalité dans les différentes traditions de la *Virgo parturiens* – chez les Gaulois en particulier –, attestait de l'attente par toute l'humanité de la naissance du Sauveur et de la véracité de sa naissance de la Vierge Marie, au contraire, à partir de la fin du XIXe siècle et jusqu'à aujourd'hui, dans l'apologétique moderniste, subjuguée par les philosophies du soupçon, la ressemblance des formes entre la révélation chrétienne et les traditions mythiques signifiait que l'émergence progressive de l'esprit avait été contaminée par les naïvetés d'un passé révolu et qu'il fallait la sauver en la dégageant des scories mythiques des âges d'obscurantisme.

Les mêmes rapprochements peuvent être interprétés de façon contradictoire en fonction du « fond » épistémologique sur lesquels on les interprète[7]. Mais depuis un siècle la roue a tourné et le « fond » n'est plus le même.

8. Mytho-logiques…

Après que Lévy-Bruhl eut renoncé sur la fin de sa vie à distinguer la pensée primitive de la pensée logique des « modernes », Claude Lévi-Strauss affirmera l'unité de la raison humaine. Il explique, notamment dans *l'Anthropologie Structurale*, que « *l'objet du mythe est de fournir un modèle logique pour résoudre une contradiction* » ; le mythe a une fonction permanente, c'est « *un outil logique qui opère des médiations ou des connexions entre des termes contradictoires* ». Le thème du boiteux, si souvent évoqué non seulement dans la mythologie grecque (Œdipe, Laïos..), ou dans la Bible (Jacob après son combat avec l'ange), mais plus encore dans les mythologies amérindiennes, permet de penser cette évidence que l'homme est à la fois autochtone et d'ailleurs ; s'il boite, c'est qu'il est à la fois fils du ciel et de la terre.

Alors que Gaston Bachelard montrait que malgré les efforts des théoriciens pour l'éliminer, la pensée symbolique continuait à « informer » jusqu'aux sciences les plus « dures », alors que Gödel établissait que les démonstrations les plus rigoureuses s'appuyaient toujours sur un fondement indémontré, l'historien des religions Mircea Eliade en arrivait à définir le mythe comme une « histoire vraie », vraie non seulement parce que cette histoire est efficace (Georges Sorel) mais surtout parce qu'elle dit la vérité ontologique de l'homme et du monde.

---

[7] Au XXe siècle, le retard des clercs de l'Église sur l'état des sciences des religions pouvait se repérer dans les colloques universitaires où se croisaient des chercheurs agnostiques fascinés par le sacré, et des clercs – plus ou moins défroqués – qui ne juraient que par les stades de développement – mêlés à une vulgate hégélienne – ou par les statistiques de type durkheimien.

C. G. Jung ou des philosophes comme Henry Corbin renouvellent la vieille conception platonicienne pour laquelle les objets de la pensée symbolique – les « archétypes » ou « l'imaginal » – peuvent présenter un niveau de permanence, de cohérence et de « réalité » bien supérieur à celui des objets du monde phénoménal. À la fin du XXe siècle, Gilbert Durand met en question les prétentions de la critique historique à démonter « l'illusion mythique » en montrant comment l'historicité elle-même est bâtie sur des fondements mythiques : ce qui est retenu parmi la masse des événements, les découpages historiques, les mises en perspectives sont des reconstructions permanentes toujours sous-tendues par des schémas mythiques.

9. De quelle nature relève la « sécularisation » de notre société ?

Tous les indicateurs des comportements religieux montrent que l'Église catholique, en Europe tout au moins, est en crise : chute des vocations, baisse de la pratique de la messe dominicale, baisse des baptêmes, baisse des vocations religieuses, baisse de la natalité[8], laquelle a plus encore baissé dans les pays catholiques – même en Irlande – que dans les pays protestants ; l'Italie, pays des mamas et

---

[8] L'enquête de l'IFOP de 2010 révélait que 64 % des Français se déclaraient catholiques, parmi lesquels 57 % n'assistent pas à la messe dominicale. Les catholiques messalisants ne représentaient, en 2010, que 4,5 % de la population française contre 27 % en 1952. Depuis l'effondrement s'est poursuivi. Je ne développerai pas ces statistiques de la décrépitude de l'Église en France dont je ne suis pas l'auteur. Mais la vraie raison est que ces chiffres me plombent le moral. Je comprends que les responsables ecclésiaux se détournent de la publicité de cette chute et qu'ils trouvent plus réconfortant de se féliciter de l'augmentation des baptêmes d'adultes plutôt que de se polariser sur la chute des baptêmes d'enfants, alors que l'un n'est que la conséquence par rebond de l'autre. C'est une des ruses de l'inconscient pour rendre tolérable le désastre et pour ne pas trop s'interroger sur les choix pastoraux qu'on continue de maintenir.

des familles nombreuses est devenue, comme le reste de l'Europe, un pays de vieux.

Je nuancerai plus tard ce constat qui ne saurait désespérer un chrétien qui sait que la croix du Vendredi saint et la dispersion des disciples précède la résurrection de Pâques. Il n'en reste pas moins que, sans écarter les lectures en termes d'histoire gouvernée par la Providence, le sociologue doit chercher à interpréter.

Le constat d'une déchristianisation de l'Europe dépend de la perspective dans laquelle on se place. Si un ethnologue venu de Sirius débarquait dans nos contrées, il constaterait que par leurs structures, elles sont massivement chrétiennes ou romano-helléno-judéo-chrétiennes : semaine de sept jours, clochers qui dominent les agglomérations, prénoms se référant à des saints, valeurs morales largement inspirées du décalogue, etc. Ensuite il repérerait quelques éléments païens : par exemple dans la façon de nommer les jours de la semaine – mercredi/Mercure, vendredi/Vénus – ou les mois – janvier/Janus, Mars – ou encore dans nos institutions – le Pape est nommé Saint-Pontife du nom des anciens grands prêtres romains. Ce n'est que plus tard, avec beaucoup d'attention, qu'il pourra observer que, dans les agglomérations les plus récentes, banlieues et villes neuves, les églises se font bien discrètes, que les prénoms ne se référant pas à un saint se multiplient, ou que des jours chômés comme le 11 novembre, le 1er mai ou le 14 juillet se célèbrent par une liturgie qui n'a pas été réglée par l'Église catholique – qui a tenté cependant de rattraper le 1er mai, devenu « saint Joseph artisan ».

Au fond, si nous avons le sentiment que notre société se déchristianise, c'est parce que nous avons l'idée de ce qu'a pu être la chrétienté : non pas la Cité de Dieu, la Jérusalem Céleste, mais une société qui se réfère explicitement à la Révélation chrétienne et dans laquelle la plus grande partie de la population professe la foi.

Dans cette perspective diachronique, sans faire de l'utopie médiévale, nous constatons un éloignement de ce modèle de société où les institutions, le savoir et, largement, les consciences étaient unifiées par le ciment de la foi dans ce qu'on a pu baptiser la chrétienté.

À la Renaissance, alors que les références plus littéraires que dévotes aux anciennes divinités antiques se multiplient, on constate que les différents secteurs de l'activité et du savoir humain vont se désagréger, chaque parcelle prétendant à s'absolutiser : l'art pour l'art, la politique pour la politique (Machiavel), la science coupée de la sapience, elle même dérivant vers la pathologie de l'occultisme… Quelques siècles plus tard, la Réforme et la Révolution étant survenues, surtout en France, malgré de très belles reprises – je fais référence à la spiritualité française du XVIIe siècle au lendemain des guerres de religion ou à la reconquête des élites bourgeoises et intellectuelles à la fin du XIXe et au début du XXe siècle –, la cité est devenue « laïque », c'est-à-dire que ce qui avait pour vocation d'englober et de relier toutes les dimensions de la vie humaine, le religieux, est lui-même confiné à la « vie privée » –, privée de toute réalité qui dépasserait le domaine forcément évanescent du psychisme de l'homme réduit à l'état d'individu. La religion tend à se réduire à une religiosité subjective, sentimentale, que l'on convoquera ou congédiera en fonction de ses besoins de consolation intime – chez les Aztèques, le rite des sacrifices humains était nécessaire pour que le soleil se lève encore une fois ; chez nous, « le petit choisira ce qu'il lui plaira de croire quand il sera grand ».

On parle parfois de sécularisation, mais on n'ose plus comme naguère associer la baisse de la foi à quelque progrès historique qui verrait l'humanité se libérer de l'obscurantisme religieux au fur et à mesure de son développement : on comprend trop comment cette pseudo-explication relève elle-même d'une mythologie du Progrès de nature religieuse ou para-religieuse.

Depuis Raymond Aron, Jules Monnerot ou Jean-Pierre Sironneau, on sait bien que les idéologies, les « religions séculières » présentent une morphologie mythique et rituelle analogue à celle des religions traditionnelles qu'elles prétendaient remplacer et ont joué des fonctions sociales et psychologiques identiques. Comparées aux siècles qui mesurent l'existence des grandes traditions religieuses, les idéologies modernes se présentent plutôt comme des bricolages mal construits – elles ne parviennent pas à répondre au désir d'éternité –

et leur durée de vie se prolonge tout au plus sur quelques dizaines d'années. À présent, seul le libéralisme demeure ; mais il commence à se découvrir comme religion de contrebande : « *Le capitalisme s'est développé en Occident comme un parasite sur le christianisme* », affirme Walter Benjamin[9].

Les sociologues qui tentent d'analyser la « post-modernité » parlent d'effondrement des grands systèmes référentiels et des organisations qui les propageaient. Pourtant, face à l'échec du nazisme, du communisme, du saint-simonisme technocratique, des partis et des syndicats, l'Église ne se porte pas si mal… Comme le dit Jean-François Colosimo, ce sont en fait les grandes idéologies – sauf le libéralisme ? – « *et non pas le christianisme, qui sortent de l'histoire* ».

Quant à l'idole du Progrès, elle suscite aujourd'hui plus d'effroi – celle des écologistes, celles de *Matrix*, celle de la crainte des délocalisations –, que d'espérance – sauf dans le transhumanime et encore.

10. Sécularisation ou plutôt déchristianisation ?

Notre époque nominaliste faute de changer ce qui est pénible se contente de substituer une dénomination moins choquante. Ainsi, comme les aveugles sont devenus « mal-voyants », comme l'avortement est devenu IVG, pour évoquer la crise des valeurs, la perte de sens commun, le mal-être, l'anomie dans laquelle se débattent nos contemporains, on parle de sécularisation : un euphémisme pour ne pas dire déchristianisation. Il ne faut pas se voiler la face, la sécularisation est une déchristianisation.

Pourquoi la « sécularisation » est-elle advenue dans une société chrétienne et pas dans les autres cultures ? Certainement parce qu'elle est un produit dérivé de la chrétienté. Sans doute les « Lumières » et l'esprit révolutionnaire ont-ils fait quelques vagues en dehors de la chrétienté – par exemple la révolution dans la Turquie d'Ataturk, et ailleurs –, mais on perçoit bien qu'il s'agit

---

[9] Sylvain Piron, *L'Occupation du monde*, Bruxelles, Zones Sensibles, 2018.

d'un produit d'importation, un placage lié au prestige des modèles européens.

On évoque parfois un retour au paganisme. Mais la société post-chrétienne – on peut le regretter –, n'est en rien païenne. Certains se proclament néo-païens ; mais les païens étaient des hommes religieux, des croyants qui sacrifiaient réellement aux dieux. Les néo-païens ne croient pas plus aux dieux que les « humanistes » de la Renaissance ou les choristes des opéras d'Offenbach. Les adeptes du rock « gothique » ne croient pas vraiment aux anges et aux démons, ils font semblant, entre l'adhésion et la dérision. Le néo-paganisme n'est tout au plus qu'une protestation esthétisante contre la platitude du monde moderne et parfois contre le Christ.

En pays catholique, on donne parfois, comme signe de crise du religieux, l'égoïsme ou, en langage théologique, le « matérialisme pratique ». Ce n'est là qu'un symptôme de l'affaiblissement des idéaux catholiques, car de nombreuses religions ne s'opposent en rien à la jouissance tranquille des biens de ce monde. Au sein même des religions chrétiennes, l'éthique protestante ne manifeste aucune réticence spirituelle à l'exploitation rationnelle des biens et à l'accumulation des richesses – c'est au contraire un signe « d'élection ».

La croyance à l'évolution des mentalités d'une conception archaïque vers une « humanité adulte » arrangeait bien l'apologétique : la sécularisation de la société, le désenchantement du monde et la démythification du référentiel religieux étaient le résultat d'un mouvement « naturel » du Progrès de l'humanité. Dans cette perspective, il n'y avait pas trop à s'interroger sur la baisse des indicateurs de pratique religieuse, mais on cherchait plutôt à accompagner ce mouvement inéluctable en adaptant l'appareil ecclésiastique et les normes de croyances et de pratiques aux nouvelles mentalités. Éventuellement on pouvait fulminer contre les formes archaïques qui font obstacle aux noces de l'Église avec son époque – par exemple en supprimant les signes hiératiques et en les remplaçant par des signes profanes.

La mise en doute de cette croyance au Progrès oblige à un déplacement du questionnement. La baisse de la ferveur religieuse n'est pas un mouvement général, mais un cas particulier des religions chrétiennes institutionnalisées et singulièrement du catholicisme. Bien au contraire, l'échec des « religions séculières » issues de l'Europe chrétienne – jacobinisme, nazisme, communisme –, depuis l'effondrement de l'URSS, laisse le champ libre aux religions traditionnelles ou aux syncrétismes nouveaux (les « sectes »).

On peut alors observer – surtout si on sort du champ européen – que le fait religieux ne se porte pas si mal.

- Dans le sous-continent indien, ce sont bien les religions (l'islam, l'hindouisme, et les autres) qui structurent la vie sociale.
- L'Église gréco-catholique d'Ukraine, que Staline croyait avoir anéantie et que Rome avait plus ou moins abandonnée au profit de l'Ostpolitik d'ouverture à l'URSS, tel un phénix renaît vivace de ses cendres.
- Le sionisme, mouvement éthnico-laïque auquel s'opposait largement l'orthodoxie religieuse juive aboutit à un État d'Israël fortement dominé aujourd'hui par les problématiques religieuses.
- À peine freinée par les idéologies du XXe siècle – nationalisme arabe, marxisme, kémalisme –, l'islam, qui a fort bien résisté dans les républiques d'URSS comme en Afghanistan, a repris sa marche en avant en Afrique et dans l'Asie du Sud-Est, tout en maintenant ses positions anciennes en Europe et en en implantant d'autres par l'immigration.
- En Iran, comme dans la plupart des pays arabes, ce sont les formes les plus radicales de l'islam qui s'imposent aux dépens des mouvements laïques, nationalistes ou socialistes. Encore le mouvement est-il contenu par les pouvoirs en place et l'on sait bien qu'en Turquie comme en Algérie, en Tunisie comme en Syrie, en Égypte comme au Pakistan, en Irak et probablement en Indonésie, la « démocratisation » tant prônée par ceux qui font l'opinion occidentale, coïnciderait avec une islamisation de la société. En Afghanistan, les Talibans n'ont cédé que devant la puissance des armes américaines, mais pour combien de temps ?

- En Afrique comme en Amérique latine, les sectes pentecôtistes ou syncrétiques flambent. En Asie du Sud-Est, le confucianisme que Max Weber avait cru être le principal obstacle au développement du capitalisme par opposition au protestantisme européen, le confucianisme, qui domine dans les « petits dragons » comme Taïwan, Singapour ou Hong Kong, fait parfaitement bon ménage avec la technique la plus avancée. Le Shinto s'est redéployé dans la puissance économique du Japon, où l'on sait qu'une grande partie de la population adhère à des « sectes », bouddhistes ou non.
- En Russie, l'Orthodoxie est quasiment redevenue religion officielle et aux USA, on sait le poids des Églises dans la vie politique. Quant à la Chine – on pourrait en dire autant du Vietnam –, malgré une persécution systématique, subtile ou brutale des organisations religieuses, elle parvient mal à contenir les courants chrétiens, musulmans ou néo-taoïstes[10].

Analyser les fondamentalismes comme des raidissements réactionnels face à une modernité qui mettrait les religions traditionnelles en difficulté, un soubresaut provisoire dans un lent, mais inéluctable déclin, est une position de plus en plus difficile à tenir.

Sans doute, au contact de la modernité occidentale, la menace des déracinements et le brassage des populations, les religions locales, vieilles sagesses coutumières, ont-elles tendance à durcir leur fonction identitaire ; probablement aussi le modèle des religions prophétiques – le christianisme et l'islam surtout – doit-il inciter les autres traditions religieuses à développer des dimensions messianiques voire millénaristes.

Il est compréhensible qu'en période de quiétude, les religions prennent des formes tolérantes et paisibles, alors qu'en période d'affrontement massif à l'altérité ou de bouleversement des habitudes coutumières, elles puissent se durcir et prendre des formes proches des idéologies politiques post-chrétiennes occidentales.

---

[10] Cf. la répression de la « secte » du Falun-gong.

Mais rien ne permet de penser que ces durcissements « intégristes » soient le symptôme d'un déclin du religieux. Si parfois les « élites » politico-intellectuelles ont pu sembler moins attachées à leur tradition religieuse, cela peut aisément s'expliquer par le prestige des modèles coloniaux qu'elles avaient subis et leur formation dans les universités d'Europe de l'Ouest ou de l'Est.

S'il y a une crise du religieux, il est juste d'en reconnaître les limites dans les vieux pays de la chrétienté : l'Europe, surtout occidentale, et quelques-uns de ses prolongements : le Québec, l'Australie et la Nouvelle-Zélande peut-être…

Encore ce déclin européen doit-il être largement nuancé :

- Depuis les années 70, de nombreux juifs trotskistes sont revenus à la pratique du shabbat et même s'adonnent aux spéculations de la kabbale.
- Les francs-maçons, naguère bouffeurs de saucisson du Vendredi saint sont souvent attirés par un spiritualisme rituel et spéculatif.
- Le bouddhisme ne se limite plus à quelques références, à un exotisme de bon aloi dans les salons, et, assez curieusement, c'est dans la forme la plus « religieuse », voire la plus « magique » le *Vajrâyana* tibétain – que les Européens « prennent refuge ».
- Bien loin de « s'acculturer » au contact de la culture laïque française, l'islam maghrébin tend à durcir ses positions : beaucoup de filles réclament un voile que leurs grand-mères ne portaient pas. À l'islam populaire et coutumier des premiers immigrants succède chez les petits-enfants un islam fondamentaliste qui recrute ses cadres chez les plus scolarisés de la seconde, troisième et quatrième génération. Malgré les espérances affichées des représentants des institutions républicaines, l'islam « modéré » aurait plutôt tendance à perdre du terrain au profit des fondamentalistes. Quant aux conversions à l'islam, elles ne peuvent toutes être réduites à des convenances pour faire accepter un mariage avec la famille d'une musulmane ou d'un musulman.

- Les nouvelles formes de spiritualité du « Nouvel Âge » prolifèrent, et l'on sait que les sectes, même les plus farfelues, recrutent plus dans les milieux socialement bien intégrés et d'un bon niveau culturel que dans les milieux les plus modestes.
- Enfin, il n'est qu'à observer l'importance croissante des rayons religieux ou des librairies spécialisées pour comprendre que l'intérêt pour le domaine religieux ne connaît pas un réel déclin ; même s'il est vrai que les livres « édifiants » de jadis sont de plus en plus mêlés aux ouvrages de critique théologique hétérodoxes, de religions non-chrétiennes, d'ésotérisme, de santé et de développement personnel.

Il faut donc bien convenir que la crise du religieux concerne essentiellement le christianisme latin occidental. Ce diagnostic doit encore être affiné : ce n'est pas n'importe quelle forme du christianisme qui semble être touchée par le déclin. Ce qui semble affaibli, ce sont précisément les structures qui ont fait le plus grand effort pour s'adapter aux exigences du monde.

Ainsi, chez les protestants, alors que les églises bien établies, réformée ou luthérienne, méthodiste, – et je suppose en Grande-Bretagne, anglicane – apparaissent comme bien assoupies – se manifestant aux yeux du monde par des œuvres humanitaires consensuelles –, les courants évangélistes ou pentecôtistes, toutes les « sectes » qui n'ont pas renoncé à prendre le monde à rebrousse-poil par un prosélytisme « inopportun » semblent prospérer.

Dans l'Église catholique – tout au moins en France où je peux exercer mes facultés d'observation –, les structures les plus officiellement contrôlées par l'appareil ecclésiastique apparaissent comme plus vermoulues, alors que l'énergie spirituelle ne manque pas dans les initiatives prises en marge de l'institution. Communautés charismatiques, traditionalistes, ou nombre de nouvelles fondations religieuses manifestent une vitalité dont la plupart des structures diocésaines pourraient être jalouses si elles n'étaient parfois elles-mêmes irriguées et revivifiées par ces courants. Si ce n'est déjà le cas, l'horizon n'est pas loin où le nombre des ordinations venant de ces courants en marge sera plus important que celles issues des séminaires diocésains.

Tandis que les mouvements visant à adapter l'action de l'Église aux « réalités » du monde moderne sont en pleine déshérence (JAC, JOC, JEC, mouvements d'action catholique), partout les pèlerinages font le plein, alors même que leur forme est la plus archaïque et qu'ils exigent de grands efforts de leurs participants. La chose est encore plus significative en ce qui concerne le pèlerinage de Saint Jacques de Compostelle : le nombre de ceux qui se mettent en route pour plus de deux mois de marche se multiplie, alors qu'aucune organisation n'encadre cette démarche.

D'ailleurs il est significatif que tous les convertis d'origine musulmane que j'ai rencontrés ont finalement été baptisés chez les lefèbvristes ou une autre communauté traditionaliste. Peur de fâcher les musulmans avec lesquels on voudrait « dialoguer » ? En tout cas, que devient un christianisme qui abandonne la « mission » que le Christ lui a confié d'annoncer la Bonne Nouvelle et de baptiser ?

Les « Scouts d'Europe » et les « Scouts Unitaires de France » semblent plus dynamiques que les « Scouts et Guides de France », organisation longtemps exclusivement patronnée par l'épiscopat et qui pourtant avait fait de gros efforts pour « s'adapter à l'évolution de la mentalité de la jeunesse ». Il faudrait faire une étude sur les jeunes prêtres et les séminaristes qui ont pratiqué le scoutisme : quelle est la proportion de ceux qui viennent de chacune des organisations ?[11]

Tout se passe comme si la vitalité des institutions religieuses était en relation proportionnelle avec leur capacité à contester les modèles dominants du monde et les « valeurs » de la modernité.

---

[11] Pour Guillaume Cuchet (« *Comment notre monde a cessé d'être chrétien* », Seuil, 2018) les enquêtes Boulard de l'époque étaient pourtant formelles : c'étaient bien les jeunes qui, traditionnellement, avaient constitué le public le plus encadré par la pratique, qui décrochaient le plus dans les années 60.

Aujourd'hui, l'institution catholique ressemble à ces vieux arbres dont le tronc est sec, voire creux, mais irrigué par une sève qui grimpe encore dans l'écorce de sa périphérie.

Le phénomène n'est pas nouveau dans l'histoire de l'Église où, à chaque époque, l'institution risquait de s'assoupir ou même de se nécroser, elle était régénérée par des irruptions périphériques inattendues (ou providentielles) :

- Quand l'Église constantinienne sortant des persécutions risque de s'installer dans une confortable position dominante, les Pères du désert, puis les moines réitèrent le témoignage des martyrs.
- C'est par les moines irlandais venus d'un pays tardivement converti que se fera la rechristianisation de l'Europe largement compromise avec les hérésies ariennes.
- Dans la chrétienté installée dans le système monastique, féodal, rural, riche et puissant du XIIe siècle, le renouveau viendra des dominicains et des franciscains, moines urbains, itinérants et choisissant la pauvreté.
- L'Église trop « humaniste » de la Renaissance et de la contre-réforme est réveillée par une sorte d'ordre chevaleresque tout droit sorti de l'imaginaire des croisades : les Jésuites.
- Au XVIIe siècle, une religion moralisante et juridique est réchauffée par les apparitions de Paray-le-Monial et le culte du Sacré-Cœur.
- En contrepoint avec une religion moderniste qui voudrait nier miracles, anges et démons, se multiplient les apparitions mariales et les communautés charismatiques.

Tout se passe comme si l'Esprit inspirait dans les marges de l'Église des courants ayant la vertu de conforter et corriger un centre qui s'assoupit ou s'adultère.

Nous ne voulons pas ici opposer dans une vaine dialectique l'institution instituée à la spontanéité instituante. D'autant plus que la plupart des courants innovants se veulent très respectueux de la hiérarchie de l'Église. Il s'agit surtout de percevoir dans l'histoire de l'Église ce que le croyant pourrait appeler l'action correctrice de la Providence.

Pour ce qui est de notre époque il apparaît évident que l'affaiblissement religieux, s'il n'est pas dû à une évolution normale de l'humanité, peut être renvoyé à une crise interne à l'Église : il est possible que certains des choix pastoraux qui ont été effectués soient erronés et que la source de ces erreurs puisse être décelée dans une fausse anthropologie à laquelle les théologiens auraient cédé.

Je rejoins les thèses défendues par Peter L. Berger[12] qui constate la vitalité des religions sur la scène politique mondiale. Lui qui, dans le passé, s'était montré partisan de la théorie de la sécularisation fait son *mea culpa* et considère la thèse selon laquelle la modernité conduirait nécessairement au déclin de la religion comme globalement erronée.

En revanche, reprenant les idées développées par Roger Fink et Rodney Stark, il constate que ce sont les religions qui ont voulu s'aligner sur les « valeurs » de la modernité qui s'effondrent alors que celles qui ont maintenu un « surnaturalisme réactionnaire » ont largement prospéré.

Ce sont les courants « conservateurs, orthodoxes ou traditionalistes » qui progressent, et il cite la ligne catholique conservatrice de Jean-Paul II, la montée en puissance du protestantisme évangélique aux U.S.A., les succès du judaïsme orthodoxe, les réussites du fondamentalisme islamique observables aussi dans l'hindouisme et le bouddhisme. Tous ces courants religieux adoptent une démarche religieuse sans complexe et sans ambiguïté que l'auteur qualifie de « contre-sécularisation » (p.6).

Peter L. Berger relève deux exceptions à sa thèse de « désécularisation » : l'Europe d'une part et, d'autre part, « *une subculture internationale composée d'individus dotés d'une éducation occidentale supérieure* », dont le contenu est effectivement sécularisé. Cette subculture dominante dans les milieux intellectuels, médiatiques et politiques, vivant en vase clos, tenterait d'imposer ses idéaux et ses

---

[12] *The Desecularization in the World: Resurgent Religion and World Politics*, Grand Rapids, Eerdmans, 1999, p. 10.

valeurs issues de la philosophie des « Lumières », ce qui expliquerait sa cécité vis-à-vis de la vitalité des religions.

11. La modernité, fille du christianisme

Il est de la nature de la Tradition de se transmettre aux différentes cultures et aux différentes situations historiques. Le christianisme de l'Antiquité gréco-romaine n'est pas exactement le même que le judéo-christianisme primitif – les débats entre Paul et Pierre témoignent de ces difficiles adaptations. La religion de la rechristianisation du monde mérovingien par les moines celtes n'est pas identique à celle de la chrétienté féodale, comme la chrétienté médiévale diffère du catholicisme post-tridentin. La Tradition est transmission de la Révélation à travers les variations culturelles et les cycles que l'humanité doit traverser. Elle est donc nécessairement adaptation à ces conditions particulières de chaque situation ou, si l'on veut, traduction. Sans doute la traduction est un art difficile, les risques y sont nombreux – *tradutore, traditore,* disent les Italiens –, mais c'est un art nécessaire dès lors que les chrétiens se sont engagés sur ce chemin en écrivant les Évangiles en grec plutôt qu'en hébreu ou en araméen – contrairement aux musulmans qui arabisent les populations qu'ils convertissent.

Vaille que vaille, et souvent au prix du martyr, l'Église s'est relativement bien adaptée à la confrontation avec le paganisme, elle a su « aller aux barbares » et assimiler les cultures et les époques, grecques, romaines, celtes, orientales et occidentales, impériales, féodales ou « classiques ». À chaque « inculturation », elle a pu emprunter tel ou tel élément en demeurant elle-même. Et il est probable qu'elle aura demain à intégrer des apports hindous, bouddhistes ou taoïstes – voire chamaniques. C'est ainsi que l'Église est universelle, « catholique ». Finalement, le culte des ancêtres que les Jésuites du XVIIe siècle n'avaient pu faire reconnaître par Rome, n'est-il pas aujourd'hui communément intégré par les catholiques chinois ?

En revanche, depuis plus de deux siècles, l'Église se trouve en difficulté devant « le monde moderne », lui-même issu de la chrétienté. C'est pourquoi « aller aux païens » n'est pas du tout la même démarche que « d'épouser le monde moderne », c'est-à-dire épouser sa propre hérésie.

Intégrer les principes de la modernité, ce n'est pas incarner le corps mystique du Christ dans une nouvelle culture, c'est pactiser avec les germes de sa corruption, c'est se trahir.

Pourquoi l'Église souffre-t-elle pour s'adapter à ce siècle ? Pour assimiler ses « valeurs » marchandes de tolérance, de respect de l'autonomie des individus, et ses formes démocratiques de pouvoir fondées sur la manipulation habile de l'opinion publique ? C'est que le « monde moderne » n'est pas une culture parmi d'autres, mais une culture atypique – pour ne pas dire une monstruosité. On peut toujours espérer amender une société païenne, c'est-à-dire religieuse, en lui apportant la Révélation de la Bonne Nouvelle. Mais comment christianiser une société post-chrétienne, véritable cancer d'« idées chrétiennes devenues folles », prospérant aux dépens de la chrétienté dont elle est issue ? Comment, sinon par un mouvement de retour à la santé et aux principes transcendants.

Toutes les cultures humaines ont reconnu la supériorité et l'autorité de principes transcendants, toutes se soumettent – ou du moins l'affirment – à une loi parfois « non écrite », d'origine suprahumaine, toutes savent que l'homme n'est ni sa propre origine, ni sa propre fin. Seule la culture occidentale post-révolutionnaire – qui prétend devenir la « culture-monde » –, sous sa forme libérale autant que sous ses formes totalitaires, affirme l'absolue autonomie de la volonté humaine et nie la légitimité de toute loi dont les fondements ne seraient pas contractuels.

Comment le christianisme pourrait-il s'accommoder de tels principes d'athéisme pratique et souvent théorique ? À l'évidence la modernité est fille du christianisme. D'ailleurs, parfois, les chrétiens modernistes s'en félicitent : le monothéisme a désenchanté le monde et permet de traiter la création comme « *un stock à arraisonner* » (Heidegger), l'Incarnation a détourné le regard du Ciel transcendant et a conduit à l'auto-glorification de l'homme. Déjà Max

Weber avait dégagé les liens entre le protestantisme et le capitalisme…

De l'Histoire Sainte à l'idéologie du Progrès, des trois Personnes égales en divinité à l'individualisme et à l'égalitarisme, de la Charité pour *le plus petit d'entre les miens* au ressentiment contre toute hiérarchie, de l'Incarnation du Verbe et de la Pentecôte au nominalisme et à l'absolutisme du contrat et de la démocratie, la dérive est aisément repérable.

Par certains côtés, le sociologue pourrait faire l'hypothèse que le christianisme accélère l'entropie historique. S'il possède de nombreux traits des religions traditionnelles, par ses manifestations hérétiques, il exerce une capacité destructive extraordinaire, sans doute providentielle, que je qualifierais de « shivaïque », s'il fallait faire du comparatisme – Shiva manifeste à la fois l'amour et la destruction.

C'est d'ailleurs un des thèmes favoris de la plus mauvaise apologétique moderniste que de vouloir « justifier » le christianisme comme condition du mouvement aboutissant à l'excellence de l'Occident contemporain. Nous pouvons d'ailleurs lui concéder qu'une étrange, mais indéniable force anime la dynamique de l'Occident dans sa destruction de toutes les traditions. Il ne faut pas pour autant confondre le christianisme et les hérésies dont il est porteur.

Le vrai combat de l'Église, c'est de lutter contre ses propres trahisons, ce qui venant d'elle la subvertit. Sinon quelle triste victoire ce serait pour le christianisme que d'avoir soumis les traditions religieuses et sapientielles de l'humanité à son enfant bâtard, l'anthropocentrisme ! Aujourd'hui, ce n'est plus le paganisme qui est le masque de l'Adversaire, mais « l'humanisme », voire l'« humanitarisme ».

Ce « combat intérieur » doit amener l'Église, en ce début de troisième millénaire, à relever deux défis : le progressisme et le modernisme, auquel il faudrait en ajouter un troisième : la réduction de l'homme à l'état d'individu – « psychologisme » ou subjectivisme.

II. LES NOCES DE CANA ET LE SENS DE L'HISTOIRE : CONSIDÉRATIONS SUR LA PLACE ANACHRONIQUE DU CHRISTIANISME DANS LES CYCLES HISTORIQUES

> «Il n'a plus été suffisant de dire que Dieu était dans son ciel et que le monde était d'aplomb depuis que le bruit a couru que Dieu avait quitté son ciel pour venir le redresser.»
> Gilbert-Keith CHESTERTON (1874-1936)
> *L'Homme qu'on appelle le Christ*

Pour les Hébreux le Messie doit venir à la fin de l'histoire et établir le Royaume de Dieu. Or, depuis l'incarnation du Verbe, plus de 2000 ans se sont passés sans qu'en apparence un changement qualitatif ne se soit produit.

En un sens, comment les juifs et les païens pourraient-ils reconnaître l'ère messianique dans ces deux mille ans qui se sont écoulés depuis la naissance du Christ ? Si l'ère messianique était arrivée, nous nous en serions aperçus. Où est le Royaume quand les canailles gouvernent, les aveugles (métaphysiques) ne voient pas, les montagnes se déplacent si peu et que les pauvres sont privés même des biens immatériels de leur culture propre ? Enfin, la mort ne reste-t-elle pas victorieuse de toute entreprise humaine ?

Le temps messianique – celui que les chrétiens appellent « le retour glorieux du Christ » – est semble-t-il attendu par la plupart des traditions religieuses, Messie des juifs, Madhî des musulmans, le Kalki Avatara des hindous ou le Boddisatva Maitreya des bouddhistes... Toute l'humanité, avec des niveaux de conscience variables, attend la Parousie et les pires utopistes du XXe siècle ne sont pas ceux qui ont le moins espéré dans un Homme Nouveau sur une Terre Nouvelle.

Mais ce qu'on n'attendait pas, c'est la façon surprenante dont se manifeste ce Messie intempestif ; et encore moins cet « anachronisme » de la Bonne Nouvelle...

Tout est « décalé » ; de même que les noces de Cana sont en décalage par rapport à la Résurrection, de même, la Pâque de Jésus-Christ est en décalage temporel par rapport aux noces eschatologiques de l'Agneau et de son peuple dans la Jérusalem céleste.

Comment un chrétien peut-il penser ce temps qui sépare le premier du second avènement du Messie ? On en connaît un terme, mais pas l'autre : *« c'est à l'heure que vous ne pensez pas que le Fils de l'homme va venir »* (Luc 12, 40).

En ce début de millénaire, nous avons cessé de croire naïvement au Progrès – cette hérésie chrétienne –, et cette désillusion nous permet de constater que les loups continuent plus que jamais de dévorer les brebis.

La version progressiste – illustrée par Joachim de Flore, Hegel, Auguste Comte ou Karl Marx – d'une histoire où l'esprit se manifeste au fur et à mesure que le temps passe, cette illusion qui domina l'Occident depuis plus de deux siècles devient à présent obsolète.

Aujourd'hui, seuls les traditionalistes osent poser la question du sens de l'histoire qui fut naguère la tarte à la crème de tous les idéologues et qui est devenue à présent une sorte de tabou. Quelle cohérence discerner dans ce qui nous est présenté comme l'Histoire sainte ?

On pourra tenter de penser cette irruption du Verbe dans l'histoire comme celle du « Grand Temps » dont parle Mircea Eliade, l'Éternel Présent du monde des Principes. Sans doute avec la plupart des traditions savons-nous que l'éloignement apparent des Principes n'est pas contradictoire avec le fait que l'Absolu est toujours présent dans la manifestation et peut être retrouvé à chaque instant. Mais le cours de ce monde n'en est pas substantiellement modifié, l'irruption, le plus souvent rituelle, du « Grand Temps » ne fait qu'en révéler le caractère permanent.

Pourtant le christianisme développe une autre perspective : si ce temps n'était qu'une illusion, il aurait été absurde de placer dans le *Credo* la mention si prosaïque que le Christ a souffert « *sous Ponce Pilate* ». Cette mention dans le credo d'un élément de l'anecdote historique contingente le transforme en réalité mythique, et traduit le fait que le cours de ce monde est pour une part devenu Histoire sainte.

Le temps qui sépare le premier avènement – l'Incarnation, la Passion et la Résurrection de notre Seigneur Jésus le Christ – et le second – le retour glorieux du Messie –, est un temps spécifique, qualifié, « le temps de l'Église »[13], différent de celui des Prophètes. Comment penser cette situation inouïe d'un temps messianique déjà réalisé et pourtant si peu visible ? Où rien n'a changé et où tout est accompli ?

1. L'eau changée en vin

Le miracle de Cana nous donne peut-être l'intelligence de cette histoire. L'épisode des noces de Cana survient juste après le baptême du Christ par Jean le Baptiste, et sa retraite de quarante jours au désert. Premier acte de la vie publique de Jésus, il constitue l'annonce inaugurale de la Bonne Nouvelle.

Vous pardonnerez au sociologue que je suis de m'être aventuré dans l'exégèse et d'en faire une interprétation «quasi-allégorique»[14],

---

[13] Qui me semble différent du « Royaume » qui, lui, est à la fois permanent (et donc si « proche ») et établi seulement à la fin des temps.

[14] « Quasi-allégorique » car le sens allégorique concerne les relations entre l'Ancienne et la Nouvelle Alliance. Comme dans l'Antiquité on parlait du bassin méditerranéen comme du monde, de même les Pères parlaient essentiellement des relations entre les prophètes et le Messie. Ainsi pour Origène, Cyrille d'Alexandrie ou Éphrem, le vin le moins bon est assimilé à la Loi mosaïque, et le vin le meilleur à la Loi de Grâce. Cf. par exemple : « *Jésus change l'eau de la lettre dans le vin de l'esprit. Héritant de la loi ancienne, il la transforme dans la grâce de l'Évangile.* (p. 344, H. de Lubac, « *Exégèse médiévale : Les quatre sens de l'Écriture* », Paris, 1959). À

c'est-à-dire que nous verrons dans cet épisode, qui bien sûr, donne lieu à bien d'autres niveaux d'interprétation, la figuration de la place de l'incarnation du Verbe dans l'histoire de l'humanité.

Je cite Jean l'Évangéliste (2 / 1-11) :

« Le troisième jour, il y eut des noces à Cana de Galilée, et la mère de Jésus était là. Jésus aussi, et ses disciples, furent invités aux noces. Or il n'y avait plus de vin car le vin des noces était épuisé. La mère de Jésus lui dit "Ils n'ont plus de vin ". Et Jésus lui dit: "Que me veux-tu femme ? Mon heure n'est pas encore venue".

Sa mère dit aux serviteurs : "Tout ce qu'il vous dira, faites-le ".

Or il y avait là six jarres de pierre pour la purification des juifs, contenant chacune deux ou trois mesures.

Jésus leur dit : "remplissez d'eau ces jarres". Et ils les remplirent jusqu'en haut. Et il leur dit : "Puisez maintenant et portez-en au maître du repas". Ils lui en portèrent. Lorsque le maître du repas eut goûté l'eau devenue vin, il ne savait pas d'où elle était, tandis que les serviteurs qui avaient puisé l'eau le savaient.

Le maître du repas appelle le marié et lui dit :

"Tout homme offre d'abord le bon vin, et lorsqu'on est ivre, le moins bon. Toi, tu as gardé le bon vin jusqu'à présent".

Tel fut le premier des signes de Jésus, il l'accomplit à Cana de Galilée, et il manifesta sa gloire et ses disciples crurent en lui ».

De quoi est-il question dans ce texte ? D'un mariage, de vin et du temps ; du temps ou plus précisément d'un anachronisme.

On sait que le langage mystique a toujours usé du symbole des noces pour évoquer l'union du ciel et de la terre, l'Alliance de Dieu avec son peuple.

Le vin est associé aux temps messianiques. L'eau changée en vin rappelle d'autres transsubstantiations : la pierre transformée en

---

la suite des conceptions médiévales et renaissantes qui assimilaient la Sibylle aux prophètes, nous voudrions ici élargir la perspective « allégorique » à la relation entre les traditions (et à travers elles la Tradition) et la Révélation chrétienne.

eau lorsque Moïse frappa le rocher au désert (Ps. CXIII / 7). Dans cette alchimie divine, la pierre est transformée en eau, l'eau en vin[15] et, lors de la Cène au cénacle, le vin en sang. Dans cette perspective, les noces de Cana préfigurent l'alliance ultime des noces de l'Agneau immolé et de son Épouse (Apocalypse 19 / 7-9) où Dieu et son peuple ne font qu'un[16]. Je ne développerai pas ici les poèmes mystiques du persan Rumi sur l'ivresse paradisiaque.

Mais ici, le vin manque, même la plus mauvaise piquette ne permet pas d'attendre la fin des Noces. L'humanité ne peut tenir jusqu'à la fin de l'histoire sur les seules ressources de la Tradition primordiale déclinante dans les traditions religieuses et les sagesses[17].

On peut rapprocher cet «anachronisme» d'un autre épisode des Évangiles. Lazare est mort. Le Christ attend que le corps de Lazare pue pour intervenir. « Jésus dit à Marthe : *"ton frère ressuscitera"*. Marthe répond : *" je sais qu'il ressuscitera à la résurrection, au dernier jour"*. Et Jésus lui dit : *"je suis la résurrection"*. Et Lazare ressuscite le jour même ». (Jean 11, 17-24). Le Christ réalise aujourd'hui ce qui est promis à la fin des temps

Quant au temps et à sa qualification, il est d'abord évoqué par ce « troisième jour » qui renvoie au « troisième jour » où sur le Sinaï, Dieu révéla sa gloire à Moïse et le peuple crut en lui (Exode 19), comme au « troisième jour » de la Pâque où par sa Résurrection, Jésus révéla sa gloire et ses disciples crurent en lui (Jean 2, 19-21).

---

[15] Ce serait à mettre en miroir avec le « j'ai soif » (Jean, 19,28) du Christ en croix et du vinaigre que les soldats lui donnent en retour.

[16] Par exemple : « *Le Royaume des cieux est semblable à un Roi qui voulut célébrer les noces de son fils* » (Matthieu 22 /2). Isaïe (25/6) annonce les festins qui seront servis sur la montagne de Sion « *avec de bons vins clarifiés* ». Le Cantique des cantiques (5, 1) recommande : « *mangez amis, buvez, enivrez-vous mes amis* ».

[17] Innombrables sont les grands mythes qui, comme Hésiode, font passer l'humanité de l'âge d'or à l'âge d'argent, puis à l'âge de bronze et enfin à l'âge de fer où « *il ne restera plus aux mortels que les chagrins dévorants, et leurs maux seront irrémédiables* ».

C'est également durant un temps de « trois jours et trois nuits » que Jonas resta dans les entrailles du poisson avant d'être vomi sur le rivage et de se rendre à Ninive (Jonas 2, 1). Aussi, lorsque les scribes et les pharisiens demandent un signe à Jésus, celui-ci leur répond qu'à cette « *Génération mauvaise et adultère, il ne lui sera donné que le signe du prophète Jonas [...] le Fils de l'homme sera dans le sein de la terre trois jours et trois nuits* ». (Matthieu 12, 40).

2. *Les tribulations des fils d'Adam*

Les clichés de l'apologétique « moderne » opposent trop souvent le temps « ouvert » du judéo-christianisme, dans lequel on voulait voir le prototype de l'histoire du Progrès, au temps cyclique et « décadentiste » des sociétés païennes.

Une étude plus attentive des textes et de la tradition chrétienne révèle une réalité singulièrement moins tranchée. On reconnaîtra facilement le temps cyclique dans le retour annuel de la liturgie.

Dans la Bible, comme dans les conceptions des religions traditionnelles, l'Histoire, depuis qu'Adam et Ève furent chassés du Paradis terrestre, c'est l'histoire de la chute continuée de l'homme.

C'est pourquoi le maître du banquet atteste de cette loi : « *tout homme offre d'abord le bon vin, et lorsqu'on est ivre, le moins bon* » ; lorsqu'on est ivre, c'est-à-dire lorsque la conscience se perd. Le vin est de moins en moins bon au fur et à mesure que l'humanité s'éloigne de la conscience des Principes. Et ici, dans cette « *Génération mauvaise et adultère* » (Matthieu 12, 39), la situation est extrême puisqu'il n'y a même plus de vin.

Il faut réfléchir sur le rapport nécessaire entre la chute et l'histoire. Vladimir Propp, le formaliste russe, l'avait montré à propos des contes russes : il n'y a pas d'histoire possible sans accident, sans rupture de la norme. Toute histoire est d'abord l'histoire d'un malheur. On comprend qu'on cherche à éviter les gens qui « font des histoires », et Jacques Bainville remarquait que les peuples heureux n'ont pas d'histoire. La chute est la condition même de l'histoire[18].

L'histoire, nécessairement décadente, date donc de la grande chute, celle d'Adam se coupant de son Créateur. Mais encore faut-il avoir conscience des étapes successives de cette chute. Toutes les philosophies traditionnelles de l'histoire[19], particulièrement celles du monde indo-européen, comme l'a montré Georges Dumezil, repèrent les passages par lesquels l'humanité et la création avec elle, s'éloignent du Principe.

Pour reprendre Hésiode, on passe du Paradis terrestre, de l'âge d'or à l'âge d'argent, puis à l'âge de bronze, pour vivre à présent dans l'âge de fer, l'âge du loup des nordiques, le *Kali Yuga* des hindous.

Dans le contexte judéo-chrétien, le mouvement est tout à fait parallèle et l'on retrouvera par exemple, dans le « rêve de Nabuchodonosor », interprété par Daniel, une dynamique cyclique et décadente analogue à celle des Indo-européens (Daniel 2, 31-45).

Le cardinal Daniélou le remarquait : à partir du chapitre 3 de la Genèse, l'histoire, c'est l'histoire du progrès du mal dans ce monde, et ce fut semble-t-il la conception dominante des chrétiens jusqu'à la fin du Moyen-Âge.

À la chute d'Adam succède le premier meurtre de Caïn contre Abel. Malgré le Déluge, les fils de Noé ne semblent pas meilleurs

---

[18] Dans cette perspective, il semble qu'on puisse faire un parallèle entre les Noces de Cana et la parabole du Bon Samaritain. Là aussi nous est décrit l'histoire d'une descente de Jérusalem (la ville sainte) à Jéricho la ville la plus basse du monde (à plus de 250 mètres en dessous du niveau de la mer). Sur la route de cette chute, mais avant l'arrivée à Jéricho, sur la côte de la mer morte, un voyageur est attaqué par des brigands qui le laissent à moitié mort. Un Samaritain – présenté ici comme la figure du « prochain » –, pris de compassion, le soigne – en versant de l'huile et du vin sur ses plaies – et le confie à une auberge (l'Église ?) jusqu'à son retour.

[19] Cf. Mircea Eliade, *La Nostalgie des origines. Méthodologie et histoire des religions,* Paris, Gallimard, « Les Essais », 1971 ; réed. « Idées », 1978.

que l'humanité antérieure et vivent moins longtemps. À Babel, les hommes perdent leur langue commune et se dispersent, les prophètes sont régulièrement mis à mort, le peuple élu et ses rois tombent dans l'idolâtrie, le premier puis le second Temple sont détruits, le peuple est exilé, les prophètes par lesquels l'Éternel tente de le corriger sont persécutés, jusqu'à ce que la prophétie elle-même prenne fin. Cette chute atteint son comble quand les vignerons infidèles après avoir battu, lapidé ou tué les serviteurs du Maître de la vigne, mettent à mort le Fils, l'héritier lui-même (Matthieu 21, 33-41). Dans ce contexte, la venue du Messie se produit bien « *à la fin des Temps* »[20]. « *Dieu nous a parlé par son Fils à la fin de ces jours* », (Hébreux 1, 2).

Qu'est-ce que cette fin des temps ? Certainement pas comme voudrait nous le faire croire une catéchèse anti-traditionnelle issue des spéculations proto-progressistes de Joachim de Flore[21] ou de

---

[20] Au début de son ministère, Jésus proclame en Galilée : «*Le temps est accompli, et le Royaume de Dieu est tout proche*» (Marc 2, 15). «*C'est maintenant, une fois pour toutes, à la fin des temps, qu'il s'est manifesté pour abolir le péché par son sacrifice*», proclame S. Paul (Hébreux 9, 28). «*Quand vint la plénitude du temps, Dieu envoya son Fils, né d'une femme, né sujet de la Loi, afin de nous conférer l'adoption filiale*», (Galates 4, 4). «*À nous qui touchons à la fin des temps*» (I Corinthiens 10, 11). «*En ces temps qui sont les derniers*» (1ère Épître de Pierre, 1, 17-21). On retrouve ces expressions chez les Pères (de S. Cyprien, par exemple, à S. Bernard) pour qualifier le moment historique de l'Incarnation du Messie et du temps qui lui succède.

[21] Joachim de Flore, est ce moine calabrais qui imagina trois âges dans l'histoire du monde : l'âge du Père, l'âge du Fils et l'âge de l'Esprit Saint. Il est le modèle de toutes ces hérésies post-chrétiennes que sont les philosophies progressistes de l'histoire à trois temps, qui dominent l'imaginaire occidental depuis la grande rupture de la fin du Moyen-Âge.

De Joachim de Flore, Henri de Lubac (*La postérité spirituelle de Joachim de Flore*, Paris éd. P. Lethielleux, 1979) dira que « *ses ancêtres sont introuvables dans l'histoire de la Chrétienté* », et Étienne Gilson (*L'esprit de la Philosophie médiévale*, 1954) qu'il «*avait bouleversé complètement l'économie des âges du monde*». Sur les rapports entre cette nouvelle théologie de

celles, si éphémères, de Teilhard de Chardin, quand les hommes furent assez évolués pour saisir la portée du message chrétien.

Au contraire, dans les Écritures, « *nos temps sont mauvais* » (Paul, épître aux Éphésiens, V, 16). Ils correspondent aux bas-fonds de l'humanité déchue. D'ailleurs, l'Église situe la naissance du Sauveur au solstice d'hiver, à minuit, au milieu de la nuit la plus longue de l'année.

Quant à l'avenir : « *des pauvres vous en aurez toujours* » (Évangile selon S. Marc, XIV-7), mais pire : « *Le mal ne cessera de croître* » (Évangile selon S. Matthieu, XXIV-/12).

Je n'ai pas le sentiment que ce message soit enseigné dans l'Église d'aujourd'hui que domine encore l'optimisme mondain du Progrès[22].

Dans cette perspective, on rapprochera le « signe » de Cana de la multiplication des pains : « *Le soir venu, les disciples s'appro-chèrent et lui dirent : l'endroit est désert et il se fait tard* ». Mais Jésus dont il est dit qu'il fut saisi de pitié, ne renvoie pas la foule et multiplie les cinq pains et les deux poissons pour la nourrir (Matthieu, 14, 13-21). Ou encore, c'est après que Pierre et d'autres disciples ont en vain passé la nuit à pêcher sans résultat que Jésus leur demande de jeter à nouveau leur filet et que se produira la pêche miraculeuse (Jean 21, 4-8). Il faut mettre en miroir le signe de Cana et celui de la pêche miraculeuse, le premier et le dernier miracle du Christ : dans les deux cas il n'y a plus de vin, et il n'y a plus de poissons dans le lac. C'est quand les hommes n'attendent plus rien de leurs ressources propres que la puissance divine se manifeste.

---

l'histoire et les idéologies occidentales ultérieures, on consultera l'œuvre du sociologue Henri Desroches (*Les Religions de contrebande. Essais sur les phénomènes religieux en périodes critiques*, Éditions Mame, 1974).

[22] « *Le christianisme n'est nullement, il n'est aucunement une religion de progrès : ni peut être moins encore si possible du progrès. C'est la religion du salut* », Charles Péguy.

3. L'Esprit vient au secours de notre faiblesse

Car le Christ ne vient pas pour les bien-portants mais pour les malades. Les prostituées, les percepteurs malhonnêtes forment ses disciples et un criminel justement condamné à mort (le « bon larron ») pénètre au Paradis avant Abraham, Isaac et Jacob.

Car, pour citer S. Paul, là *« où le péché abonde, la grâce surabonde »* (Romains, 5, 20) ; car *« l'Esprit vient au secours de notre faiblesse »* (Romains, 8, 26).

Sans cette perspective historique où l'héroïsme du Dieu incarné est plus fort que l'infidélité des hommes, l'intérêt du christianisme pour le « Pauvre », la brebis égarée, le fils prodigue, les estropiés, les borgnes, les boiteux, les pécheurs, c'est-à-dire pour ce qui reste de l'homme le plus disqualifié[23], sans cette perspective, cette «préférence pour les pauvres» est incompréhensible, ou plutôt relève d'une perversion des valeurs que Nietzsche a fustigée. La seule « justification » possible de la misère de l'homme, c'est de glorifier la Toute-Puissance de Dieu : *« Je me glorifierai surtout de mes faiblesses afin que repose sur moi la puissance du Christ*[24]*. »*

On peut encore faire une lecture anagogique du Magnificat : *«Mon âme exalte le Seigneur […] parce qu'il a jeté les yeux sur son humble servante […] Il a renversé les potentats de leur trône, et il a élevé les humbles […].»* On peut entendre dans ces potentats, les « puissances, les trônes et les dominations » à qui a été confié l'ordre de ce monde et dont une part – « le tiers des étoiles » – s'est révoltée par jalousie pour l'homme à qui étaient destinées les noces de l'union du Créateur et de la création.

---

[23] Pour un lecteur de Guénon habitué à reconnaître les signes physiques de disqualification initiatique (borgnes, bègues et boiteux), le passage de l'Évangile de Luc (14,21) sonne étrangement : les personnes « qualifiées » ayant décliné l'invitation à la Noce, le Maître de maison dit à ses serviteurs d'aller sur les places et les rues de la ville et de ramener *«les pauvres, les estropiés, les aveugles et les boiteux»*.
[24] S. Paul, II, Corinthiens, 12, 9.

Dans cette perspective, Dieu manifeste sa transcendance en jouant avec l'ordre du monde dont il est le créateur et non le prisonnier.

4. *Mon heure n'est pas encore venue*

Cette « Heure » à laquelle fait allusion Jésus tous les exégètes y voient l'heure fixée par le Père, le temps de la Passion et de la Résurrection : *« Père, voici l'heure, glorifiez votre Fils afin qu'il vous glorifie »*.

Mais « l'Heure », c'est aussi la fin des temps, « *l'heure du Jugement* » (Apocalypse 14, 7). L'Heure du Père : *« Le ciel et la terre passeront... Quant à la date de ce jour, et à l'heure, personne ne les connaît, ni les anges des cieux, ni le Fils, personne que le Père, seul »*. (Matthieu 24, 36 ou Marc 13, 32). Comme un voleur, *« c'est à l'heure que vous ne pensez pas que le Fils de l'homme va venir »* (Luc 12, 40).

De même que les noces de Cana sont en décalage par rapport à la Résurrection, de même, la Pâque de Jésus-Christ est en décalage par rapport aux noces eschatologiques de l'Agneau et de son peuple dans la Jérusalem céleste. À la demande de sa mère, Jésus répond avec dureté : *« Femme que me veux-tu ? »* – littéralement : *« Qu'y a-t-il entre moi et toi ? »*, cette expression manifestant un net désaccord : *« Mon heure n'est pas encore venue. »*[25]

Si l'ère messianique était arrivée, nous nous en serions aperçus. Pourtant, les chrétiens affirment que le temps de la Parousie est déjà advenu.

Cependant, malgré le caractère incongru, « anachronique », « intempestif » – c'est ainsi que la qualifièrent S. Ambroise et S. Éphrem – de la demande de Marie, le Christ change l'eau en vin...

---

[25] *Cf.* par exemple Jean, 4, 21 et 23; 5, 28; 7, 30 ; 8, 20; 12, 23 et 27 ; 13,1, 16, 21, 25 et 32 ; 17, 1 ; mais aussi Matthieu, 25, 45, Marc, 14, 41, Luc, 22, 14 et 53.

D'où la surprise des démons que Jésus enverra dans un troupeau de porcs : « *Que nous veux-tu, Fils de Dieu ? Es-tu venu pour nous faire souffrir avant le moment fixé ?* »

C'est en ce sens qu'il faut comprendre l'affirmation de Maxime le confesseur : « *le Christ est devenu par l'incarnation son propre précurseur*[26]. »

« *Le premier avènement a été humble et caché ; le dernier sera éclatant et magnifique* », écrit le bienheureux Guerric d'Igny[27], qui définit ainsi un temps intermédiaire dans lequel se déroule un autre avènement à la fois individuel et constitutif du corps mystique qu'est l'Église : « *Je le dis caché, non qu'il soit ignoré de celui à qui il arrive, mais parce qu'il advient secrètement en lui* […]. *Il arrive sans être vu et il s'éloigne sans qu'on s'en aperçoive. Sa seule présence est pour l'âme et l'esprit une lumière qui fait voir l'invisible et connaître l'inconnaissable…* »

5. *La Vierge et les noces*

Pourquoi le Christ intervient-il du fait de la médiation de Marie ? De nombreux commentateurs des noces de Cana ont d'ailleurs interprété le terme de *femme* par lequel Jésus s'adresse à sa mère comme une allusion à la première Ève, médiatrice entre Adam et le serpent tentateur[28].

Pourquoi cette évidente insistance sur la fonction de la Vierge, mise en valeur par l'apparente réticence de Jésus à intervenir dans le déroulement de ce banquet ? Les images sentimentales les plus mauvaises évoqueront l'insistance d'une mère qui force le cœur de son fils. Comme si l'on pouvait forcer Dieu !

---

[26] Amb. Liber. PC 91, 1253B.
[27] Vers 1080-1157, abbé cistercien, « 2ᵉ sermon pour l'Avent », 2-4 ; PL 185, 15 ; sc. 166.
[28] Cf. p. 70, Aristide Serra, *Marie à Cana, Marie près de la Croix,* éd. du Cerf , 1983.

Nous pensons qu'il faut prendre au sérieux, c'est-à-dire métaphysiquement, la question que pose le Christ à sa mère : « *femme, qu'y a-t-il de commun entre toi et moi ?* ».

Il faut comprendre que «Notre Dame» est cette part de l'humanité préservée de la chute ; c'est pourquoi, Marie est dite «toujours vierge». L'Église catholique proclame son «Immaculée Conception», c'est-à-dire que, par la grâce rétroactive du Sauveur, elle fut préservée du péché originel et de ses conséquences[29].

La question de Jésus concerne donc la relation entre l'état adamique originel et le Verbe divin ; ou, en d'autres termes, à Cana, la médiation de la Vierge permet de saisir l'articulation entre les Petits Mystères (la quête de l'Homme originel) et les Grands Mystères (la quête de Dieu). Le passage à (ou de) la vie divine, n'est possible qu'à partir de l'état humain central. Les hommes de la chute sont décentrés, la Vierge est le centre originel – *stella matutina* –, cet état primordial incorruptible, en un sens non perdu, malgré l'éloignement progressif de l'humanité de son Principe. La relation à la Vierge est pour l'homme la relation à son propre axe dont il est décentré.

C'est sur ce point central que le lien entre le ciel et la terre peut être rétabli. C'est pourquoi Marie est médiatrice universelle – S. Bernard la qualifiait de *cou de l'Église*, ce qui relie la tête, le Christ, au corps mystique, l'Église. Métaphysiquement, si l'homme est *capax Dei*, ce n'est pas n'importe quel état humain qui est apte à recevoir la Présence de Dieu dans ce monde.

Ce n'est pas n'importe quelle Arche, n'importe quel Temple qui sont en mesure d'abriter la Schekina, la Présence ; ce sont des réalités sanctifiées. De même la Vierge et l'Église doivent être sanctifiées pour recevoir le Verbe incarné[30]. On remarquera que la *Virgo*

---

[29] L'*Ecclesia*, « assemblée », est ainsi devenue synonyme de « temple », c'est-à-dire du Temple. Dans la Genèse, Adam, « la terre rouge », est « pétri » par Dieu, tandis qu'Ève, tirée du côté d'Adam, est « bâtie ». Les commentateurs ont voulu y voir un signe du rôle de Temple qu'aurait la Nouvelle Ève.

[30] Marie est préservée de la mort – non de la mort comme porte du Ciel,

paritura est au sein du christianisme une des « signatures » des traditions universelles. Ce rôle donné à la Vierge Mère est si répandu que le pape Léon XII avait voulu y reconnaître (lettre du 12 août 1878) un reste de la révélation primitive faite par Dieu à notre premier père et transmise par sa postérité[31].

6. *Les serviteurs et le Maître du banquet*

S. Jean commente le miracle de Cana en disant que « c'est là qu'il manifesta sa gloire ». Cet épisode est donc considéré comme une des épiphanies du Christ ; épiphanie c'est-à-dire que, comme lors de la circoncision, comme lors du baptême, comme lors de la Transfiguration, la divinité du Christ se manifeste.

Une épiphanie n'est pas seulement un miracle. Jésus accomplit de nombreux miracles, la plupart ne sont pas considérés comme des épiphanies. Dans l'histoire de l'humanité, les miracles accomplis par des thaumaturges sont innombrables ; une épiphanie est un signe spécifique de la « gloire de Dieu ».

Or ces épiphanies sont discrètes : au Temple, le vieillard Siméon est peut-être le seul à reconnaître le Messie dans l'enfant circoncis ; seuls trois apôtres sont conviés à assister à la Transfiguration.

À Cana, les « serviteurs », ceux qui avaient puisé l'eau savaient d'où venait le vin. Avec la Vierge et les premiers disciples – « *qui à*

---

mais de la mort comme séparation de l'âme et d'un corps destiné à la corruption. Cette mort étant le « salaire du péché », c'est pourquoi, pour évoquer la fin de sa vie terrestre, les orthodoxes parlent de la dormition de la Vierge, et les catholiques de l'assomption.
Nous n'avons ici qu'effleuré l'ésotérisme (le «mystère») de la Vierge et nous n'avons même pas abordé son caractère de *Théotokos*, de mère de Dieu – et pas seulement de l'humanité de Jésus, mais aussi de la « Sagesse éternelle et incarnée ». Sur le mystère de la Vierge on pourra se reporter à l'ouvrage de François Chenique, *« Le buisson ardent »*, La pensée universelle, 1972.
[31] Sur l'universalité de la tradition de la *Virgo paritura*, cf. pp. 31-38, Dom de Monléon, *« Les Noces de Cana »*.

dater de ce jour crurent en Lui » –, seuls les « serviteurs » ont quelques clefs sur l'origine et le sens de l'énigme.

Qui sont les serviteurs auxquels il est fait allusion ? Précisément ceux qui font « *ce qu'Il vous dira* »[32] ; et la plupart des Pères ont voulu y voir la figure des disciples du Christ.

Si les épiphanies restent si discrètes, c'est peut-être pour que le changement qualitatif du temps qui sépare le premier avènement du Messie du Retour glorieux du second avènement, ne soit perçu que par les disciples ; ou encore, dans la perspective de S. Jean, pourrait-on dire que cette perception est le signe de l'élection divine.

Le Maître du banquet, le gardien de la Loi et de la Tradition, dans lequel on pourrait reconnaître une figure du « Roi du Monde », lui, ne peut que s'étonner devant l'incongruité de servir le meilleur vin à la fin, sans en comprendre le secret. Cependant, il n'y a pas d'opposition entre les deux ordres, celui du Christ et celui du Maître du banquet : au contraire, c'est en se servant des moyens traditionnels – les jarres d'eau pour les ablutions rituelles – que Jésus apporte à la noce le vin manquant[33]. « *Ne pensez pas que je sois venu abolir*

---

[32] « *Faites tout ce qu'Il vous dira* ». Beaucoup d'exégètes veulent voir dans cette expression une formule d'acquiescement à l'Alliance proposée par Dieu. Cf. au Sinaï *«Tout ce que Yahvé a dit nous le ferons»* (Exode 19, 8 ; 24, 3-7). On veut aussi montrer *«l'identification indirecte entre le peuple d'Israël et la mère de Jésus»* (p.45, Aristide Serra*).* À rapprocher aussi de : *«Qu'il en soit fait selon ta Parole»,* Esd 10, 12 ; Ne 5, 12 ; 1 M 13, 9; Luc 1, 38)

[33] Avec M.E. Boismard *(«* *Du Baptême à Cana* », Paris, 1956, *«Lectio divina »* n°18)* une tradition exégétique veut trouver une correspondance entre les premières journées de la mission du Christ et la première semaine de la création dans la Genèse... De même que la première création eut lieu en six jours et que, le septième, Dieu se reposa, de même Jésus inaugure la nouvelle création par six jours dans lesquels il appelle ses disciples ; puis le septième, il participe aux noces de Cana.

la Loi et les Prophètes. Je ne suis pas venu abolir mais accomplir. » (Matthieu 5, 17).

7. *L'anachronisme de l'Église*

Les chrétiens ne fêtent pas le septième jour – ils devraient alors célébrer le sabbat avec les Juifs –, mais le dimanche est le jour de la nouvelle création : « *puis je vis un ciel nouveau, une terre nouvelle* » (Apocalypse 21, 1). Pourtant dans l'ordre naturel, le dimanche n'est que le premier jour de la semaine. Il faut bien tenter d'affronter ce hiatus temporel qui caractérise la tradition chrétienne[34].

L'Incarnation, la Passion et la Résurrection inaugurent un temps paradoxal, car en un sens tout est joué : la mort et le péché sont vaincus, la porte du Ciel est ouverte ; spirituellement la victoire est acquise. «*Rien jamais ne pourra plus séparer la nature humaine de la nature divine* […] *L'humanité est substantiellement sauvée* […]. *Cette foi dans le caractère irréversible du salut acquis fonde l'espérance chrétienne qui est attente de l'entrée en jouissance d'un bien déjà acquis*[35].

L'Église est à la fois dans le triomphe de la Résurrection et dans l'attente douloureuse d'un accouchement qui tarde à venir – pour reprendre la comparaison de S. Paul.

Car d'un autre côté, visiblement, la Jérusalem céleste n'est pas encore descendue, les loups continuent à dévorer les agneaux et l'entropie historique, le désordre, continuent leur course à l'abîme. C'est le temps de l'Église, la parenthèse où le salut est déjà là, mais encore invisible, sinon à travers le témoignage des martyrs, des héros et des saints.

---

[34] Nous ne voulons pas dire que l'Histoire sainte ne commence que depuis l'Incarnation. Les prophètes sont déjà les témoins de cette histoire parallèle ; et, disait Saint Augustin, il n'est pas douteux que les païens eux-mêmes aient eu leurs prophètes. Mais cette action de l'Esprit qui souffle où Il veut – et pourrait-on ajouter quand Il veut – est un effet rétroactif de l'incarnation du Verbe dans ce monde.

[35] *Op. cit.*, J. Daniélou, p.10.

C'est le temps de la patience de Dieu, le temps de l'épreuve des hommes où le « *bon grain pousse avec l'ivraie* » (Mathieu, XIII, 25). C'est la raison qui faisait écrire à S. Augustin : « *deux cités, celle des pécheurs et celle des saints, parcourent l'histoire... Elles sont maintenant mêlées quant aux corps, séparées quant aux volontés ; au jour du jugement, elles seront aussi corporellement séparées*[36]. »

Aussi, tout « progrès » venant de l'humanité n'est que celui des prothèses que l'homme se construit au fur et à mesure qu'il perd ses facultés. On administre plus de médicaments à un vieillard qu'à un jeune homme : où est le progrès ? Certes la prothèse n'est pas le mal, elle témoigne de notre infirmité. Encore pourrait-on prendre en considération les réflexions de Spengler, Heidegger ou Ellul sur la volonté de puissance qui anime les progrès de la technique d'un mouvement vertigineux, qu'aucune puissance humaine ne parvient à contrôler. Comme pour le Golem de Prague, l'impuissance des législateurs à l'égard de la technique biogénétique est tout à fait exemplaire de l'incapacité des hommes à maîtriser les mécanismes qu'ils ont mis en mouvement.

Depuis le Christ, deux histoires entrent en tension ; il est clair que sous cet éclairage, il ne faut espérer d'autre issue à cette tension que celle de la Jérusalem céleste. La seule issue à la chute dans l'histoire est l'Apocalypse, c'est-à-dire la Révélation du sens de cette histoire dans sa fin et son dépassement.

L'ordre historique de la création tel que le décrit la métaphysique universelle se déroule comme prévu ; mais cet ordre qui s'accomplit n'emprisonne pas Dieu. Dieu ne détruit pas l'ordre naturel du monde qu'il a lui-même créé, il le double ou plutôt le traverse comme une tapisserie, d'un ordre surnaturel[37].

Ce Dieu « contrebandier », pour tromper peut-être les gardiens de ce monde, vient quand on ne l'attend pas, « *comme un voleur* » et non comme le couronnement de l'œuvre des hommes.

---

[36] *De catechizandis rudibus*, 31.

[37] J'entends par là que c'est notre monde qui n'est que l'envers de la tapisserie du vrai monde, mais peut lui être nécessaire.

III. L'ÉGLISE ET LA « *PHILOSOPHIA PERENNIS* »

> « *Voici venir les derniers temps prédits par la sibylle de Cumes et de nouveau l'ordre qui fut au commencement des siècles.*
> *Voici revenir la Vierge et voici l'âge d'or.*
> *Voici que va descendre du haut des cieux une race nouvelle.* »
> Virgile, *Les Bucoliques*

1. Pourquoi l'Église s'est-elle alliée avec ses pires adversaires ?

Dans la première moitié du XXe siècle, l'Église de France a été institutionnellement vaincue dans la guerre de la laïcité et a été confinée au domaine « privé » comme, après la défaite de 1940, l'État français a été réduit à ne gérer que la zone non-occupée, à condition de collaborer avec les vainqueurs dans les deux zones.

Dans la deuxième moitié du XXe siècle, les clercs de l'Église ont été subjugués par les « maîtres du soupçon »[38] ; ils ont dialogué de préférence avec le système de représentations des vainqueurs, se ralliant avec quelques nuances à Hegel, Darwin, Marx, ou Sartre, sous prétexte d'ouverture au monde.

Antoine Compagnon[39] distingue parmi les écrivains, les « modernes » qui manifestent leur adhésion aux valeurs de l'idéologie dominante – le Progrès, la Raison, l'Humanisme, la Démocratie, la Liberté et la création par sa volonté d'un Homme Nouveau – et les

---

[38] L'expression est de Paul Ricœur
[39] Antoine Compagnon, *Les antimodernes de Joseph de Maistre à Roland Barthes*, Gallimard 2005.

« antimodernes », qui doutent de ces croyances. Les antimodernes sont bien plus proches de la doxa catholique traditionnelle : le péché originel, l'Homme n'est pas bon et a besoin d'une Loi et d'autorités pour subsister ; l'histoire est l'histoire de la chute continuée, c'est-à-dire de la décadence. Il ne peut par ses propres œuvres changer substantiellement cette triste condition et ne peut s'en sauver que par une Grâce transcendante.

Jusqu'au milieu du XXe siècle, les clercs de l'Église s'appuyaient sur les seconds et tenaient à distance les premiers. À partir de la seconde moitié, on constate un renversement des attitudes.

Pourtant, les antimodernes qui s'opposent à « l'optimisme » révolutionnaire ne manquent pas de profondeur et de talent : citons Joseph de Maistre, Chateaubriand, Baudelaire, Stendhal, Balzac, Barbey d'Aurevilly, Flaubert, Léon Bloy, Huysmans, et plus récemment Barrès, Marcel Proust, Maurras, Charles Péguy, Léon Daudet, Bernanos, L. F. Céline, Roger Caillois, Cioran, Montherlant, les « Hussards », Henry Montaigu, Julien Gracq, Philippe Muray ou Michel Houellebecq, et tant d'autres[40].

Pour ne pas être soupçonnés de passéisme, ces mêmes clercs ont voulu garder leur distance avec les penseurs antimodernes promis par l'idéologie dominante « aux poubelles de l'Histoire ». Ce qui est d'autant plus idiot que les antimodernes sont évidemment des « modernes » qui ont réagi à la « métaphysique du Progrès », on

---

[40] Cf. Marie-Catherine Huet-Brichard et Helmut Meter (dir.), *La Polémique contre la modernité. Antimodernes et réactionnaires*, Paris : Classiques Garnier, 2011. Ces auteurs sont ignorés ou minimisés dans les cours de littérature de l'École publique et je le crains dans les écoles « privées » (programme scolaire oblige).

pourrait dire des « post-modernes »[41]. C'est d'autant plus regrettable que les écrivains antimodernes préfigurent « *notre suspicion postmoderne à l'égard du moderne* »[42].

On constate le même « renversement des alliances » en psychologie : Il est significatif que les clercs qui ont voulu explorer les territoires de l'inconscient ont suivi en assez grand nombre Sigmund Freud[43], pour qui la religion est une névrose, et non pas Carl Gustav Jung dont la pensée s'est de plus en plus ouverte aux réalités spirituelles[44].

Dans les colloques de sciences des religions que j'ai fréquenté à la fin du XXe siècle, alors que de nombreux universitaires sont fascinés par un Mircea Eliade, les mythologies antiques, la mystique musulmane, le chamanisme ou les métaphysiques hindouistes ou bouddhistes, la plupart des chercheurs « cléricaux » s'adonnent à une méthodologie durkheimienne à base de statistiques laborieuses ; ou encore, plus rarement, ils jouent aux prophètes de la réconciliation entre l'Église et le monde – sur le modèle du discours de Paul VI à l'ONU. J'ai aussi l'impression qu'on retrouvera plus de laïcs – probablement parfois non-croyants – que de clercs pour disserter

---

[41] Naturellement tous ces antimodernes ne campent pas sur des terrains identiques ; on a voulu distinguer les traditionalistes, les réactionnaires, les anticonformistes, etc. « *Si l'antimoderne est un moderne repenti, le traditionaliste peut être défini comme un antimoderne assumant sans état d'âme son éloignement de la modernité, ayant donc dépassé ses contradictions et, par là même, pouvant passer à l'action.* » A. Compagnon, *op. cit.*, p.160.

[42] Antoine Compagnon, *op. cit.*, p. 9.

[43] Cf. Michel de Certeau, Tony Anatrella, Daniel Duigou, Denis Vasse, Jean-François Six. Voir aussi l'ouvrage de Françoise Dolto *L'Évangile au risque de la psychanalyse* qui a été une référence dans les milieux chrétiens. Il s'agissait de « *dédouaner la psychanalyse de sa charge antireligieuse, pour qu'elle puisse prendre place parmi les éléments qui contribuent à structurer le champ intellectuel chrétien* » in *Les nouveaux clercs : prêtres, pasteurs et spécialistes des relations humaines et de la santé*, collectif, 1985, éd. labor et fides, Genève.

[44] En dehors d'Eugen Drewermann, je ne connais pas beaucoup de clercs qui aient été attirés par Jung et son école.

sur les Pères de l'Église et les néo-platoniciens, l'herméneutique du psalmiste : « *l'Abîme appelle l'abîme* », ou encore Maître Eckhart. D'abord parce que ces clercs sont parfois plus ou moins défroqués, ou en passe de l'être, mais aussi parce qu'ils cultivent comme un complexe d'infériorité vis-à-vis des universitaires ou qu'ils craignent d'être accusés de « faire du prosélytisme ». C'est comme si le matériau accumulé par vingt siècles de christianisme était trop lourd à porter.

Dans le domaine politique, le basculement est encore plus évident. Jusqu'au milieu du XXe siècle, le clergé français entretenait de nombreuses affinités avec les contre-révolutionnaires, le légitimisme du XIXe siècle ou l'Action Française au XXe. Bien entendu, le haut clergé, héritier du clergé jureur imposé par Napoléon au concordat de 1801, dépendant de l'État pour les nominations, s'est largement soumis aux différents régimes qui se sont succédé en France. Je ne parviens plus à retrouver l'ouvrage ironique de deux historiens sur les catéchismes diocésains au XIXe siècle s'ingéniant à proclamer que c'est un péché de ne pas obéir à l'Empereur, puis au Roi, puis à Louis Philippe, puis à la République, puis à Napoléon III, puis à la troisième République. J'imagine que l'on trouverait beaucoup de documents plus ou moins flagorneurs au XXe siècle sur l'État Français, la quatrième République, De Gaulle et les différentes étapes de la cinquième… Bien sûr « il faut rendre à César ce qui est à César », mais souvent c'est un peu plus que ce qui lui est dû.

Trois tournants ont façonné le clergé français : le serment à la constitution civile du clergé en 1791, le Ralliement à la 3e République en 1892 et la condamnation de l'Action Française en 1926[45]. À chacun de ces événements, le clergé de France s'est profondément divisé, malgré une résistance parfois héroïque, qui peut expliquer pourquoi la démocratie chrétienne n'a jamais vraiment réussi à s'imposer en France. La chasse aux sorcières s'organisa, les séminaires furent purgés des professeurs réticents et de nombreuses vocations refusées.

---

[45] Condamnation levée en 1939 par le Saint Office.

Le clergé apprenait à cacher ses sympathies « conservatrices ». Après le Concile Vatican II, de nouvelles épurations touchèrent les séminaires. Mais ce sont aussi ces anciens réflexes de résistance à la « politique » romaine qui expliquent comment un pays où les catholiques étaient « ultramontains » pour se protéger des « valeurs de la République » est devenu, depuis les années 60, le principal foyer de la résistance traditionaliste à « l'esprit du Concile ».

Contrairement aux mathématiques, la théologie prend son appui sur d'autres domaines de connaissance, la métaphysique et les sciences humaines ou la littérature, qui peuvent la compléter harmonieusement ou entrer en contradiction avec elle.

Or depuis deux ou trois générations, l'Église cultive des « visions du monde » qui s'opposent fondamentalement à sa mission. Les courants avec lesquels l'Église depuis le XXᵉ siècle a cherché à s'allier – pardon ! à dialoguer – sont non seulement des formes de pensée adverses, mais ils sont eux-mêmes en crise, encore plus que le système ecclésial – en Russie, l'Orthodoxie a plus de probabilité de subsister que le communisme.

Bien sûr, stratégiquement, l'idéal en cette période de post-modernité, serait de rechercher l'alliance – pardon ! « le dialogue » en langue de buis – avec des courants émergeants plutôt que de cultiver les connivences avec des idéologies vermoulues. Malheureusement, sur cette « époque » qui se profile, nous ne pouvons faire que des hypothèses conjecturelles. Ce n'est qu'au bout d'une expérience historique assez longue que l'on pourra tirer des conclusions point trop hasardeuses sur les valeurs et la façon de penser de cette nouvelle étape historique.

C'est pourquoi, il m'apparaît qu'il est préférable de chercher à « dialoguer » avec les courants antimodernes qui ont su s'opposer aux « principes » de la modernité quand ceux-ci étaient hégémoniques et qui se maintiendront lorsque la modernité s'effacera.

2. La Tradition dans l'Église et dans la philosophia perennis

Beaucoup d'ignorance et de quiproquos séparent les chrétiens des adeptes de la « *philosophia perennis* ». L'objet de la *philosophia perennis* est ce qui a été cru par tous, toujours et partout – sauf plus ou moins dans la pensée moderne, ce qui fait de notre société une culture que je qualifierais de monstrueuse ou de pathologique et, en tout cas, d'atypique –, par exemple, que l'homme n'est pas sa propre origine, ni sa propre fin et qu'il y a une réalité supérieure à l'homme qui doit lui rendre un culte par des sacrifices. Cette philosophie perenne – ou Tradition – est tantôt renvoyée à une révélation primordiale renouvelée par les prophètes, et tantôt, dans une perspective moins historique, à l'intuition humaine – ou son substitut : les archétypes de C.G. Jung[46].

On pourrait attribuer ce traditionalisme à S. Augustin, à S. Vincent de Lerins, ou à Nicolas de Cues ou Joseph de Maistre. Aujourd'hui les théologiens catholiques se sont détournés de ces perspectives ; si bien qu'on est obligé de chercher hors de l'Église ces conceptions qui pourtant sont aussi les siennes. Hors de l'Église et tout particulièrement chez René Guénon.

Les chrétiens ne se réfèrent pas à Guénon comme jadis les Pères se référaient à Platon et Aristote et naguère à Hegel, Marx ou Freud. Pourtant ces derniers n'étaient pas non plus « chrétiens ». En

---

[46] On peut expliquer la philosophie pérenne d'une part par l'histoire – ou la métahistoire ou « histoire sainte » –, la transmission à partir de la révélation originelle. D'autre part par l'intuition de la nature humaine – cf. Jung les archétypes et l'inconscient collectif. Transmises ou innées – comme le langage ? – ces deux approches sont-elles si opposées et exclusives ?
D'abord, toutes les traditions d'une révélation originelle n'affirment-elles pas que même dans les pires moments de l'âge de fer, la Révélation peut faire irruption. D'autre part, l'idée d'archétype renvoie à celle de pérennité et donc de transmission – même si à ses débuts Jung justifiait l'archétype par une bien faible explication lamarckienne. Notre nature humaine n'est pas seulement biologique, mais aussi culturelle et donc traditionnelle.

dehors du cardinal Daniélou[47], peu de théologiens connaissent René Guénon, qui fut musulman et ne comprit pas la spécificité du christianisme – beaucoup de clercs affectés au « dialogue des religions » et particulièrement avec l'islam feraient bien de se familiariser avec ce métaphysicien.

Pourtant, s'il y a des « pérennialistes » assez orthodoxes vis-à-vis de l'Église – je pense aux professeurs Jean Hani ou Jean Borella, voire à Ananda Coomaraswamy ou Jean Tourniac, il n'y pas – ou plutôt plus[48] – de courant de ce type au sein de l'Église catholique. Je connais pourtant beaucoup de « cathos » fascinés par les intuitions guénoniennes, mais qui – parce qu'il est difficile de développer des perspectives antimodernes au sein de l'Église catholique ? – ne font pas bien la synthèse. Ils « s'en sortent » parfois par une séparation – pas très pertinente dans le cadre de l'Église – entre ésotérisme et exotérisme, qui en fait sont des niveaux de conscience « harmonique » qui ne sauraient s'opposer.

Je voudrais esquisser deux thèses en forme d'adresse, l'une à mes frères chrétiens, l'autre à mes amis guénoniens et autres « pérennialistes », qui pourraient aider à percevoir ce qui sépare les points de vue.

- ADRESSE À MES FRÈRES CHRÉTIENS

La question que doit affronter un chrétien d'esprit traditionnel, c'est de comprendre comment, et à partir de quelle dérive, la foi chrétienne, dans ce qu'elle comporte de plus spécifique, aboutit à l'idéologie du monde moderne.

---

[47] *Essai sur le mystère de l'Histoire*, Paris, Éd. du Seuil, 1953.
[48] Sans remonter aux Pères de l'Église, on pourrait évoquer Jean-Pierre Laurant, *Symbolisme et Écriture : le cardinal Pitra et la « Clef » de Méliton de Sardes*, éd. du Cerf, 1988, ou les études de Jean Borella, coll. Théôria, éd. L'Harmattan.

Que les idées modernes soient des idées chrétiennes devenues folles, selon l'expression attribuée à Chesterton, est une évidence que l'on me pardonnera de ne pas développer dans le cadre présent[49].

Au sein de la modernité, c'est bien la force des mythes chrétiens qui anime les idéologies et leur donne une telle énergie[50]. Si Jésus est le salut, si le Christ est le *pharmacos*, l'hérésie du christianisme est un poison ; et la subversion semble avoir conservé quelque chose de la force de ce qui est subverti[51].

Il m'apparaît qu'un des aspects de cette dérive ne consiste pas d'abord dans la négation du spirituel, mais dans une sorte d'*angélisme*. La révélation chrétienne se présente comme l'avènement des temps nouveaux, mais elle laisse subsister quelque chose de l'ordre ancien. C'est pourquoi il faut rendre à César ce qui est à César, et à Dieu ce qui est à Dieu. Cette dualité des deux ordres, si surprenante

---

[49] « *L'idée moderne du progrès, telle qu'elle a commencé à se préciser pour l'Occident à la fin du XVIIIe siècle, telle que les grandes philosophies du XIXe siècle achèveront de la caractériser, apparaît à la fois comme une réflexion sur la perfectibilité de l'homme et comme une transposition naturaliste et immanentiste de l'enseignement évangélique sur le devenir spirituel de l'humanité. Providentiellement orienté, affranchi du fatum de l'éternel retour, mais soumis à une loi de croissance et de maturation internes pour l'édification du Corps mystique du Christ, ce devenir se consumera lorsque le temps se dépassera lui-même dans l'avènement eschatologique du Royaume de Dieu. L'idée de progrès nécessaire n'est que la laïcisation du thème de l'infaillible assistance de l'Esprit dans la marche de l'Église militante.* » André Mutel, « Introduction à la philosophie politique de Jacques Maritain », Université de Lyon, *Annales de la faculté de Droit et de Sciences économiques*, 1972, I, p. 142.

[50] Cf. L'ethnologue Robert Jaulin qui parle de l'Occident ethnocide comme une dissociété cannibale qui a d'abord dévoré ses propres cultures locales – les traditions bretonnes ou occitanes, par exemple avant de dévorer celles des autres peuples. Robert Jaulin, *La Paix Blanche. Introduction à l'ethnocide*, Paris, Le Seuil, 1970.

[51] *Pharmacon* en Grec veut dire remède et poison. Le christianisme poison…, peut-être ce poison est-il aussi, dans une perspective providentialiste, une grâce pour accélérer la fin de ce monde ? Les disciples de Julius Evola seraient-ils choqués par cette perspective ?

pour les canons des religions traditionnelles, est difficilement compréhensible si on ne saisit pas qu'à partir du Christ deux histoires enchevêtrées se développent : « *le bon grain pousse avec l'ivraie* ».

La théologie classique rend compte de cette dualité en distinguant un ordre naturel et un ordre surnaturel. L'ordre naturel est régi par la justice, la justice immanente – œil pour œil, dent pour dent ; c'est cette loi qui régit les collectivités qui ne sont pas folles. Mais depuis le Christ, les disciples peuvent témoigner de l'ordre surnaturel, de la Charité divine que l'ordre de la création n'emprisonne pas, ils peuvent témoigner de la réalité déjà présente depuis le premier avènement de l'ordre nouveau de la Parousie.

Dieu reste à la fois le Juge et le Miséricordieux ; et la Croix – « *coïncidentia oppositorum* » de la Justice et de l'Amour – n'aurait pas grand sens autrement.

Dans ce temps interavènementiel – l'Église n'est pas tout à fait le Royaume, mais son processus d'accouchement –, les deux régimes, tous deux légitimes, s'entremêlent. La tentation « angéliste » pour les chrétiens est de croire que ce qu'ils espèrent, qui d'une certaine façon est déjà là, leur permet de nier l'ordre naturel du monde, l'entropie de l'histoire, la nécessité de la justice et de la guerre pour essayer de rétablir celle ci...

L'Incarnation et la Pentecôte n'abolissent pas les hiérarchies angéliques et humaines, toutes les médiations traditionnelles et rituelles pour relier la terre au Ciel et ce, jusqu'à la descente de la Jérusalem céleste où la distinction entre le profane et le sacré n'a plus lieu d'être : il n'y a plus « ni soleil, ni lune, ni temple ».

Le second aspect de cette tentation du christianisme est anthropo-théologique. À partir d'une métaphore d'un Dieu pédagogue révélant à l'homme son dessein selon un ordre progressif, et surtout de l'ivresse post-joachimite d'une incarnation de Dieu dans le monde, d'abord ponctuelle (Jésus) puis totale (le règne de l'Esprit), l'Occident s'est mis à idolâtrer l'histoire comme Progrès, oubliant que **« *mon Royaume n'est pas de ce monde* »** et qu'a été annoncé le retour du Christ à la droite du Père après l'Ascension.

Puisque Dieu s'est incarné dans la nature humaine, alors l'histoire de l'homme devient l'histoire de Dieu. Or, s'il est vrai que le corps ressuscité du Christ est déjà le Temple définitif où habite la divinité, il n'est pas vrai que les hommes de bonne volonté, par leurs efforts, bâtissent la Jérusalem céleste, ici et maintenant.

D'abord parce que beaucoup de ces bâtisses ressemblent plutôt à des tours de Babel, mais surtout parce que vouloir que la Jérusalem céleste soit construite par les hommes, s'oppose au fait que la Jérusalem céleste descend du Ciel « *de chez Dieu* » (Apocalypse 21, 2) ; elle n'est pas œuvre humaine. L'Église (« l'Église militante ») elle-même n'est pas la Jérusalem céleste ; elle n'est pas dans le triomphe, mais dans le combat – y compris contre elle-même.

Les hommes ne peuvent que bâtir des Temples reproduisant la Création et préfigurant le dernier – et permanent – Temple, celui de l'Agneau immolé. Mais ces temples précaires, ces bulles d'ordre dans un univers de la chute, sont eux aussi destinés à passer. D'ailleurs, quelques années après que le vrai temple eut été détruit et reconstruit en trois jours, le second temple et la Jérusalem terrestre furent détruits par les Romains.

Si le vin final est déjà là – à Cana –, si l'Église, le corps mystique du Christ est sanctifié, « le monde », lui, poursuit sa chute sous la garde du Maître du banquet.

« *Ce qui est attendu eschatologiquement, c'est la manifestation de la victoire du Christ par la transfiguration du cosmos et la résurrection des corps. Ce qui s'accomplit présentement, c'est l'édification invisible, mais souverainement réelle, par la charité, du Royaume, du corps mystique du Christ qui sera manifesté au dernier jour.*[52] »

Ce temps est celui de la mission ; ce qui retarde le retour du Christ, c'est qu'il faut d'abord que la bonne nouvelle soit annoncée à l'univers entier ; « *alors seulement viendra la fin* » (Matthieu XIV, 15). Vouloir changer l'ordre du monde d'ici là, est une illusion.

Il faudrait encore se reporter à la doctrine de S. Paul sur les puissances angéliques qui gouvernent ce monde, celles-ci ne sont pas

---

[52] J. Daniélou, *op.cit.*, p. 18.

en soi mauvaises. « *Elles expliquent le paradoxe de l'histoire présente où se trouvent coexister l'ordre ancien des nations, qui correspond à l'économie des anges, et l'ordre nouveau de l'Église, où tous les hommes sont réunis sous l'unique royauté du Christ* », explique le cardinal Daniélou (p. 51). « *L'unité du monde ne sera réalisée pleinement qu'eschatologiquement. Jusque-là cette unité correspond à la sphère de l'Église où toutes les différences sont abolies. Mais l'Église coexiste avec le monde des nations. Les puissances dépossédées, gardent un pouvoir jusqu'à la Parousie* » (p. 58). « *Ce milieu naturel, il serait dangereux de le méconnaître. Toute tentative [...] pour reconstituer par des moyens humains l'unité linguistique [...] est une sorte de parodie de l'unité véritable qui était celle du Paradis, et elle suscite le châtiment de Dieu. Cette unité, Dieu seul peut la donner à nouveau, mais ce n'est plus une réalité de ce monde* » (pp. 58-59).

Après Babel, et jusqu'à la Parousie, l'ordre naturel de ce monde est que les nations soient divisées, et que les hommes ne parlent pas le même langage. Certes, à la Pentecôte, les Apôtres sont entendus par les membres de toutes nations. Mais cette capacité est limitée à l'annonce surnaturelle de la Bonne Nouvelle. Vouloir étendre prématurément l'unité du genre humain au-delà de cette société surnaturelle qu'est l'Église n'est qu'une hérésie du christianisme. On connaît les fruits de cette hérésie : l'Onu, l'espéranto, l'Internationale – qui sera « le genre humain » – ou le Libre Marché cosmopolite, caricatures de la Jérusalem céleste, comme l'Antéchrist est la caricature du Messie[53].

Pour comprendre les pérennialistes, l'Église doit d'abord se débarrasser des maquillages modernistes dont elle s'est affublée pour plaire au monde moderne – celui d'hier ; alors elle retrouvera la part

---

[53] L'Église a toujours su, parfois au prix de nombreux martyrs, « aller aux barbares » ; mais « épouser le monde moderne » présente pour elle un péril tout à fait nouveau, car il ne s'agit plus d'entrer en relation avec des païens finalement soumis à l'ordre naturel, mais de composer avec sa propre hérésie. D'où sa singulière faiblesse vis-à-vis de toutes les formes de la modernité où elle se reconnaît si bien.

d'universalité traditionnelle qu'elle avait su conserver dans sa liturgie et ses dogmes.

- ADRESSE À MES AMIS GUÉNONIENS ET AUTRES « PÉRENNIALISTES »

L'idée de Tradition primordiale est largement partagée par les Docteurs chrétiens, bien qu'actuellement délaissée par la vulgarisation des apologétiques modernistes qui auraient tendance à considérer ces faits comme une « récupération » un peu honteuse. Je pense à l'intégration des oracles sibyllins au corpus chrétien avec Eusèbe de Césarée et S. Augustin, aux œuvres d'art du Moyen-Âge et surtout de la Renaissance, qui mettaient les douze Sibylles romaines au même niveau que les douze Prophètes et parfois les douze Apôtres[54]. De même, pour comprendre comment la sagesse antique a été intégrée au christianisme, on pourra consulter les travaux du chanoine Charles Ledit, qui montre comment, par l'intermédiaire des « *collegia fabrorum* » romaines, les bâtisseurs de cathédrales ont hérité des principes pythagoriciens[55].

C'est cette idée de Tradition universelle qui faisait dire à Joseph de Maistre après S. Augustin, que le christianisme ne date pas de l'Incarnation du Verbe, mais d'Adam. En quoi ne coïncide-t-elle pas exactement avec certaines conceptions pérennialistes ?

Un des travers relativement répandus dans les milieux influencés par la pensée de René Guénon consiste à réduire le christianisme à une des formes des traditions qui prolongent la Tradition primordiale – ce qu'il est aussi.

Mais il est irritant de constater que si dans ces milieux on donne volontiers à l'Église catholique un brevet d'orthodoxie traditionnelle, on ignore largement, sauf sur quelques points qui confirment la thèse de l'unité transcendante des religions, ce que

---

[54] Cette référence aux sibylles qui est encore aujourd'hui pratiquée à Majorque a été « oubliée » après le Concile de Trente où le nouveau bréviaire met fin à ces représentations de la Sibylle.
[55] *Les chanoines de Pythagore*, Tetraktys, 1960.

cette Église dit d'elle-même. Pourquoi cette surdité ? Peut-être parce que cela amènerait à reconnaître la spécificité du christianisme, non pas une spécificité de forme – chaque religion est sous ce rapport spécifique –, mais une spécificité de nature. « La Bonne Nouvelle » n'est pas qu'une manifestation de la *philosophia perennis*.

Certes, ni la métaphysique, ni les formes symboliques rituelles, ni la conception de l'histoire qui se révèlent dans le christianisme ne s'opposent à celle des autres traditions ; en revanche le christianisme ne se contente pas de répéter ce qui a été dit « par tous, toujours et partout ».

Si, dans l'ordre naturel, il n'y a rien de nouveau sous le soleil, dans l'ordre surnaturel, le Christ se révèle à nous comme une nouveauté inouïe : Jésus le Messie est *l'Homme Nouveau*. Depuis Adam il n'y a pas d'événement comparable dans toute l'histoire des hommes. Et cette nouveauté change radicalement l'histoire humaine

Il n'y a pas d'au-delà du Christ. Il est vraiment *«eschatos»*, *«novissimus»*, le dernier[56], celui qui réalise la divinisation de l'homme. S. Irénée parle de nouveauté totale[57] ou, comme s'exclame Grégoire de Nysse, l'Histoire sainte, *«va de commencements en commencements par des commencements qui n'ont jamais de fin»*[58].

Si l'on ne se rallie pas à la thèse du christianisme-poison, il faut bien que les gardiens de la Tradition primordiale, après avoir reconnu, avec les Mages, le Christ comme vrai Dieu, vrai homme et vrai roi – les dons de l'encens, la myrrhe et l'or –, reconnaissent aussi « qu'Allah est plus grand »[59] que l'ordre qui régit sa création.

---

[56] J. Daniélou, *op. cit.*, p. 14.
[57] S. Irénée (*Adv. Haer.* IV, 34, 1) cité, p. 184, par J. Daniélou.
[58] Grégoire de Nysse (*Hom. Cant.* ; RG., XLIV, 1043 B) cité, p. 11, par J. Daniélou.
[59] « Allah » est le nom que les chrétiens de langue arabe donnent à Dieu. Les musulmans – en tout cas en Indonésie – voudraient interdire comme blasphème cet usage aux non-musulmans.

L'irruption de Dieu dans l'histoire bouleverse l'économie traditionnelle de l'histoire sans l'abolir ; la Transcendance se joue des lois du monde, la Sagesse joue avec la sagesse des sages.

À ce prix, les pérennialistes parviendront peut-être à faire redécouvrir aux chrétiens la part de religion traditionnelle qu'ils ont reçue et à réduire leur propension à produire tant d'idéologies subversives…

3. *Du bon usage pour un catholique de l'œuvre de René Guénon*

a) Guénon et le christianisme

Au sortir de l'adolescence, pour fonder mon opposition aux fausses valeurs de la modernité, j'ai rencontré les œuvres de deux penseurs : Maurras et Guénon. Le positionnement de chacun, stratégique pour le premier – qui ironisait sur Guénon « empêtré dans ses *manvantaras* » –, tandis que le second, campant sur les sommets des principes, devait considérer avec dédain le « positivisme » de l'Action Française.

Chacun à son niveau m'a pourtant permis de résister à la crise politique sociale et religieuse de la seconde partie du XXe siècle. En particulier, ils m'ont aidé à rester catholique dans cette funeste période où l'esprit que l'on prétendait être celui du concile faisait vaciller l'Église sur ses fondements les plus essentiels.

Les deux maîtres, chacun à sa façon, tout en restant sur ses marges, agnostique et douloureux de l'être pour l'un, adepte d'une méta-orthodoxie pour l'autre, faisaient l'apologie de l'Église traditionnelle, qui pour paradoxale qu'elle fût, apportait des éclairages auxquels les docteurs romains avaient renoncé.

Plus tard, en découvrant Joseph de Maistre, je compris que mes deux maîtres à contester développaient deux façons complémentaires de combattre les faux principes qui triomphent depuis la Révolution, deux façons que l'auteur des *Soirées de Saint Pétersbourg* ne séparait pas : au nom de l'empirisme reconnaissant les réalités de l'histoire, et au nom des vrais principes[60].

Comme beaucoup de catholiques de tradition, j'ai été fasciné par la lecture de Guénon. Pourtant, si les points de vue de Guénon confortaient souvent les pratiques du catholicisme – je pense par exemple à sa façon de justifier l'infaillibilité pontificale en s'étonnant que ce privilège soit réservé seulement au pape –, parfois aussi, je ne parvenais pas entre les propos de Guénon et ce qu'enseignait la foi catholique, à reconstituer un ensemble cohérent.

Même s'il reconnaissait en l'Église une organisation traditionnelle, ses hommages restent très extérieurs au noyau de la foi. Je me retrouvais parfois comme un joueur tentant de reconstituer l'image avec les pièces mélangées de deux puzzles différents. Certains de ses principes s'adaptent mal à l'orthodoxie chrétienne.

Pendant longtemps, quand je trouvais que la pensée de René Guénon ne s'harmonisait pas avec ma foi catholique, je me suis abstenu de conclure trop vite, espérant découvrir une conciliation possible. Je savais que « la carte n'est pas le territoire » et que certaines oppositions pouvaient ne résulter que de différences de vocabulaire. Sur quelques points, j'ai d'ailleurs découvert des synthèses acceptables.

Je songe par exemple aux réflexions de Jean Tourniac sur le christianisme et les états posthumes dénouant la fausse opposition entre le salut au sens chrétien et la « délivrance » extrême-orientale. Ou encore à l'habile définition par Jean-Pierre Schnetzler de l'initiation comme voie spécialisée au sein de la voie commune ; la voie du moine n'est pas celle du chevalier, ni celle de l'artisan, définition

---

[60] On pourrait faire le parallèle avec la typologie des âges d'Auguste Comte : l'âge religieux, l'âge métaphysique – c'est-à-dire des philosophes du XVIIIe siècle et surtout des principes et abstractions révolutionnaires –, et l'âge « positif ». Si l'on écarte le point de vue évolutionniste de Comte, il me semble important de souligner que celui-ci envisageait une sorte d'alliance entre le « religieux » et le « positiviste » contre l'« interrègne métaphysique ».

qui évite de comprendre l'initiation comme une sorte d'état supérieur dans lequel il n'y aurait plus d'allégeance envers l'Église de tous. Mais enfin, je suis bien obligé de reconnaître que certaines des perspectives de Guénon s'accordent mal avec le christianisme[61].

Je ne reviendrai pas sur les points développés par Jean Borella[62] : ses démonstrations sur le caractère tardif et non primitif de la discipline de l'arcane dans l'Église, ou sur la méconnaissance par Guénon de la mystique chrétienne ou des sacrements, m'ont convaincu. Mais enfin, que le Sheikh Abdel Wâhed Yahia – nom de René Guénon dans l'islam – ne soit pas un docteur de l'Église, qui s'en étonnerait ?

Comme le reconnaît David Gattegno : « *la discussion la plus âpre de l'œuvre guénonienne tourne autour de la nouveauté radicale du Dieu fait homme chrétien et de l'universalité de la Parole évangélique, celle-ci considérée en tant qu'elle s'adresse à tous les humains sans aucune espèce de discrimination* »[63].

Dans sa tentative de redressement de l'Occident, René Guénon s'est personnellement investi dans trois organisations : la Franc-Maçonnerie – bien qu'il collaborât à des revues anti-maçonniques pour redresser cette institution décadente –, l'Église catholique – il collabore avec Charbonneau-Lassay à la revue *Regnabit* – et les « *turuq* » [confréries] soufies.

---

[61] Encore que certaines « oppositions » ne soient que des différences de définition : ainsi, Guénon distingue-t-il « le salut » qui consiste à se maintenir dans l'état humain, de « la délivrance » qui consiste à s'unir avec l'absolue transcendance. Et il reconnaît que le christianisme puisse apporter « le salut ». Or, dans une perspective chrétienne, le salut coïncide avec la délivrance (par l'Incarnation et la Déification). Néanmoins, la distinction guénonienne demeure pertinente, et l'on pourrait dire que les religions traditionnelles qui révèlent à l'homme sa juste place – il n'est ni origine ni fin de lui-même sont le « salut » – au sens guénonien –, et le christianisme qui nous unit au Christ, « la Délivrance ».

[62] *Ésotérisme guénonien et mystère chrétien*, rééd. L'Harmattan, coll. *Théôria*, 2017.

[63] *Guénon*, Qui suis-je ?, p.113, éd. Pardès, 2001.

Or, s'il laisse une postérité dans les « *turuq* » européennes – multiples et conflictuelles –, plus secrète dans la maçonnerie, celle qui récuse le « brigandage de 1717 », il semble que dans le catholicisme où pourtant de nombreuses sympathies se sont manifestées envers lui, apparemment aucun courant ne s'est organisé à partir des principes qu'il défend.

Ce qui gêne un chrétien dans Guénon, c'est moins ce qu'il dit du christianisme – d'ailleurs sur le tard, il semble qu'il préférait laisser ce domaine à Jean Reyor (pseudonyme de Marcel Clavelle) ou à Denys Roman (pseudonyme de Marcel Maugy) –, que ce qu'il ne dit pas.

Si certaines de ses positions sont un problème pour un chrétien, c'est peut-être que la Révélation chrétienne – « *scandale pour les Juifs, folie pour les païens* » – est un problème pour Guénon, c'est-à-dire pour la Sagesse traditionnelle de l'humanité dont il témoigne.

L'économie exotérisme/ésotérisme décrite par René Guénon, si elle coïncide probablement bien avec la pratique de l'islam : une religion très « légaliste » pour les uns, la mystique du soufisme pour les autres, ne rend pas compte de cette nouveauté radicale du christianisme avec l'ordre traditionnel qu'il renverse et accomplit sans l'abolir.

À partir de la mort du Christ, « le voile du Temple se déchire ». Le christianisme n'ignore pas cette économie traditionnelle : il la renverse, à la façon dont le « Magnificat » dit « qu'Il renverse les puissants de leur trônes » : ce sont précisément ceux que les traditions considèrent comme disqualifiés pour l'initiation qui sont invités aux Noces de l'Agneau : « *Va-t'en par les chemins et le long des clôtures et fais entrer les gens de force, afin que ma maison se remplisse. Car, je vous le dis, aucun de ces hommes qui avaient été invités ne goûtera de mon dîner* » (Luc XIV-23/24).

Nous ne voulons pas dire que le concept d'ésotérisme n'a pas de sens dans le christianisme ; il lui reste la transmission ininterrompue d'une influence supra-humaine qu'on ne peut contester dans les sacrements sans réduire l'Église à un ramassis d'escrocs. D'autre part, il existe une initiation chrétienne – le Baptême, la Chrismation ou Confirmation et l'Eucharistie ou Communion. Il reste enfin, au sein de la chrétienté, dans le domaine des petits Mystères, toutes les initiations hermétiques, compagnonniques et chevaleresques – et, me semble-t-il, monastiques si l'on considère la spécificité de chaque ordre de moines – dont la connaissance est réservée à certains. Malgré l'état évident de décadence de beaucoup de ces initiations, ce n'est pas rien !

De même, le christianisme n'abolit pas la conception cyclique de l'histoire – qu'il assume dans sa liturgie annuelle –, mais il la « renverse » : la Tradition des sages est tournée vers la révélation primordiale et l'état adamique ; le Messie qui arrive « à la fin des temps », affirme la Parousie déjà là, car « *tout est accompli* »[64].

b) Pour ne pas stériliser l'œuvre de Guénon, il faut peut-être s'opposer aux zélotes qui en interdisent toute discussion

Je sais bien que certains voudraient qu'il soit l'expression exacte d'une Tradition centrale à partir de laquelle toute tradition historique pourrait être jugée. Mais selon les critères mêmes de Guénon, le Centre Suprême dont procèdent toute tradition et toute initiation est situé au-delà des formes traditionnelles. Or son œuvre s'est donnée dans une forme particulière et donc relative. Même si ce dernier était agacé qu'on veuille réduire ses positions à « la personnalité de René Guénon », il est indéniable que celles-ci sont marquées par un style particulier, un style très français, que d'aucuns ont pu qualifier de « cartésien » – qui fascine certains et en horripile d'autres –, qu'elles ont été élaborées à une époque particulière à partir d'un référentiel exceptionnellement large, mais non universel.

Par exemple, il néglige les traditions des sociétés sans écriture qu'alors on qualifiait de « primitives ». C'est là une caractéristique commune de son époque ; aujourd'hui il serait difficile d'ignorer ce que nous ont rapporté les ethnologues.

---

[64] Voir *supra*, chapitre II.

Sans doute son refus de donner ses sources et d'argumenter – ce qui favorise une connivence avec les capacités intuitives de ses lecteurs – encourage-t-il ce type d'interprétation. Pourtant, l'œuvre de René Guénon n'est pas un bloc monolithique descendu du ciel comme la Jérusalem céleste, mais un travail qui a eu ses sources, comme le démontrent les travaux de Jean-Pierre Laurant[65], et qui malgré sa très forte cohérence, a pu évoluer sur quelques points. S'il a pu réviser le jugement qu'il portait sur le bouddhisme, ses jugements sur le christianisme devraient-ils être considérés comme définitifs ?

Ces considérations choqueront peut-être ceux qui veulent lire René Guénon comme parole d'évangile, mais on voudra bien me pardonner qu'en tant que chrétien, ce soit l'Évangile qui soit pour moi « parole d'Évangile » ; ou plus précisément qu'en tant que catholique, je prenne comme critère de vérité les deux sources de la Révélation : les Écritures et la Tradition – celle de l'Église bien sûr. D'ailleurs, je trouve étrange que certains zélotes « guénoniens », si prompts à critiquer le « fondamentalisme » religieux, s'attachent tant à absolutiser la lettre des textes de Guénon.

Un tel renversement des critères laisse rêveur… La *philosophia perennis* ne serait plus ce qui a été cru par tous, partout et toujours selon l'expression de S. Vincent de Lérins, mais ce qui n'a été compris et énoncé que par René Guénon et personne d'autre… Admettre la réalité d'une *philosophia perennis* implique de ne pas reconnaître comme légitime une seule et unique formalisation de cette Sagesse.

Ceci dit, j'admettrais volontiers qu'on mette en cause mes carences, mon absence de qualification, j'admettrais de subir la correction fraternelle et rien ne me ravirait plus qu'on me démontre une concordance totale entre la foi de l'Église et les intuitions de Guénon. Je ne suis pas hostile à la polémique, mais je suis très las de cette figure dont a pu user Guénon – et certains de ses disciples

---

[65] *René Guénon. Les enjeux d'une lecture »*, Paris, Dervy, 2006.

abuser – qui consiste à soupçonner tout désaccord, parfois même une nuance, comme le fait d'un perfide agent de la contre-tradition.

L'abus d'un tel soupçon me semble ruineux pour la fécondité même de son l'œuvre. D'abord parce qu'il rend tout débat impossible. Même si je n'exclus pas que pour quelque élu la Vérité se manifeste directement et totalement telle Minerve sortant tout armée de la cuisse de Jupiter, il n'en reste pas moins que pour la plupart des pauvres hommes dont les capacités intuitives sont obscurcies, l'accès à la vérité doit se faire de façon discursive, par rectifications successives.

Si encore le refus du débat était l'effet d'un sage état contemplatif. Mais comme on l'observera trop souvent, les « guénoniens » – pas tous heureusement, mais ceux qui font le plus de bruit – manifestent leur « orthodoxie » par un mépris presque général des autres « guénoniens ».

Pour ma part, je trouve plus sage l'usage rabbinique qui considère que toute nouvelle interprétation des Écritures, quelque médiocre qu'elle puisse être, est une façon de les faire vivre. Les disciples assurant une police de la pensée autour de l'œuvre du maître risquent fort de décourager son abord. Enfin, si Guénon argumente peu, ne cite pas ses sources, c'est, comme je l'ai déjà dit, pour s'adresser directement à l'intuition intellectuelle de ses lecteurs. Il serait paradoxal que ses « disciples » zélés assènent comme argument ultime : « Guénon *dixit* ». En matière de vérité, la conscience doit être éclairée, mais en définitive il faut bien se rallier aux convictions auxquelles aboutit notre conscience.

Ces réserves étant loyalement exposées, il me reste à montrer que la pensée traditionnelle – même et peut-être surtout sous sa formulation guénonienne si adaptée à la mentalité française contemporaine – peut être grandement utile au catholicisme à l'aube de ce troisième millénaire. Que le phare n'éclaire pas tout l'espace ne doit pas nous empêcher d'apprécier la vive lumière du phare.

L'œuvre de René Guénon ou, plus justement, la connaissance traditionnelle, peut aider les chrétiens à mieux penser la modernité et la post-modernité et à relever les défis très spécifiques qui se posent aujourd'hui à l'Église.

c) Comme Platon ou Aristote, pourquoi pas Guénon ?

La théologie a besoin des services – ancillaires – de la philosophie. Quel usage l'Église pourrait-elle faire des principes métaphysiques pérennialistes ?

Il y a des précédents. Dans l'empire romain, les Pères n'ont pas hésité à emprunter à la philosophie grecque, – principalement au platonisme, au néo-platonisme et accessoirement au stoïcisme –, au Moyen-Âge pour faire face aux progrès du nominalisme, la théologie chrétienne a eu recours à Aristote. Cela ne s'est pas fait sans difficultés, et plus d'un docteur de la Sorbonne a prétendu anathémiser S. Thomas.

Si l'Église s'est alliée au païen Clovis contre les hérétiques ariens, pourquoi pas avec les « positivistes » maurrassiens ? Si Denys l'Aréopagite a pu christianiser le platonisme, et Thomas l'aristotélisme, pourquoi pas la Tradition primordiale telle qu'elle s'exprime dans l'œuvre de Guénon ?

Si l'Église devait définir une nouvelle pastorale, pour se détacher de ses attaches au « modernisme », il serait pertinent qu'elle puisse s'appuyer, en partie, sur les écoles de pensée qui ont su résister à l'hégémonie de l'idéologie moderne.

Pourquoi en ce début de troisième millénaire, avec les adaptations nécessaires, la théologie chrétienne ne pourrait-elle pas s'appuyer sur les empiristes qui observent l'ordre naturel comme Edmund Burke ou Jacques Bainville et sur les pérennialistes comme Joseph de Maistre ou René Guénon ?

4. La Tradition pérenne : une part ancienne de la doctrine de l'Église

L'introduction d'éléments de la pensée pérenne dans le catholicisme serait d'autant plus aisée qu'il s'agirait moins d'insertion d'éléments étrangers que de réactiver des pans de notre propre tradition.

Un chrétien doit tenir les deux bouts de la chaîne, celle qui le relie au Jardin d'Éden, et celle qui le relie à la Parousie. Une part des hérésies chrétiennes à la source de la mentalité moderne vient, nous semble-t-il, de ce que l'Espérance eschatologique a pu amener à oublier la Tradition qui nous relie à la Révélation primordiale. Rien dans la « Bonne Nouvelle » ne justifiait ce travers. « *N'allez pas croire que je sois venu pour abolir la Loi ou les Prophètes ; je ne suis pas venu abolir, mais accomplir.* » (Mt 5,17).

Recentrer la théologie sur une métaphysique traditionnelle pourrait probablement prémunir le christianisme contre ses déviations qui ont abouti au monde moderne, et permettrait à l'Église de mieux faire face à sa mission contemporaine – peut-être finale ? – de proposer la Bonne Nouvelle à l'ensemble des traditions humaines et à affronter le déchaînement des forces subtiles d'en-bas[66].

5. *Tradition et traditions*

Qu'est-ce que la « Sagesse traditionnelle » ? C'est la mesure qui s'oppose à la démesure – les Grecs parlaient d'*hybris* –, perpétuelle tentation de l'homme déchu. Ce que je sais, c'est que le terme de Tradition recouvre des niveaux multiples de conceptions, mais qu'on aurait grand tort de vouloir opposer.

Il faut bien entendu distinguer :

- Les « tradis » catholiques qui résistent aux évolutions dans lesquelles s'est engagée l'Église depuis la fin du XXe siècle. Eux-mêmes se subdivisent en de nombreux styles et structures. Le lefèbvrisme n'est qu'une partie de l'iceberg.

---

[66] Guénon espérait un redressement de l'Occident sous l'influence de la pensée « orientale », c'est-à-dire originelle. Peut-être faut-il voir un signe providentiel dans le fait qu'aucun des ouvrages de René Guénon n'ait été mis à l'index par le Saint Office – pratique très commune à l'époque – malgré dit-on l'intervention de Maritain…

- Les amoureux du passé comme passé tels Chateaubriand et les romantiques que Maurras fustigeait comme amateurs de ruines[67]. Je serai moins sévère, car j'y vois une conscience métaphysique, certes sentimentale, d'être exilé du Paradis originel.
- Les personnes qui en cultivant coutumes, folklores ou « enracinement », qu'elles veulent maintenir, pratiquent une sorte de culte des ancêtres, culte identitaire occidental.
- Les empiristes qui se servent du champ de leur histoire pour tirer des leçons des expériences positives et négatives – « *la tradition est critique* », écrit Maurras. Le plus souvent, ils se défient des grands principes idéologiques abstraits.
- Les théologiens et fidèles catholiques – mais je suppose qu'on retrouvera le même schéma dans toutes les Églises apostoliques – qui fondent leur foi sur une Révélation qui s'appuie sur deux sources : les Écritures – c'est-à-dire la Bible – et la Tradition – c'est-à-dire le développement du dogme par les Pères et les Docteurs de l'Église et les conciles. De ceux-là, on ne peut dire qu'ils sont « fondamentalistes », c'est-à-dire exclusivement attachés à la lettre.
- Les pérennialistes qui constatent – ou croient – qu'un corpus de représentations communes sont soit transmises dans toutes les cultures à partir d'une Révélation primordiale – éventuellement relayée par des prophètes –, soit se manifestent par des archétypes ancrés dans la conscience humaine – « l'inconscient collectif » de C.G. Jung. Les deux courants divergent sur l'explication donnée, mais se retrouvent sur le matériau symbolique de cette Tradition. Certes il ne faut pas confondre ces différents traditionalismes, mais il m'apparaît important au contraire d'en découvrir les harmoniques.

---

[67] Charles Maurras, *Trois idées politiques : Chateaubriand, Michelet, Sainte-Beuve*. Pour comprendre ce type de traditionalisme distinct du conservatisme des ruines, on peut évoquer le Naiku, temple shintoïste au Japon consacré à la déesse Amaterasu qui est brûlé tous les vingt ans et reconstruit à l'identique avec les mêmes techniques depuis plus de 1200 ans. La tradition n'est pas le culte des cendres, mais la préservation du feu.

La Tradition, du latin *tradere*, pose quatre types de questions : qu'est-ce qui est à l'origine de la transmission ? Qu'est-ce qui est transmis ? Quel est le mode de transmission ? Et enfin qu'en est-il des adaptations relatives aux variations historiques et culturelles des terrains à travers lesquels se fait cette transmission ?

Si quelque chose doit être transmis, c'est que cela n'est pas d'origine humaine ; ou tout au moins ne provient pas du commun des hommes. D'un point de vue phénoménologique la Tradition relève de la piété vis-à-vis « des ancêtres et des dieux » c'est-à-dire de ce qui est antérieur et fondateur – « hiérarchie » : le sacré et l'ancien légitiment l'autorité.

Parce que son origine dépasse celui qui transmet, comme celui à qui est transmis le dépôt, la Tradition délivre l'un et l'autre de toute dialectique œdipienne – ce que Freud n'avait pas envisagé. Puisque mon père ou mon maître a lui-même reçu cette Tradition comme il me l'enseigne, je n'ai nul rapport de forces à engager avec lui. La transmission légitime est possible sans que l'un ou l'autre ait à s'imposer, à se dérober, ou à céder. Quand les traditions ne remontent pas à la révélation d'un fondateur historique qualifié – prophètes et surtout, pour les chrétiens, le Verbe incarné –, elles se rattachent aux temps immémoriaux de la Tradition primordiale.

À notre époque d'extrême éloignement des principes, il peut se manifester des formes plus implicites de tradition : celle qui découle de la compréhension des justes proportions sur lesquelles repose l'ordre ontologique universel qui n'est pas fondé sur la volonté des hommes, comme le voudraient toutes les théories du contrat social. La volonté humaine si elle ne s'enracine pas sur la connaissance des rapports permanents et des vérités transcendantes, n'est que velléité de somnambule. Ainsi l'empiriste pourra-t-il reconnaître que la Tradition c'est ce qui a séculairement été bienfaisant ; le bien qui a réussi à vaincre l'entropie du temps. Dans cette perspective, à la condition de contempler avec justesse la réalité des lois de la création, même un agnostique peut accéder à une perspective traditionnelle, c'est-à-dire pressentir ces vérités principielles qui rattachent « *toute chose humaine à la Vérité Divine* » (F. Schuon).

Quel est le contenu de la Tradition ? La Tradition c'est d'abord la *philosophia* – « amour de la sagesse » qui habite les hommes – *perennis*. La Tradition est le dépôt des vérités originelles, universelles, éternelles, et supra-humaines. Reprenant l'adage de S. Vincent de Lérins, Joseph de Maistre affirmait « *il faut croire ce qui a été cru toujours, partout, et par tous* », car « *l'universalité est le signe exclusif de la vérité* »[68]. Aussi, une idée vraie qui provient des hommes ne peut être « nouvelle ». Cette universalité peut être recherchée au sein de l'Église « catholique », c'est-à-dire universelle ; mais il n'est pas niable qu'à travers la foi issue de la Révélation chrétienne, on puisse trouver des principes métaphysiques communs à toutes les grandes traditions humaines. Sous ce rapport, Joseph de Maistre, après S. Augustin, pouvait affirmer que la religion chrétienne ne datait pas de l'incarnation du Christ, mais était « *aussi ancienne que le genre humain* ».

Mais la Tradition, avec un T majuscule, ne se contente pas de la transmission d'un savoir spéculatif, aussi bénéfique soit-il. Elle est aussi la transmission pas seulement mentale, pas seulement liée aux facultés « naturelles » de l'homme, la transmission d'une influence surnaturelle, d'une influence spirituelle, que les chrétiens appellent la Grâce[69], qui habituellement passe de maître à disciple.

Par quel mode la Tradition se transmet-elle ? Si toute une part « naturelle » de la Tradition se transmet à partir des coutumes et enseignements normalement transmis au sein des communautés humaines – tout au moins au sein de celles qui n'ont pas été bouleversées par un processus révolutionnaire, d'où la tentative de toute révolution de modifier le langage reçu –, en revanche, l'influence surnaturelle se transmet à partir de la transmission ininterrompue

---

[68] Cette proposition a probablement été avancée pour donner un critère d'unité au sein de l'Église catholique. Mais tous les traditionalistes pourraient reprendre l'adage à leur niveau.

[69] On pourrait évoquer le *barakah* des musulmans. Dans le chamanisme les techniques de guérison les plus courantes consistent à renouer les liens du souffrant avec l'origine du monde et ceux qui ont fait passer la Tradition.

d'une filiation spirituelle, à travers un certain nombre de formes rituelles minimales qui reproduisent scrupuleusement les actions archétypiques du fondateur. Ainsi en est-il dans les Églises catholique et orthodoxe, celles de la Tradition apostolique qui relie chaque évêque par une chaîne rituelle ininterrompue d'homme à homme aux apôtres mandatés par le Christ. Ainsi en est-il des sacrements... On ne peut donc réduire le problème de la Tradition à une question de doctrine, ou seulement à une question de justesse symbolique des formes rituelles.

Cependant, cette dernière question se pose, délicate à résoudre : quel est ce minimum de formes à respecter – sans aborder ici la question du minimum d'intention – pour que la transmission s'opère valablement ?

C'est là-dessus que s'affronteront toujours les formalistes et les laxistes, et je ne prétends pas ici apporter des critères définitifs, mais seulement faire quelques constatations : une position nominaliste qui réduirait les formes rituelles à de pures conventions qu'on pourrait modifier au gré des convenances est contradictoire avec l'idée même de Tradition. C'est seulement « au Ciel » que l'homme sera peut-être totalement libre de « nommer » comme il l'a été au paradis terrestre : *Au sixième jour Adam a nommé tous les animaux que Dieu lui a présentés* (Genèse, 2, 15-20).

Cependant, nul ne peut nier que les formes changent en fonction des époques, des lieux et des cultures. L'adaptation à ces conditions contingentes est nécessaire, et il n'y aurait pas de transmission, s'il n'y avait pas de traduction, puisque, depuis Babel, les codes humains sont différents. Encore faut-il distinguer les traductions fidèles, de celles qui déforment et multiplient les contresens...

Enfin si la pente spontanée des « traditionalistes » est de confondre le contenu éternel de la Tradition avec les formes contingentes qui lui ont servi de vecteur[70], c'est une erreur bien plus funeste de vouloir les opposer. Il est au contraire tout à fait légitime que l'on soit attaché à la fois au canal et à la Grâce, surtout quand les formes coutumières de ces canaux ont modelé pendant des siècles nos communautés. Bref l'intelligence spéculative doit pouvoir distinguer la Tradition et les traditions, mais il serait contraire aux exigences de la piété comme de l'incarnation que de vouloir les opposer[71].

6. La Tradition est-elle un mythe ?

On m'objecte : « *si on admet que la révolution est un peu un mythe, il en va de même de la tradition. Révolution et tradition sont des mythes qui s'autonourrissent l'une l'autre…* ».

Évidemment, la Tradition est un mythe. Mais quand je dis mythe je ne dis pas « fable », histoire fausse, ni même seulement, comme Georges Sorel, histoire efficace. Sur ce point, je suis disciple

---

[70] Certains des disciples de la « *philosophia perennis* » ont voulu se faire appeler « traditionistes » pour distinguer la révélation primordiale des traditions sociales, voire folkloriques. Je n'y suis pas favorable, car si la distinction est acceptable elle risque d'opposer Tradition et traditions. Or si la Tradition se transmet, c'est habituellement par les traditions et singulièrement le langage et tout ce qui hétérogénéise l'espace (les hauts lieux) le temps (les fêtes) les hommes (les « vocations » particulières) et ordonne le monde.

[71] On a pu objecter qu'à côté de la Tradition primordiale se serait constituée une seconde tradition (ou anti-tradition) qui se manifeste dans les horreurs rituelles de certaines religions païennes. Je suis sans avis tranché là-dessus. Néanmoins je ne peux soutenir l'idée qu'au début il y ait eu deux Traditions ce qui rejoindrait les gnoses dualistes. Tout peut être subverti certes, mais la création est l'œuvre de Dieu et cette œuvre est bonne. Lucifer lui-même a été créé comme ange de lumière et lorsqu'on lit le « livre de Job », on comprend comment, même le diable – celui qui divise – est d'un certain point de vue le serviteur de Dieu.

de Gilbert Durand, de Mircea Eliade, de Carl-Gustav Jung et de bien d'autres, les mythes sont des histoires vraies qui donnent le sens de la vie humaine, des « légendes » c'est-à-dire « ce qui doit être lu », ce qui doit être transmis. Si la vérité est « *adequatio rei intellectus* », le mythe est la meilleure façon de mettre « l'intuition » en adéquation avec la nature et la situation de l'homme.

Il n'y pas des mythes vrais et des mythes faux. Les mythes ne s'excluent pas ; ils se complètent parfois. Si le mythe est « efficace », s'il est si utile pour se motiver et mettre en mouvement les foules, c'est justement parce qu'il est « vrai », qu'il éveille l'intuition – connaissance « déjà là », dont il s'agit de prendre conscience par un travail d'anamnèse.

Pourquoi le mythe de la Révolution a-t-il été si efficace depuis le milieu de l'âge classique mettant en branle Réformés, « nivellers » et « têtes rondes » d'Olivier Cromwell, « insurgeants » du « Nouveau Monde », sans-culottes et communards parisiens, partisans de Simon Bolivar ou de Che Guevara, communistes, trotskistes et maoïstes… Comment les idéologies les plus délétères auraient-elles pu soulever un tel enthousiasme – « un dieu l'habite » – si elles n'étaient sous-tendues par un mythe vrai ?

La Révolution est un déplacement – je dirai un aplatissement – du mythe messianique, l'attente d'un « Homme Nouveau ». L'espoir révolutionnaire est fils révolté de l'Espérance chrétienne ; c'est pourquoi l'Église est si faible devant les idéologies modernes : elle se reconnaît dans l'attente d'un Monde Nouveau. Cet idéal est encore plus rebattu dans les propagandes et les publicités qui évoquent si souvent la valeur du changement ou de la nouveauté qui transformera radicalement le statut ontologique des hommes. De la querelle des anciens et des modernes au XVIIe siècle jusqu'au « jeunisme » contemporain qui prétend, pour chaque génération, que le monde va radicalement changer, il s'agit toujours du même mythe.

Je doute qu'en dehors de la prophétie chez les Hébreux et dans le « Monde Nouveau » inauguré par le christianisme, le mythe révolutionnaire se soit manifesté. Je pense que tous les archétypes sont virtuellement présents dans toutes les sociétés – bien entendu c'est improuvable, tout au plus peut-on le conjecturer par induction ; mais ils ne s'actualisent que dans certaines situations.

Dans les sociétés traditionnelles, le terme de « révolution » conserve son sens étymologique de retour à l'origine, un sens cyclique qui se réfère aux cycles des saisons ou au cycle des astres. La fin du monde est perçue comme la fin d'un monde, certains diront un monde sans fin.

Depuis que le Verbe de Dieu s'est incarné et que Jésus, fils de l'Homme, est ressuscité, le salut – certains diront la délivrance – de l'Homme générique, le Nouvel Adam, est acquis. Le cycle s'est ouvert. L'itinéraire historique a pris un sens eschatologique ; le sens de l'histoire.

Dans le christianisme, l'apocalypse finale n'est pas un simple retour à l'origine ; le début est un jardin (le Paradis Terrestre), la fin est une cité (la Jérusalem Céleste). Le corps glorieux du Christ ressuscité n'est pas un simple retour à son état d'avant sa Passion ; il conserve les traces de l'histoire et fait toucher à S. Thomas les cinq plaies de la crucifixion.

Voilà pourquoi les partisans d'Emmanuel Macron parlent de « l'ancien monde » pour qualifier le temps d'avant la venue au pouvoir de leur président.

D'un côté, l'originel de la tradition, de l'autre l'eschatologique de la révolution[72]. Ces réalités imaginales ne sont pas exclusives,

---

[72] Les publicités alimentaires sont plutôt chtoniennes, tournées vers la terre-mère et les origines, elles évoquent « le bon vieux temps », le « naturel » et la grand-mère archétypale (« Mamie Nova », les confitures « Bonne Maman », les vieilles Bretonnes qui dénoncent les produits « Tipiak », etc.). Au contraire les produits technologiques qui promettent un avenir meilleur sont plutôt ouraniens. Ils se mettent en scène comme venant du ciel changer le statut ontologique du monde comme les soucoupes volantes ou les anges (Cf. C.G. Jung, *Un mythe moderne : des signes du ciel,* Gallimard 1961).
Dans les tests projectifs – au moins dans les cultures où on écrit de gauche à droite –, en haut et à droite se situe le côté maternel, en haut et à droite se situe le côté paternel. L'originel et l'eschatologique.

mais plutôt bipolaires comme le Yin/Yang ou le masculin et le féminin.

L'Église a su tenir les deux bouts de la chaîne : son histoire est signifiante des deux pôles mythiques. Bien entendu, elle est eschatologique, toute tendue vers l'Orient d'où le Christ viendra pour son retour glorieux ; elle est même « révolutionnaire » dans la mesure où elle bouscule parfois la Loi issue de l'ancienne alliance – par exemple, dans un respect moins scrupuleux du sabbat, la tolérance des viandes non *casher* ou la possibilité de ne pas être circoncis. C'est par ces apparentes ruptures que la religion d'un peuple est devenue la religion de tous les peuples.

Mais l'Église est aussi « traditionnelle », elle restaure un septième jour consacré[73] et en fait une obligation, elle demande non seulement de suivre les lois du monde – « *rends à César ce qui est à César* » –, mais elle édicte une Loi propre – les « lois de l'Église » –, qui permet au peuple d'ordonner sa façon de vivre dans ce temps qui sépare le premier avènement et le second avènement en attendant la Parousie.

Le Christ l'affirme : « *je ne suis pas venu pour abolir la Loi, mais pour l'accomplir* ». Certes la Loi n'apporte pas le salut comme le dit S. Paul : « *L'homme n'est justifié que par la foi en Jésus-Christ et non par les œuvres de la Loi* » (épître aux Galates II, 16). Loin d'être un chemin de salut, la Loi accuse les hommes devant Dieu, mais elle est nécessaire pour que, dans ce monde, l'homme reconnaisse son état de pécheur. Sans Loi, l'homme se croit « autonome », « auto-transcendant », telle est la fable finale nihiliste de la modernité. Mais les hommes qui ne sont pas des surhommes ont besoin d'une Loi, non comme moyen du salut, mais pour traverser cette vie.

Or, j'ai bien le sentiment que l'Église ne tient plus le pôle de la Loi qui équilibrait le pôle du salut eschatologique. Elle fait comme si nous étions enfin dans la Liberté de la Jérusalem céleste où le

---

[73] Le dimanche est en réalité symboliquement le huitième jour, celui de la Résurrection, l'aube de la Nouvelle Création d'une terre nouvelle.

fait d'être pleinement habité par l'Esprit-Saint rend inutiles toute Loi et toute médiation.

7. Être « traditionaliste »

Je ne sais plus où Maurras regrettait qu'il soit nécessaire d'avoir à être « nationaliste ». Il y voyait une nécessité due à la situation devenue fragile du bien commun national et particulièrement à la disparition de son fédérateur historique, l'État capétien. De même on peut regretter le « -isme » qu'il faut rajouter à Tradition. Il y a dans toute mise en forme théorique quelque chose de systématique qui risque de vous transformer en doctrinaire ou, si vous préférez, en « schtroumpf à lunettes ». La Tradition devrait être reçue, vécue et transmise plutôt qu'être l'objet d'une doctrine, et pire, une doctrine polémique, conçue pour batailler contre d'autres idées. De la théorie à l'idéologie, il n'y a qu'un pas. Et c'est une tendance moderne très généralisée que de disserter sur la Grâce et sur les sacrements en se dispensant de toute pratique religieuse régulière. La Tradition peut donc – au même titre que tout autre corps d'idées – devenir support des passions les plus vulgaires : envie de briller, goût pour les querelles idéologiques ou protection névrotique – ce dernier travers est le risque des doctrines bien cohérentes, thomisme, marxisme, voire maurrassisme ou guénonisme.

Malgré tous ces travers, je crois nécessaire et juste de mettre en théorie la pratique de la Tradition lorsque celle-ci est attaquée par les idéologies anti-traditionnelles. En ce sens, il est vrai que la mise en forme des idées traditionnelles et probablement la généralisation du mot de Tradition lui-même sont largement dues aux assauts progressistes et surtout modernistes qui ont accompagné et suivi le Concile Vatican II. Toute l'histoire de l'Église montre que la définition de chaque dogme est une réaction à la mise en question de l'orthodoxie par quelque déviation hérétique. Plus largement, la sociologie de la connaissance montre que dans tous les domaines, la progression de la réflexion théorique peut être assimilée à une tentative pour faire face à une situation de crise.

IV. CATHOLICITÉ, C'EST-À-DIRE ŒCUMÉNISME

> *Si Dieu l'avait voulu, Il aurait fait de vous*
> *Une seule communauté religieuse, mais il en est ainsi*
> *Afin que vous puissiez exprimer ce qu'Il vous a donné.*
> Le Coran (sourate V, verset 48)

1. L'Église et les religions

La confrontation de l'Église avec les autres religions est aussi ancienne que le christianisme qui se manifeste dans le grand brassage de l'empire romain, après les grands syncrétismes du monde hellénistique.

Le souci d'œcuménisme semble très récent d'autant plus qu'il ne se limite pas à tisser des liens avec les chrétiens séparés, mais plus largement avec toutes les traditions religieuses, comme le montrent les rencontres d'Assise.

Ces rencontres de toutes les religions, voilà assurément un événement sans précédent. Son caractère atypique doit-il susciter la réaction hostile des traditionalistes ? Je crois que ce serait là un réflexe conditionné d'intégrisme.

Le scandale, si scandale il y a, réside d'abord dans le fait – finalement providentiel – que depuis Babel il y ait plusieurs religions, et non pas dans celui que le pape reconnaisse ce fait.

Jusqu'à présent, la position de l'Église dans ce domaine est restée assez ambiguë. Certes les premiers chrétiens renversaient les idoles comme diaboliques et préféraient le martyr plutôt que de manger de la chair sacrifiée aux dieux païens. Les dieux des païens sont des démons chante le psalmiste.

Mais, d'un autre côté, S. Paul, dans son discours à Athènes (chapitre 7 des *Actes des Apôtres*), reconnaissait combien les Athéniens étaient « *à tous égards extrêmement religieux* » et trouvait dans les rites païens une attente de la Révélation chrétienne : « *En parcourant votre ville, et en considérant les objets de votre dévotion, j'ai même découvert un autel avec cette inscription : À un Dieu inconnu. Ce que vous révérez sans le connaître, c'est ce que je vous annonce* ». Jusqu'à S. Augustin qui soutenait qu'il n'est pas douteux que les païens eux-mêmes aient eu leurs propres prophètes.

Le Théologien Urs von Balthasar le reconnaît : « *Les Pères de l'Église interprétaient les mythes nés de la pensée et de l'imagination païenne comme de vagues pressentiments du Logos pleinement dévoilé en Jésus-Christ (démonstration reprise de façon monumentale par Schelling dans sa dernière philosophie)* »[74].

Pourtant, il apparaît que même à travers ces relations, aussi hardies soient-elles, l'Église semble n'avoir pas – ou plus – en sa possession les concepts lui permettant d'aborder la question sur le fond. Ne serait-il pas temps qu'elle réponde à la « Lettre à un religieux » de Simone Weil sur les révélations reçues par les païens ?

L'Église, dans son histoire, a eu le souci de se démarquer des paganismes ; mais si elle dévalorise les religions, elle finit par se dévaloriser elle-même dans ses formes religieuses.

Comment reconnaître la réalité spirituelle des religions – c'est-à-dire la réalité d'une transmission de l'influence divine – sans risque de tomber dans le relativisme et le subjectivisme ?

Donner sa pleine importance à la vieille idée de tradition primordiale – adamique d'abord, puis Alliance noachique, Alliance abrahamique, Alliance mosaïque et enfin Nouvelle Alliance – demeurant à travers les traditions religieuses, permettrait de fonder l'œcuménisme sur d'autres bases. Cela n'exclut pas que les reliquats de traditions puissent être instrumentalisés par les forces du mal – « *les démons prospèrent dans les ruines* », remarque Guénon.

---

[74] Préface aux *Méditations sur les 22 Arcanes majeurs du Tarot*, Aubier, 1980, p. 9.

Le christianisme, en tant que forme religieuse découlant de la tradition immémoriale de la prêtrise selon l'ordre de Melkitsédek, n'est pas vraiment spécifique, c'est pourquoi il peut se mirer dans toutes les religions. S. Augustin l'affirmait : « *Car la réalité même qu'on appelle maintenant la religion chrétienne existait jadis, même chez les anciens ; dès l'origine, elle n'a pas fait défaut au genre humain jusqu'à ce que vienne le Christ dans la chair ; et c'est alors que la vraie religion, qui existait déjà, a commencé à prendre le nom de chrétienne* ». (*Les révisions*, chap. XIII).

Le christianisme n'a donc pas à se situer « en concurrence » avec les autres religions. Ce qui est lui est absolument original, c'est ce qui est révélé dans la phrase de Jésus – « *Qui me voit, voit le Père* ». Le salut eschatologique est acquis dès lors que l'homme peut participer à la vie divine : telle est la « Bonne Nouvelle », la bienheureuse nouveauté que traduisent les dogmes de la Trinité et des deux natures du Christ unies et distinctes en une seule personne. À partir de la Résurrection, noces de Dieu et de sa création, qui fait l'objet conscient ou inconscient du désir de tous les hommes depuis la chute d'Adam, le Royaume est déjà là, bien que discrètement. L'Absolu, le *Deus absconditus* (Isaïe, 45,15), le Dieu caché que la raison humaine ne peut appréhender qu'en l'opposant à ce qu'elle connaît – c'est la théologie négative ou apophatique –, le « Tout Autre » se révèle ; voilà ce qui spécifie le christianisme qui reste par ailleurs la religion de toujours

Et en tant que telle, il conviendrait de montrer les admirables correspondances du catholicisme avec les croyances et les rites des autres religions, comme le faisaient les théologiens de la Renaissance ou les traditionalistes du début du XIXe siècle, au lieu de s'ingénier comme les mauvais apologistes « modernes » naïvement ethnocentristes à inventer des différences ou des supériorités

« *La tradition c'est ce qui a été cru par tous, partout et toujours* », affirmait S. Vincent de Lérins comme nous l'avons déjà relevé. Comme Guénon, Joseph de Maistre savait montrer que l'universalité d'une croyance ou d'un rite – les sacrifices, par exemple – attestait de la vérité des pratiques de l'Église catholique, au contraire d'un

René Girard, qui s'est ingénié – au début de son œuvre – à opposer le Sacrifice de la Croix aux sacrifices anciens. Cette interprétation « anti-inclusive » ne peut qu'aboutir à la démythification moderniste, c'est-à-dire à éliminer de la Révélation tout ce qui pourrait manifester la mentalité mythique commune à toutes les religions : miracles, naissance dune Vierge, Trinité, Ascension, Jugement Dernier, etc. Pourtant quels meilleurs thèmes pour un « dialogue des religions » ! Sans une telle lecture, il ne reste plus au christianisme qu'un vague moralisme misérabiliste virant vite au ressentiment justement dénoncé par Nietzsche.

Le christianisme est, et n'est pas seulement, une religion, et à ce titre il ne saurait mépriser la dimension religieuse dans ses différentes formes historiques et culturelles sans se renier lui-même.

2. L'œcuménisme en pratique

Bien sûr, une partie au moins de ce qui est connu sous le nom d'œcuménisme ou de « dialogue des religions » est consternante. Je me souviens de ce brave prêtre, chargé de préparer les rencontres œcuméniques dans les années 80, nous disant qu'il y avait à Grenoble plus d'orthodoxes que de protestants et à qui j'avais demandé pourquoi l'essentiel des activités étaient orientées vers les protestants et non pas les orthodoxes. Il me répondit qu'avec les protestants on pouvait parler de l'apartheid en Afrique du sud, de l'aide au Tiers-Monde et du racisme, tandis qu'avec les orthodoxes, « à part chanter les vêpres »… En pratique, l'œcuménisme consiste essentiellement à rapprocher l'aile moderniste du catholicisme avec l'aile progressiste du protestantisme et non pas à retrouver les traditions communes des Églises apostoliques. C'est une pente d'autant plus glissante que les protestantismes sont bien les enfants illégitimes de l'Église latine en attendant de nous faire prier pour saint Martin Luther King ou saint Mandela. Les rencontres entre Églises sont trop souvent dominées par les idéologies mondaines véhiculées par les médias.

Quant au « dialogue des religions », n'est-il pas trop souvent réduit à la fonction de « MASDU » – Mouvement d'Animation

Spirituel de la Démocratie Universelle que dénonçait jadis l'abbé de Nantes – aux dépens du devoir d'apostolat.

Je me souviens de ces convertis de l'islam se plaignant amèrement que l'Église dans laquelle ils désiraient entrer les renvoyait inévitablement vers le prêtre chargé du dialogue avec l'islam, qui les poussait au fond à rester dans la religion musulmane.

Sauf dans quelques rares rencontres entre cisterciens, soufis et lamas bouddhistes – non organisées par l'institution ecclésiastique –, l'objet de ces rencontres n'est pas la célébration de la Transcendance, ni la quête de la vérité, c'est une recherche « droitdelhommesque » d'une paix bonasse par la tolérance, c'est-à-dire le relativisme, qui ressemble beaucoup à un « encore une minute Monsieur le bourreau ».

Pourtant, tant le souci de l'unité entre disciples du Christ que la recherche de ce en quoi les hommes sont à l'image et à la ressemblance de Dieu à travers leurs religions sont légitimes.

Il me semble que des rencontres sur des thèmes d'anthropologie religieuse, comme par exemple « l'unité transcendante des traditions », la « Vierge Mère », le hiératisme ou le sens des rites, devraient être plus fructueuses.

3. *Le christianisme n'a pas à entrer en concurrence avec les religions*

Beaucoup conviennent de l'analogie entre mystères païens et mystères chrétiens, mais avec réticence et en essayant d'en amortir la portée : « *Les mystères antiques n'étaient que des ombres vides à côté de la surabondante réalité des Mystères chrétiens. Mais malgré tout ils exprimaient la nostalgie humaine du divin, et, faibles ébauches, ils étaient vraiment l'ombre des choses à venir […] toute la nature recèle une analogie avec la surnature. Cette analogie n'avait pas échappé aux mystères antiques, si bien qu'ils étaient à même de fournir aux Mystères surnaturels du Christ des termes et des formes appropriées* »[75].

---

[75] O. Casel, « *Le mystère du culte dans le christianisme* », p. 66, coll. Lex orandi, Ligugé-Cerf, 1946.

Je ne sais plus quel est le Père de l'Église qui, commentant l'Évangile de Noël, montrait que Dieu se donne à connaître aux hommes par différentes voies. Aux juifs Il se révèle par la Parole ; celle des anges aux bergers, proclamant « *gloire à Dieu au plus haut des cieux...* », et aux Gentils par les étoiles qui permettent aux mages de venir jusqu'à Bethléem – tout de même avec l'aide des Docteurs de Jérusalem... Dieu s'adresse aux uns par l'oreille et aux autres par les yeux, aux uns par la Parole, aux autres par l'ordre de la création. Il ne faut pas mépriser les rois-mages, tenants d'une tradition autre que celle de l'Alliance d'Abraham, qui ont le pouvoir de reconnaître au nom de leurs traditions – que le Christ est « prêtre, prophète et roi ». Bien avant la Pentecôte, ce sont eux qui portent à la fois le signe de l'unité finale des traditions religieuses et le signe de l'universalité de la Révélation chrétienne...

Donner sa pleine importance à la vieille idée de *philosophia perennis,* de tradition primordiale, du caractère prémonitoire des sibylles romaines, etc., demeurant à travers les traditions religieuses humaines, permettrait de clarifier les fondements d'un œcuménisme possible.

Le christianisme, en tant que forme religieuse découlant de la tradition immémoriale de la prêtrise selon l'ordre de Melkitsédek, n'est pas vraiment spécifique, c'est pourquoi il peut se mirer dans toutes les religions.

Ce qui est absolument original dans le christianisme, c'est la réalisation historique du salut, ce qui est révélé dans la phrase de Jésus « *Qui me voit, voit le Père* ». Que « l'image de Dieu » puisse contempler Dieu, n'est-ce pas une autre façon de dire « la délivrance » ? Le salut eschatologique est acquis dès lors que l'homme peut participer à la vie divine : telle est la « Bonne Nouvelle », la bienheureuse nouveauté que traduisent les dogmes de la Trinité et des deux natures du Christ distinctes et unies en une seule personne. À partir de la Résurrection, le Royaume est déjà établi, bien que discrètement... Voilà ce qui spécifie le christianisme qui pourtant reste aussi la religion de toujours.

Un donatiste polémiquait avec S. Augustin : « *Je crois que le baptême salutaire n'est que dans l'Église catholique. Hors de l'Église catholique tout est feint.* » L'évêque d'Hippone répondit : « *Il est vrai certes que tout est feint hors de l'Église catholique, mais pour autant que ce n'est pas catholique. Or il peut y avoir quelque chose de catholique hors de l'Église catholique ; comme le nom du Christ pouvait exister hors de la société du Christ : c'est en ce nom que chassait les démons celui qui ne le suivait pas avec les disciples. D'ailleurs, la feinte peut exister même dans l'Église catholique, à coup sûr chez ceux qui renoncent au monde en paroles et non en actes ; pourtant la feinte n'est pas catholique. Il peut donc y avoir dans l'Église catholique ce qui n'est pas catholique comme il peut y avoir hors de l'Église catholique quelque chose de catholique.* »

L'œcuménisme devrait être un synonyme de catholicisme et le catholicisme un synonyme de Tradition, c'est-à-dire la reconnaissance puis le recueil dans le corps de l'Église des parcelles de vérité éparses dans les religions et sagesses des descendants d'Adam dispersés dans le monde. C'est par ce processus d'inclusion prudente, même à travers les polémiques, que l'Église réalise comme "corps mystique" l'incarnation "sociale" du Christ et le Salut du vieil Adam dans le nouvel Adam.

4. Paganisme et hérésies

Il me semble qu'il faut nettement distinguer les religions d'avant l'incarnation du Verbe[76] des religions qui se constituent après le Christ. Comme l'a montré Mircea Eliade, les religions "païennes" se réfèrent à leur fondation, à l'âge d'or, au paradis terrestre des origines ; en revanche, comme la Révélation chrétienne, les idéologies – religieuses ou "sécularisées" – se réfèrent aux fins dernières, elles visent à "l'Homme nouveau", à un changement qualitatif du monde ce qui n'aurait pas grand sens pour le monde païen.

---

[76] Nous n'évoquerons pas ici la religion des Hébreux, celle de l'Ancien Testament qui est à la fois comme le christianisme, la religion des Pères et une religion de la prophétie.

Le christianisme a changé le système de représentations des hommes, il a ouvert la voie de l'Espérance eschatologique qui, même dévoyée, constitue une force inouïe de mobilisation et de bouleversement de l'ordre en place.

Les sagesses anciennes sont plutôt teintées par la résignation ou l'acceptation de la réalité du monde déchu : *"vanité des vanités et tout est vanité"*, *"rien de nouveau sous le soleil"*…Les Fables de La Fontaine sont la forme la plus française de cette sagesse des nations qui est une soumission au juste châtiment que les fils d'Adam ont à subir après la malédiction qui a compromis l'amitié avec Dieu. Mais cette sagesse est aussi glorification du Créateur dans l'ordre naturel de sa création, où même le châtiment se révèle correction, c'est-à-dire épreuve contribuant à la rédemption…

Or, dès le début du christianisme, les hérésies qui en sont issues cassent cette ambivalence de l'ordre naturel du monde déchu et se présentent comme une révolte contre le mauvais "démiurge" qui a emprisonné l'homme dans la matière, dans la chair ou dans la société – version Jean-Jacques Rousseau.

De Manès, fondateur du manichéisme, jusqu'à Pol Pot épurateur du quart de la population cambodgienne en passant par les Cathares albigeois, les *"nivellers"* de Cromwell et les Jacobins, tous manifestent la Révolution, c'est-à-dire la révolte métaphysique contre l'état des choses et son Auteur.

Pour les "païens" les dieux sont des immortels et les hommes des mortels. Les Grecs louaient Ulysse d'avoir su résister à "*l'hubris*" (la démesure), à la tentation de devenir un dieu. À partir de l'Incarnation, la frontière s'estompe : dès lors que Dieu se fait homme, alors toutes les idéologies postchrétiennes tourneront autour du thème de l'homme qui se fait Dieu.

Bien sûr, je ne veux pas confondre le slogan anarchiste "ni Dieu, ni Maître" avec les considérations scolastiques sur l'"*homo capax Dei*", mais je suis amené à reconnaître, dans tous les cas[77], une centration sur la question de la dualité homme/Dieu.

---

[77] Sauf peut-être dans l'islam dont nous ne traiterons pas ici.…

5. Les anges ne sont pas tous des démons

Autre contraste entre les religions païennes et les hérésies : les paganismes sont des religions de l'immanence, c'est-à-dire de la présence de l'Esprit ou des esprits au sein de la création. En revanche, les hérésies postchrétiennes portent sur la transcendance à laquelle aspire l'homme, image de Dieu, soit en s'unissant avec son modèle, soit en le niant.

Le monde traditionnel est animiste, il conçoit l'Univers comme animé par des "esprits", esprits élémentaires – fées, vouivres, ondines, gnomes, elfes, nymphes, salamandres, etc. –, on parle encore "d'âme du monde" (*anima mundi*). Aujourd'hui on recourt plutôt au merveilleux pseudo-scientifique, on parlera de "fluides", "d'énergies" ou "d'ondes", comme on parlait au XIXe siècle "d'électricité" et à l'époque de Mesmer de "magnétisme".

Cette dimension "subtile" est niée par la plus grande partie des clercs "modernistes", les autres ont tendance à les comprendre comme des phénomènes "démoniaques" sans qu'il soit toujours clair s'il faut prendre cette caractéristique au sens platonicien ou au sens des anges révoltés du christianisme[78].

Dans sa pratique piétiste, le christianisme populaire – culte des saints et des reliques, hauts lieux de pèlerinages, sources miraculeuses, etc. – a largement "assimilé" cette mentalité et ces pratiques "animistes" en la renvoyant à une profusion de la Grâce divine qui se transmet par les canaux multiples et arborescents des anges et des saints.

Les charismatiques tendent à disqualifier comme satanique tout phénomène "subtil" – même l'homéopathie ou le magnétisme humain – en suivant le modèle du Père Verlinde[79]. Toute manifestation surnaturelle qui n'est pas miraculeuse, c'est-à-dire estampillée

---

[78] Question que je pose aussi pour les « djins » dans l'islam.

[79] Contrairement aux clercs qui fustigent les modes « *New-Age* », sans rien en savoir, le P. Verlinde a au moins le mérite d'avoir connu et pratiqué ce domaine.

"catholique", devient suspecte, même si les formes sacrées du "préternaturel" se distinguent mal de celles du "miracle".

À ce jugement négatif on pourrait objecter que si Satan est "le Prince de ce monde", pourquoi le serait-il plus pour le monde subtil que pour la sidérurgie ou l'ingénierie des organisations ? Il serait peu satisfaisant que seules les relations "mécaniques" entre des choses matérielles soient considérées comme légitimes – ou neutres ? – tandis que l'univers des esprits – des énergies subtiles – serait l'objet de tous les soupçons.

Il importe donc de s'interroger sur la nature des relations entre le monde "visible" et "invisible", comme le dit le *Credo*. Dans la hiérarchie des "esprits" qui régissent le monde, seul le "tiers des étoiles" a suivi la révolte contre son Créateur[80], aussi serait-il discutable de réduire toute manifestation subtile à des influences maléfiques, comme d'ailleurs d'en exclure le risque.

Il me semble que puisque l'on sort de l'époque du « désenchantement du monde » – c'est-à-dire la modernité ou âge classique –, il serait temps que l'Église remette un peu d'ordre conceptuel dans ce domaine. En attendant, la prudence voudrait que l'on tienne les deux bouts de la chaîne : 1) la création est essentiellement bonne – même dans ses dimensions « invisibles » et « subtiles » –, mais aussi, 2) la création est déchue en même temps que la chute de l'homme et le diable en est le Prince.

Si on lâche une de ces conceptions on tombe dans le marcionisme et les gnoses dualistes, ou, au contraire, le salut apporté par le Rédempteur devient superfétatoire.

Pendant des siècles, l'Église s'est affrontée au paganisme selon deux modalités. Soit elle a combattu frontalement l'idolâtrie – par exemple en brûlant "*Irminsul*", l'arbre sacré des Saxons[81] –, soit en

---

[80] « *Sa queue balaie le tiers des étoiles du ciel et les précipite sur la terre.* » Apocalypse XII 4.

[81] Ce qui serait inacceptable aujourd'hui dans le contexte d'un écologisme triomphant. Il est certain qu'assimiler l'arbre sacré des Saxons à « l'arbre de vie », à la Croix du divin charpentier passerait mieux. Cela suppose que nos paradigmes n'excluent pas les analogies symboliques.

assimilant analogiquement les mythes païens – par exemple, dans la quête arthurienne où le chaudron magique des celtes devient le Saint Graal.

On qualifie de "récupération" ce processus ; je n'y vois aucun inconvénient si l'on comprend ce terme non comme un odieux détournement, mais comme une reconnaissance de ce qui vous appartient. L'Église universelle récupère les parcelles de vérité de la tradition originelle qui sont demeurées dans les cultures de ce monde déchu.

6. Pour vraiment "dialoguer" avec les religions, l'Église doit-elle renoncer à son adhésion aux paradigmes de la modernité ?

Dans son affrontement contre l'animisme païen, tardivement d'ailleurs, l'Église a fini par adopter la conception "chosiste" du monde, d'abord par l'idée de "causes secondes" quasi-autonomes à la fin du Moyen-Âge, et surtout en se ralliant de plus en plus à la vision postcartésienne d'un univers matériel mécanique contribuant ainsi à ce que Max Weber qualifiait en 1917 de "désenchantement du monde"[82]. Quand l'univers n'est plus qu'une horloge, il est facile de réduire la présence immanente du "Grand Horloger" au minimum, voire de l'oublier comme y incite les paradigmes heuristiques issus du "rasoir d'Ockham"[83].

Depuis les emprunts à la philosophie antique de l'époque hellénistique en passant par la *disputatio* des courants scolastiques, jusqu'à Benoit XVI – et contrairement à Luther –, l'Église a toujours donné une place importante à la raison à condition que celle-ci ne soit pas réduite à la mécanique.

---

[82] L'expression a été popularisée à la fin du XXe siècle par Marcel Gauchet.
[83] Le franciscain anglais Guillaume d'Ockham (XIIIe siècle) est une des sources nominalistes du rationalisme moderne. Le « rasoir d'Ockham » pose en principe qu'il ne faut pas chercher des causes multiples quand une explication simple suffit. Pourquoi chercher une explication téléologique quand « le hasard et la nécessité » suffisent à expliquer le changement ?

Mais, lorsque le monde s'est fragmenté vers la Renaissance, où est advenu le temps de l'art pour l'art, de la politique pour la politique (Machiavel), plus tard de la morale pour la morale (Kant), etc., alors la raison aussi s'est autonomisée et est devenue une idole, la déesse Raison du culte révolutionnaire.

L'Église qui dominait l'ensemble de ces champs, s'est mise à la traîne de chacun des morceaux du puzzle morcelé et, dans la deuxième moitié du XXe siècle, elle s'est ralliée au consensus des plus obtus des rationalistes. Les théologiens se sont lancés dans des "lectures matérialistes de l'Évangile" ; les excès de la "critique historique" – S. Jean l'évangéliste ne serait pas le S. Jean du livre de l'apocalypse, etc. – les a détournés de l'heuristique symbolique ; avec Teilhard de Chardin, l'évolutionnisme post-darwinien est devenu une croyance obligatoire comme la psychanalyse freudienne pour un Jean-François Six, un Michel de Certeau et quelques autres.

Pour contrebalancer l'image d'obscurantisme que les "philosophes" anticléricaux se réclamant des "Lumières" avaient attribuée à l'Église, pour faire oublier des bévues comme celle de Galilée, les clercs se sont mis à courir après n'importe quelle théorie scientifique, même peu assurée, parfois avec une vague intention concordiste, souvent avec beaucoup de servilité tout en méprisant les réflexions et phénomènes qui n'entrent pas dans le cadre des capacités épistémologiques de ces sciences.

Par malchance, le courant matérialiste et rationaliste est parvenu à son delta[84], et notre culture, tout particulièrement les savants, ne sont plus assurés que la science puisse aboutir à des certitudes englobantes[85].

---

[84] Pour décrire les mouvements culturels, Gilbert Durand utilise la métaphore du fleuve.
[85] L'épistémologue Thomas S. Kuhn (parallèlement à Michaël Polanyi) montre que l'évolution des sciences est discontinue ; chaque époque est dominée par un système paradigmatique particulier déterminé par les contradictions qui font obstacle à la théorie dominante et par les rapports des forces dans la cité des savants. Cf. « *La structure des révolutions scientifiques* ».

Aujourd'hui cette conception "rationaliste" dont s'enorgueillissait "la Science" est en crise. Les savants désespérant d'une synthèse globale ne parlent plus de "la Science" mais "de sciences" parcellaires dont parfois les résultats se contredisent les uns les autres. Qu'y a-t-il de commun entre le behaviorisme et les psychanalyses ? La génétique contredit la paléontologie. La physique quantique ruine toute certitude théorique et chaque discipline en s'approfondissant s'éloigne des disciplines voisines et se cloisonne indéfiniment.

Il y a belle lurette que le modèle humaniste de "l'honnête homme" possédant son "cabinet de curiosités", son laboratoire de chimie ou d'alchimie, philosophe, poète et musicien à ses heures a disparu du paysage. Les savants doutent d'eux-mêmes ; et quand ils ne cherchent pas quelques dérivatifs "métaphysiques", ils justifient pragmatiquement la fonction de leur science par l'efficacité technique qu'elle susciterait[86], pour autant qu'ils s'en préoccupent.

L'Église qui se plaçait à l'école des scientifiques, se trouve donc prise "à contre-pied" par le scepticisme des savants et démunie devant des phénomènes symptomatiques de la post-modernité – citons le succès du "Matin des magiciens" de Pauwels et Bergier, celui du "Seigneur des anneaux" de Tolkien, ou de la littérature adolescente de type Harry Potter, le néo-chamanisme d'origine ethnographique ou *New-Age*, etc.

Une figure emblématique de ces chocs épistémologiques est l'expérience d'Éric de Rosny, ce savant jésuite en mission au Cameroun pour une organisation internationale qui est "initié" par les "maîtres de la Nuit" du pays douala et devient "sorcier-guérisseur" par les moyens les plus "magiques" possibles[87].

Je suggère donc que l'Église qui a encore "les yeux de Chimène" pour le rationalisme de l'âge classique comprenne le caractère relatif de ces paradigmes éphémères et examine sérieusement –

---

[86] Cf. les réflexions de Fabrice Hadjadj sur la distinction de la pensée technologique (technologiste ?) et de la pratique technique comme art.
[87] Cf. *Les yeux de ma chèvre*, Plon.

sans mépris – les tentatives de "réenchantement" qui se manifestent dans la crise de la "post-modernité".

Les religions – je ne parle pas du protestantisme qui n'est qu'une dérivée tardive de l'Église catholique latine –, les religions avec lesquelles on prétend "dialoguer" ont pour fondement la croyance aux "esprits" transcendants et/ou immanents à la création. Pour retrouver un champ paradigmatique commun, il faudrait que l'Église prenne quelque distance avec les conceptions rationalistes auxquelles elle s'est largement ralliée.

Je ne dis pas qu'il faille nécessairement procéder à un renversement des alliances, car je sais les naïvetés, les syncrétismes faciles, et les hérésies que peuvent charrier ces tentatives religieuses et culturelles de "réenchantement"[88]. Mais je sais aussi que c'est ce à quoi l'Église devra consacrer sa mission de discernement.

Dans *Le Règne de la quantité et les signes des temps*, paru chez Gallimard en 1945, René Guénon prévoit qu'à la période de "solidification" du monde moderne doit succéder une période de "néo-spiritualisme" encore plus dangereuse pour la Tradition. Rassembler ce qui est épars dans les sagesses traditionnelles ne me semble pas saugrenu.

Je peux comprendre que certains "traditionalistes" soient scandalisés par la perspective que j'esquisse, comme ils sont scandalisés par la déclaration "Nostra Aetate" faite par le concile ou par les rencontres d'Assise, ou encore par le culte de "Pachamama"[89] assimilée à la Vierge Marie.

Cela s'explique par une croyance-réflexe que l'Église est menacée par un retour au "paganisme". Or vis-à-vis du "paganisme", sans doute au prix de pas mal de vicissitudes, d'assimilations légitimes et

---

[88] Lors d'une mission à l'île de La Réunion, j'avais acheté un livret sur les superstitions dans ce territoire qui concentre un nombre extraordinaire de cultures. À la lecture, j'ai vite compris comment « l'enchantement » pouvait devenir obsessionnel.

[89] Idole sud-amérindienne de la terre et de la fécondité à laquelle le pape François semble vouloir porter un culte écologisant.

du martyre de nombreux saints, l'Église s'en est bien tirée. Sauf dans quelques contrées spécifiques, le paganisme n'est plus une menace majeure pour l'Église ; y aurait-il un grand danger à reconnaître au chamanisme, à l'hindouisme, au taoïsme leur part de vérité ?[90]

Au minimum les traditions païennes – même la plus "superstitieuses" – reconnaissent que l'homme n'est pas sa propre origine, n'est pas sa propre fin et qu'une réalité supérieure surplombe ce monde-ci. Ce qui est une position vraie à laquelle la pensée contemporaine "sécularisée" n'accède même pas.

Et pourtant les clercs savent concéder mille amabilités à ces philosophies athées, religions et idéologies postchrétiennes – parce qu'elles sont les propres hérésies du christianisme ? – qui toutes postulent la construction d'un "homme nouveau" et d'un monde nouveau. Ce n'est plus le dévoiement de la piété – ou du sacré – dont l'Église a à se défendre, c'est du dévoiement de l'Espérance.

---

[90] Au risque de contribuer au « désenchantement » du monde, ce contre quoi le catholicisme populaire a toujours su se prémunir par le culte des saints et des anges…

V. LA VOIE DU GUERRIER ET LE CHRISTIANISME

> « *Le Seigneur est un guerrier*
> *son nom est Iod hé vau hé* »
> 1ᵉʳ Cantique de Moïse (Exode XV 3)

Notre intention n'est pas de justifier la révolte des *kshatriyas* contre les brahmanes, celle de "l'Ours" contre "le Sanglier", ni de mettre en cause la suprématie du spirituel sur le temporel, ni de contester l'ordre traditionnel si bien décrit par René Guénon dans *Autorité spirituelle et pouvoir temporel*.

Mais enfin, pour qu'il y ait subordination, il faut bien qu'il y ait une réalité subordonnée. En termes de "*varna*" ("couleur"), aux Indes, la hiérarchie se décline en quatre catégories de castes : brahmanes, *kshatriyas*, *vaishyas* et *shûdras*. Cette hiérarchie a sous-tendu la constitution sociale du monde indo-européen – au moins institutionnellement – jusqu'à la révolution de 1789 : Clergé, Noblesse, Tiers-État. D'ailleurs on retrouve ces catégories même chez les plus orthodoxes des marxistes qui distinguent le niveau idéologique – les représentations –, politique – les rapports de forces –, et économique, dans lequel ils voudraient voir "l'infrastructure" de la société.

Certes, il y a différentes qualifications. Tout le monde n'a pas vocation à être *kshatriya*, ou « militant » ; il y a certainement des vocations bien supérieures... Mais Jésus pleura sur le sort de Jérusalem ; et je trouve un peu suspects, ceux qui proclament leur amour de la Jérusalem céleste en se désintéressant de leur pauvre Jérusalem terrestre. Ceux-là se croient brahmanes et ils ne vivent même pas comme des *sûdras* (serviteurs), mais en « hors-castes », totalement asservis à l'illusion individualiste qui caractérise notre monde. À toute époque, surtout dans les plus malheureuses, la « guerre sainte », reflet de la théogonie céleste, demeure nécessaire pour rétablir, autant que possible, l'ordre principiel.

On ne peut ignorer totalement l'un de ces niveaux sans mettre en péril l'économie générale de la création, la théogonie, c'est-à-dire la maintenance d'un ordre reconquis au sein même du désordre.

La pluralité des niveaux de vocation humaine étant légitime, c'est d'un de ces niveaux subordonnés dont je voudrais analyser ici la situation métaphysique.

Mes propos ne prétendent pas à l'originalité, mais l'originalité n'est pas une valeur à laquelle j'attribue une grande importance.

1. La chrétienté a réussi à transformer des soudards en chevaliers

Pourquoi cet intérêt spécifique envers ceux dont la fonction est de faire la guerre ? Certes, aucune condition n'échappe au travail de la Grâce. Le Verbe qui s'incarne à la fin des temps, au solstice d'hiver, à minuit, dans une étable souterraine, ce Verbe sait atteindre les prostituées, les publicains et les brigands.

Mais pour autant, la chrétienté n'a pas institué des initiations de prostituées, de percepteurs ou de détrousseurs de grands chemins. C'est que ces états ne sont pas essentiels à la condition humaine.

Pourquoi donc, à côté des initiations artisanales et monastiques, ce développement des initiations chevaleresques ?

Sans doute, dans l'ordre de ce monde déchu, la guerre est-elle un fait, et même parfois une nécessité, comme le constate René Guénon :

« *À moins d'être aveuglé par certains préjugés, il est facile de comprendre (que) dans le domaine social, la guerre, en tant qu'elle est dirigée contre ceux qui troublent l'ordre et qu'elle a pour but de les y ramener, constitue une fonction légitime, qui n'est au fond qu'un des aspects de la fonction de "Justice" entendue dans son acception la plus générale* »[91].

---

[91] *Symboles de la science sacrée*, 1962, p. 174.

Ces considérations font écho au jugement de S. Paul sur l'autorité politique. "*Ce n'est pas en vain qu'elle porte le glaive ; en punissant, elle est au service de Dieu pour manifester sa colère envers les malfaiteurs*" (Romains 13, 4). Mais cette inéluctabilité de la guerre justifie-t-elle pour autant une spécificité spirituelle du guerrier ?

Constatons que la plupart des sociétés traditionnelles ont tracé une voie aux guerriers, et que dans beaucoup de cultures – celles en particulier que naguère les sciences sociales qualifiaient de primitives ou d'archaïques –, c'est la seule voie de réalisation offerte à la plus grande partie des hommes qui ne sont pas appelés à devenir chamanes.

Les femmes donnent la vie, les hommes donnent la mort, comme guerriers, ou comme prêtres, car les prêtres ne sont pas d'abord des conseillers spirituels ou des guides-chants, mais essentiellement des sacrificateurs qui égorgent tourterelles, moutons et bœufs, ou le Christ dont ils renouvellent le sacrifice à chaque messe[92]. C'est parce qu'on ne comprend plus cette fonction du prêtre ni celle de la femme qu'on saisit si mal pourquoi, dans toutes les sociétés traditionnelles, les femmes n'exercent pas la prêtrise, et non pas à cause d'une prétendue mentalité archaïque misogyne, car il y a eu des femmes disciples du Christ, des prophétesses et même des prostituées sacrées. Mais pas de prêtresses, ni parmi les "grands prêtres" du Temple, ni parmi les Apôtres, ni dans les sociétés étudiées par les ethnologues – sauf dans de rares cultes décadents comme le vaudou haïtien où religion et sorcellerie sont indistinctes.

La raison de cette universalité de la voie héroïque relèverait-elles seulement des conditions historiques et sociales ? Ou bien ne découlerait elles pas aussi d'une nécessité métaphysique ? Si tant est que les unes puissent être indépendantes de l'autre.

Cette universalité, ce caractère essentiel à l'homme de la condition de guerrier justifierait que la voie chevaleresque puisse être proposée à des hommes qui, comme la plupart d'entre nous, ne partagent pas la condition sociale du soldat ni même celle du militant.

---

[92] Cf. Jean Hani, *La Divine Liturgie*, rééd. L'Harmattan, coll. Théôria, 2011.

Sans doute, l'ésotérisme est une voie particulière, à suivre au sein – pas à côté ni au-dessus – de l'exotérisme universel, par certains hommes qui ont une vocation spécifique ; mais également l'ésotérisme développe des virtualités particulières, mais essentielles, de l'homme. Quel est donc ce lien fondamental qui relie la condition humaine à la guerre ?

Je m'appuierai dans un premier temps sur une conception anthropologique inspirée de Georges Dumézil, outrepassant d'ailleurs ses théories qui limitaient prudemment la tripartition sociale au monde indo-européen[93].

L'homme entre en relation avec trois niveaux : il interagit avec les choses, avec les autres, et avec le sens – ou les représentations.

Quand il entre en relation avec les choses, l'homme est seigneur des formes, maître de ce qui demeure du jardin de l'Éden, peut-être même participe-t-il du pouvoir créateur du Tout-Puissant – je n'en suis pas certain. De cette vertu découlent les initiations artisanales dont le Compagnonnage est exemplaire : bâtir un temple en suivant l'ordre-même de l'univers, c'est réitérer analogiquement l'acte de la création.

En tant que voie particulière, vocation spécifique, l'éthique chevaleresque se situe entre la voie de l'artisan – qui consiste à bien faire les bonnes ou les belles œuvres – et la voie du moine qui vise à retrouver la bienheureuse unité par la contemplation de la Vérité et « l'*apathéia* », l'absence de passion – exceptions : le tantrisme dans l'hindouisme, le soufisme et les "exercices spirituels" d'Ignace de Loyola qui utilisent les émotions dans la voie spirituelle.

---

[93] Les trois tentations du Christ correspondent bien à cette tripartition: s'alimenter pour l'artisan et le commerçant, se jeter du haut du Temple pour que les anges le rattrapent pour le spirituel, le pouvoir sur le monde pour le politique et le guerrier. Et pourtant on est dans le monde sémitique et pas indo-européen…

2. *Entre le faire et l'être, le combat*

À ce niveau, le chevalier, lui, n'évite pas – pas complètement en tout cas – les passions, celles de la violence des affrontements relationnels, comme celles de l'incomplétude du désir amoureux.

Mars et Vénus sont inextricablement liés, comme le rappellent les innombrables chansons – comme les "madrigaux amoureux et guerriers" de Monteverdi. La noblesse inventa l'amour courtois. Les moines-chevaliers eux-mêmes, ceux qui sont héritiers de S. Bernard, n'ont-ils pas une dévotion toute particulière pour Notre-Dame ?

Le Chevalier ne peut éviter d'affronter les sources-mêmes de la souffrance – Éros et Thanatos –, car la voie héroïque est à la fois une lutte extérieure pour la justice, contre le désordre dans le monde, et une lutte intérieure avec les passions. Ce travail est dangereux bien-sûr, et bien peu de ceux qui sont partis en quête du Graal sont revenus intacts de cette errance.

Dès qu'il entre en relation avec les autres, l'homme peut-il échapper à la logique mimétique, celle du pouvoir et de la séduction, celle des rapports de forces, celle de l'amour et de la haine ?

Cette passion mimétique, mise en évidence par Jean Baudrillard ou René Girard, se manifeste, par exemple, lorsque dans une crèche des enfants veulent tous le même jouet qu'ils délaissaient auparavant parce que l'un d'entre eux a paru s'y intéresser. On le sait bien, dans les familles nombreuses, le gâteau que l'on aurait voulu avoir est, en général, celui qui a été choisi par son frère. Ce qui est désiré, c'est l'objet du désir d'autrui.

C'est cette dimension que travaillent spécifiquement les initiations chevaleresques, pour transmuer la violence en vaillance, la jalousie en loyauté, et la concupiscence en courtoisie.

Enfin, au-dessus de l'état chevaleresque, se situent les initiations monastiques, où l'état humain consiste à "contempler" le Centre absolu qui est la source du sens, la Lumière éblouissante – ou la "nuée obscure" – qui éclaire toute chose, et pour recouvrer l'image et la ressemblance divine, il renonce, dans une certaine mesure, à agir – directement – sur les choses et sur les autres.

La métaphysique, la philosophie pérenne, n'est pas seulement la doctrine de moines et autres brahmanes, mais celle de toute l'humanité, dans ses différentes conditions. Chaque état donne à cette unique vérité sa coloration propre.

Campé sur les altitudes d'une métaphysique pure, René Guénon a peu développé le thème des adaptations de la doctrine aux différents états sociaux. Pourtant, chaque partie est nécessaire au tout ; et si toutes les virtualités de l'humanité sont en chaque homme, chaque homme ne peut actualiser toutes ses virtualités à moins d'entrer en relation avec ceux qui ont actualisé des virtualités complémentaires à la sienne. C'est en ce sens qu'une société n'est pas une somme d'individus, mais un grand être qui donne à chacun la possibilité de participer de l'Homme total.

Voilà pourquoi, s'il est vrai que l'idée d'égalité entre les différents états de l'humanité est absurde, aucun état n'est méprisable, parce que chacun a sa raison d'être. Encore faut-il que chacun de ces états soit éclairé, de façon particulière, par une même vérité.

3. *La chevalerie, voie universelle*

Ces trois types d'initiation se sont donc développés au sein de la chrétienté, mais il est vrai que dans la mesure où elles actualisent des dimensions inhérentes à l'état humain, elles sont universelles et qu'on les retrouve peu ou prou dans toutes les sociétés traditionnelles.

La voie héroïque consiste donc à faire de la guerre extérieure ou de toute autre action sur les autres, militante, politique[94] ou encore amoureuse – le vocabulaire de la séduction témoigne des analogies avec la guerre – la manifestation d'une guerre intérieure. Dans cette perspective, l'action n'a de justification qu'en tant que sacrifice, c'est-à-dire en tant que faire sacré.

---

[94] *"La guerre, c'est la politique continuée par d'autres moyens"*, affirmait Carl von Clausewitz, le théoricien de la stratégie.

Ainsi, la guerre sainte en islam, le *djihad*, comporte deux aspects : le petit *djihad*, celui qu'on mène contre les infidèles, et le grand *djihad*, la guerre intérieure contre soi-même dont la première n'est que le reflet et la manifestation[95].

De même, ceux qui pratiquent les arts martiaux d'Extrême-Orient le savent : l'esprit du *Bushido* – le code de l'honneur des samouraïs – implique une certaine attitude intérieure autant que l'efficacité dans le combat ; ou plutôt, l'efficacité dans le combat ne serait en quelque sorte qu'un effet second, le sous-produit de cette attitude d'éveil intérieur, véritable objectif de celui qui suit la Voie (le "*do*")[96].

"*Renverser Tsing, restaurer Ming*" proclame la société secrète des Hungs. Il s'agit à la fois d'abattre la dynastie des envahisseurs Mandchous – les Tsing usurpateurs –, pour restaurer la lignée légitime des empereurs Ming ; mais aussi, puisque Ming n'est pas seulement le nom d'une dynastie, mais signifie "lumière", il s'agit de faire jaillir la lumière à l'intérieur de la société des Hungs, et d'abord dans chacun d'entre eux[97].

Aux Indes, dans le livre de la Bhagavad-Gîta, Arjuna, le roi dépossédé, au milieu de son armée rangée en ordre de bataille, se lamente devant le carnage auquel il va devoir se livrer pour reconquérir son royaume. Le dieu Indra, qui conduit son char de combat, lui révèle qu'il peut légitimement combattre ses cousins rebelles, si, indifférent à la convoitise du fruit de son action, il s'engage dans la

---

[95] Nous renvoyons sur ce sujet à l'article de René Guénon "*Sayful-Islam*, le sabre de l'Islam", publié dans "*Symboles de la science sacrée*", ou à l'article de Abd-Allah Yahya Darolles, "Aperçus sur le *djihad* : doctrine et applications", in *Les cahiers de l'Institut des Hautes Études Islamiques*, n°2, mai/août 1996.

[96] Dans l'art du tir à l'arc japonais (*Kyudo*) « *il ne s'agit pas de viser une cible extérieure, mais l'archer et la cible sont unis, on intègre la cible à soi-même. Il faut oublier l'arc qui tire, oublier soi-même, ne faire qu'un avec l'arc et la cible, tendre vers l'infini sans en connaître le point d'aboutissement…*», Anzawa Sensei, le grand maître de *Kyudo* au Japon.

[97] Cf. Frédéric Tristan « *Houng, les sociétés secrètes chinoises* » (Fayard 2003).

bataille comme dans un sacrifice. Car alors, Arjuna ne fait que remplir son devoir d'état, réaliser la fonction de sa caste. Si Arjuna ne réalisait pas sa vocation en bataillant, le monde serait livré à la pire des catastrophes, car l'ignorance des devoirs est pire que le carnage. Mais Arjuna, pour vaincre ses ennemis doit aussi se vaincre lui-même.

L'action doit être accomplie de façon désintéressée. Le royaume ne peut être restauré qu'autant que la souveraineté intérieure du roi est restaurée. Alors les contingences du combat extérieur ne pourront atteindre l'intériorité du combattant.

Cette caractéristique chevaleresque se retrouve dans toutes les figures de héros, même celles des romans de cape et d'épée ou celles des westerns. Le vrai héros combat pour vaincre, certes, mais sa fin n'est pas – pas seulement – la victoire ; et en tout cas, pas à n'importe quel prix. Le bon mousquetaire laisse son adversaire désarmé ramasser son épée avant de poursuivre le duel, tandis que le vil traître frappe l'adversaire désarmé, ou par derrière, ou de toute autre façon déloyale.

C'est que, pour le héros, le résultat n'est pas le seul enjeu de la bataille. Il reste d'ailleurs quelque chose de cette éthique chevaleresque dans le *fair play*, l'esprit sportif, tel qu'il a été défini au début du siècle dans la *gentry* anglaise. Ou pour parler comme le baron de Coubertin, l'essentiel n'est pas de gagner, mais de participer[98]. Avant de devenir un spectacle de masse, la compétition sportive était d'abord conçue comme une façon d'agir sur soi, de se cultiver – la culture physique comme on cultive une plante –, de se vaincre soi-même à travers le prétexte d'un affrontement dont la victoire n'est que le but apparent. Être beau joueur c'est sans doute chercher à gagner, mais en sachant que dans le jeu il y a un autre enjeu, plus important que la victoire.

---

[98] La phrase attribuée à Pierre de Coubertin est apocryphe. Il a repris la formule de l'évêque de Pennsylvanie, Ethelbert Talbot : *"l'important dans la vie n'est point le triomphe mais le combat ; l'essentiel, ce n'est pas d'avoir vaincu mais de s'être bien battu."* (24 juillet 1908).

4. Le christianisme héroïque

Si, dans toutes les civilisations, les héros ont réussi, à travers combats, épreuves et tribulations, à rétablir l'ordre cosmique menacé par la chute entropique ou la malignité des méchants, le christianisme n'a pas ignoré cette voie héroïque, mais au contraire, l'a développée de façon très radicale.

Le christianisme, ce n'est pas seulement la douceur apparente des Béatitudes, mais c'est aussi par excellence la religion de la Passion. Car il n'est pas sans intérêt que, dans le christianisme, le même mot désigne à la fois la force de l'amour, les attachements terrestres, et la geste héroïque et sacrificielle de l'Homme-Dieu par laquelle a été ouverte la voie du salut.

Tout au long de l'histoire chrétienne, cette virtualité héroïque du christianisme s'est diversement manifestée, et sans doute, chaque chrétien est-il amené à vivre, plus ou moins, cette dimension particulière de sa foi.

Les Évangiles rapportent ces paroles, étranges pour qui ne voudrait reconnaître dans le Christ qu'un prophète de la non-violence :

« *Ne pensez pas que je sois venu apporter la paix sur la terre, je ne suis pas venu apporter la paix, mais le glaive. Oui, je suis venu séparer l'homme de son père, la fille de sa mère, la belle fille de sa belle-mère : on aura pour ennemi ceux de sa propre maison* » (Matthieu X-30:36).

« *Je suis venu apporter un feu sur la terre et comme je voudrais qu'il soit déjà allumé* […] *Pensez-vous que je sois venu apporter la paix sur la terre ? Non, je vous le dis, mais plutôt la division* […] » (Luc XII- 49/53).

C'est encore Jésus qui proclame :

« *Le Royaume des Cieux souffre violence, et les violents le prennent de force* » (Matthieu XI-12).

Ou encore : « *Le Royaume de Dieu est au dedans de vous. On y pénètre par la violence* » (Luc VII-21).

Jésus, avant de s'engager sur la voie héroïque, la grande épreuve de sa Passion, ordonne à ses disciples : « *que celui qui n'en a pas, vende son manteau pour acheter un glaive* ». (Luc XXII-36).

Certes, il proclame « *ceux qui prendront l'épée périront par l'épée* » (Matthieu 26.52), mais il ne précise pas qu'il est plus mauvais de périr par le glaive…

Remarquons que si par Marie le Messie est issu de la descendance sacerdotale d'Aaron, par Joseph il appartient à la tribu royale de Juda, il est héritier des Rois David et Salomon. Le Christ concentre deux qualités normalement distinctes : prêtre et roi.

« *L'agent ultime du sacrifice, celui qui perce le Cœur du Crucifié afin que s'en écoule l'Eau et le Sang de la vie nouvelle est un soldat ; le centurion que la tradition nomme Longin. Il est considéré comme le Premier chevalier chrétien car sa lance ouvre la fontaine régénératrice de la Miséricorde Divine, et provoque l'effusion de la Grâce sur l'homme et l'univers.*[99] »

Parmi les saints dont la vie est donnée en modèle aux fidèles, les guerriers et les chevaliers sont nombreux, sur le type de S. Michel, l'Archange des combats eschatologiques, de S. Georges le chevalier terrassant le dragon, de S. Maurice à S. Théodore et tant d'autres, et en France, de S. Martin évangélisateur de la Gaule, S. Louis le roi croisé, jusqu'à Ste Jeanne d'Arc avec laquelle l'histoire de notre pays est si étrangement mêlée. Sans compter des soudards comme S. Christophe dont la légende nous dit qu'il n'aimait que la force et que c'est en voulant suivre le maître le plus fort qu'il finit par servir l'enfant Jésus.

Et je n'évoquerai pas ici S. Bernard et la spiritualité des Ordres de chevaliers-moines (templiers) institués lors des Croisades, car cela exigerait un développement particulier.

C'est tout particulièrement dans les Épîtres de S. Paul que la chevalerie chrétienne trouvera son inspiration.

Les affrontements dans ce monde transposent et reflètent les théogonies angéliques : « *Car nous n'avons pas à lutter contre la chair et le sang, mais contre les principautés, contre les puissances, contre les dominateurs des ténèbres d'ici-bas, contre les esprits méchants dans les lieux célestes.* » (Éphésiens 6:12)

---

[99] G. de Sorval, *Initiation chevaleresque et royale*, Dervy, p. 33.

S. Paul parle de ses compagnons comme des "compagnons d'armes" et écrit à Timothée (2ème épître II-3) : « *Prends ta part de souffrances, en bon soldat du Christ Jésus. Dans le métier des armes, personne ne s'encombre des affaires de la vie civile s'il veut donner satisfaction à celui qui l'a enrôlé.* »

On comprend qu'à la messe les chevaliers se tenaient debout lors de la lecture des Épîtres de Paul qu'ils considéraient comme un des leurs. C'est pour la même raison que dans l'iconographie, S. Paul est normalement représenté muni d'une épée[100], car, faisant partie de l'aristocratie juive, il jouissait aussi de la qualité de citoyen romain. C'est à ce titre qu'il fut conduit à Rome pour être décapité et non condamné à l'infamant supplice de la croix[101].

En outre, l'attachement des chevaliers à S. Paul s'explique aussi par le texte de l'épître aux Éphésiens (VI-10-17) qui jette les bases de la chevalerie chrétienne.

« *En définitive, rendez-vous puissants dans le Seigneur et dans la vigueur de sa force. Revêtez l'armure de Dieu pour pouvoir résister aux manœuvres du diable. Car ce n'est pas contre des adversaires de chair et de sang que nous avons à lutter, mais contre les Principautés, contre les Puissances, contre les Régisseurs de ce monde de ténèbres, contre les esprits du mal qui habitent les espaces célestes.*

C'est pour cela qu'il vous faut endosser l'armure de Dieu, afin qu'au jour mauvais, vous puissiez résister, et, après avoir tout mis en œuvre, rester ferme. Tenez-vous debout, avec la Vérité pour ceinture, la Justice pour cuirasse, et pour chaussures, le zèle à propager l'Évangile de la paix ; ayez toujours en main le bouclier de la Foi, grâce auquel vous

---

[100] Curieusement, l'iconographie attribue l'épée à Paul dont le métier était de fabriquer des tentes, et les clefs à Pierre qui pourtant s'illustra par l'usage de l'épée (Jean 18 10-11).

[101] Remarquons que jusqu'à la révolution, la tripartition sociale se marquait aussi dans les supplices : on pendait pour les crimes crapuleux, on décapitait pour les crimes politiques, et on brûlait pour les crimes spirituels. Même à l'époque contemporaine, on ne guillotine pas les opposants politiques, mais on les fusille.

pourrez éteindre tous les traits enflammés du Mauvais ; enfin, recevez le casque du Salut et le glaive de l'Esprit, c'est-à-dire la Parole de Dieu. »

Des textes qui font écho à celui de S. Paul, on en retrouve tout au long de l'histoire de l'Église. Nous nous contenterons ici d'évoquer S. Thomas : « *la vertu de force a pour fonction d'écarter l'obstacle qui empêche la volonté d'obéir à la raison. Or, reculer devant une difficulté, c'est le propre de la crainte qui fait battre en retraite devant un mal difficile à vaincre. La force a donc pour objet principal la crainte des difficultés, susceptible d'empêcher la volonté d'être fidèle à la raison. D'autre part, il faut non seulement soutenir fermement les chocs des difficultés en réprimant la crainte, mais aussi les attaquer avec modération, lorsqu'il faut en venir à bout pour assurer l'avenir, ce qui est évidemment la fonction de l'audace.*[102] »

On pourra aussi citer les exercices spirituels de S. Ignace de Loyola qui, dans la Méditation des « deux étendards » qu'il tenait de S. Augustin (la Cité de Dieu), invite le retraitant à fixer ses facultés mentales sur une représentation du monde comme champ de bataille :

« *On se représentera une vaste plaine près de Jérusalem, au milieu de laquelle se trouve Notre Seigneur Jésus-Christ, Chef Souverain (= Capitaine Général) de tous les hommes vertueux, et une autre plaine près de Babylone, où est Lucifer, le chef des ennemis...*

Je considérerai comment il appelle autour de lui des démons innombrables, comment il les répand, les uns dans une ville, les autres dans une autre, et aussi dans tout l'univers, n'oubliant aucune Province, aucun lien, aucune condition, aucune personne en particulier [...].

À l'opposé, on se représentera également le Chef Souverain et véritable qui est Jésus-Christ Notre Seigneur.

Dans un premier colloque, je demanderai à Notre Dame qu'elle m'obtienne de son Fils et Seigneur, la grâce d'être reçu sous son étendard.[103] »

---

[102] Cité par Marcel de Corte, *De la force*, éd Dominique Martin-Morin.
[103] S. Ignace de Loyola, *Exercices spirituels*, pp.183-191, Paris, Librairie Ch. Poussièlgue, 1895.

À notre époque, une mystique comme la si douce sainte Thérèse de Lisieux affirme, quelques jours avant sa mort : « *Je ne suis pas un guerrier qui a combattu avec des armes terrestres, mais avec le glaive de l'esprit qui est la parole de Dieu. Aussi, la maladie n'a pu m'abattre... Je l'ai dit, je mourrai les armes à la main.* »

5. Métaphysique de la guerre

Il reste à saisir les raisons métaphysiques qui justifient qu'on puisse présenter à l'homme – ou à certains d'entre eux – cette violence externe et interne comme une situation nécessaire, dans laquelle il aura à réaliser au moins en partie sa vocation.

« *Le sort de l'homme sur cette terre est celui du soldat* », reconnaît Job dans le livre de la Bible qui lui est consacré. C'est donc l'état-même de l'homme que d'être jeté dans ce monde comme dans un champ de bataille ; non pas par un absurde accident, mais par une nécessité dont il lui faut découvrir le sens, car toute réalité fondamentale a sa providentielle raison d'être, y compris la souffrance et la guerre, ce qu'avait parfaitement saisi Joseph de Maistre.

D'ailleurs, le catholicisme définit l'Église dans ce monde comme « Église militante », pour la distinguer de « l'Église souffrante », celle du purgatoire, ou de « l'Église triomphante », au Ciel.

Depuis la fin de l'âge d'or, depuis la chute du jardin d'Éden, depuis la grande prévarication, notre nature pervertie, le péché originel nous incline individuellement et collectivement au mal. L'homme est en lutte contre lui-même, parce qu'il ne coïncide plus avec lui-même. Nécessairement, un clivage nous divise et sépare ce que nous sommes, et ce que nous nous souvenons d'avoir été et aspirons à être, et que d'un certain point de vue nous sommes encore.

Et l'histoire – le temps, disait un théologien, est la patience de Dieu –, l'histoire nous est donnée pour vivre cette tension, et mener ce combat.

Abandonnons donc l'illusion de pouvoir traverser cette vie à l'abri du combat ; le plus vertueux des hommes n'y parviendrait pas. Citons à ce propos ce texte du moine anonyme anglais du XIVe siècle, tiré de son œuvre, *Le nuage d'inconnaissance* :

« *En action, donc, et à l'œuvre sur le champ ; et prends et supporte en toute humilité, le chagrin et la peine, s'il se trouvait que tu ne puisses, par ces moyens, triompher aussitôt. Car c'est en vérité un purgatoire ; et une fois que la peine sera faite et passée tout entière, et quand par Dieu ces moyens te seront donnés, et par la grâce entrés dans tes habitudes : alors il ne fait aucun doute pour moi que tu seras purifié non seulement du péché, mais aussi de la peine du péché. J'entends bien : de la peine particulière attachée à tes péchés personnels et déjà commis, et non pas de la peine du péché originel. Car celle-là pèsera sur toi jusqu'au jour de ta mort, actif autant que tu le sois. Car de ce péché originel vont naître chaque jour de frais et nouveaux appels de péché, lesquels il te faudra chaque jour abattre et combattre toujours et trancher à coups terribles de l'épée double et acérée de la discrétion. À quoi tu pourras voir et apprendre qu'il n'y a point de quiète sécurité, ni non plus aucun vrai repos en cette vie.* »

Ce monde, celui de l'état post-adamique, est le monde de la dualité. Aussi, la nostalgie de l'unité, dont chacun a le souvenir comme d'un état perdu auquel il aspire, ne doit pas nous faire perdre de vue que l'économie actuelle de notre réalisation est placée sous ce signe de la dualité.

C'est pourquoi, la Tradition juive n'hésite pas à proclamer ce paradoxe: « *Au sein de la Création, l'unité est principe de malédiction, et la dualité principe de bénédiction* » (Bereshit Rabba F-14).

Ce à quoi Pascal fait écho en affirmant (Pensées n°498) : « *La plus cruelle guerre que Dieu puisse faire aux hommes en cette vie est de les laisser sans cette guerre qu'Il est venu apporter.* »

Dans son étude sur les armes symboliques[104], René Guénon observe le caractère récurrent des deux tranchants de l'épée, de la double hache, du marteau de Thor, du maillet, ou des flèches à deux pointes qui renvoient au pouvoir de production et de destruction, à la lutte extérieure et intérieure, aux principes complémentaires du *Yin* et du *Yang*, à *solve et coagula*, aux deux phases de l'*inspir* et de l'*expir* universels, mais plus généralement encore, à la condition

---

[104] *Symboles de la science sacrée*, pp. 170-174.

duelle de la manifestation dans laquelle l'humanité est plongée. Condition que l'homme peut sans doute – comme le moine – dépasser en se reliant au Principe transcendant unique, mais dont la négation est à la source de toutes les utopies totalitaires modernes.

6. Pax in bello

Car l'antagonisme est la loi nécessaire de ce monde, et la flèche ne s'envole que par le jeu de forces qui opposent la corde et le bois de l'arc.

Tous les contes nous disent que le dragon qui semble s'opposer à la marche du preux chevalier vers son but – le trésor, la belle ou le Saint Graal –, ce dragon, l'obstacle apparent, est en réalité le chemin qui conduit au but.

Certes, d'un certain point de vue, ces temps d'après la chute sont mauvais, et tant de chutes ont succédé à celle de notre père Adam : celle du premier meurtre d'Abel par Caïn, celle des géants fils des anges et des filles des hommes, celle de Babel qui vit la fin d'un langage commun entre les hommes, celle de Sodome et Gomorrhe, celle de la fin de la prophétie au sein du peuple élu, et tant d'autres.

« *L'histoire prouve malheureusement que la guerre est l'état habituel du genre humain dans un certain sens, c'est-à-dire que le sang humain doit couler sans interruption sur le globe, ici ou là ; et que la paix, pour chaque nation, n'est qu'un répit.*[105] »

Toutes les Traditions parlent de ce temps comme de l'âge sombre, l'âge de fer, l'âge du loup, le *Kali-Yuga* – le temps de Kali la déesse destructrice –, celui des "derniers temps" dont parle la Bible… Mais il ne faut pas se plaindre d'être plongés dans ce temps d'endurance, celui des combats difficiles.

---

[105] Joseph de Maistre, *Considérations sur la France*, 1796. L'Église militante est dans le monde. Jésus compare l'Église à un filet de pêche où, à la fin, les bons poissons sont séparés des mauvais ; Dans la parabole, il l'évoque comme un champ où le bon grain et l'ivraie poussent ensemble et ne seront triés qu'à la moisson. Rêver d'une Église en paix est une illusion.

D'abord parce que : « *la guerre est divine en elle-même puisque c'est une loi du monde.*[106] »

Ensuite parce que l'avantage des temps difficiles est de ne donner aucune illusion sur la nature du temps et de ce monde. D'autre part, notre présence, ici et maintenant, ne peut être aussi que providentielle puisqu'il n'a pas plu à la Providence de nous placer ailleurs. Remercions-la, serviteurs inutiles, de l'honneur qu'elle nous fait : c'est aux endroits les plus dangereux de la bataille que sont placés les corps d'élite ; il n'y a pas à rêver d'être ailleurs, mais à tenir notre place, au créneau qui nous a été octroyé.

Puisque cet état de guerre est nécessaire, il faut donc bien y établir sa demeure ; si telle est la volonté divine, nous devons bien pouvoir y trouver notre Paix. Pour une pensée myope, le combat exclut la paix ; et pourtant ne doit-on pas toujours, pour recouvrer la paix, mener une guerre au chaos ?

« *La paix, nous l'aurons au bout de nos lances !* », s'écriait Jeanne d'Arc. La paix ne saurait être dans ce monde ni un droit, ni un acquis, mais une conquête toujours à reprendre.

Dès lors se pose cette question qui est au centre de l'initiation chevaleresque : est-il possible de trouver son centre au milieu des tensions, d'être stable dans la bataille ? Est-il possible de "chevaucher le tigre" sans être dévoré, comme le préconise Julius Evola ? Oui, peut-être, si l'on connaît la vraie nature de cette guerre qui est actualisation des grands combats cosmogoniques et théogoniques, ceux des dieux et des titans, des anges et des démons, que tous les mythes fondateurs placent à l'origine et à la fin de la Création. Car c'est au ciel même, où s'illustre le *Deus Sabaoth*, le Dieu des armées célestes, que s'enracine le modèle archétypal de la chevalerie.

Alors on comprendra que l'histoire des hommes et l'histoire de la chevalerie ne font qu'un, ou comme l'écrit Gérard de Sorval :
« *L'histoire du monde commence par la lutte des milices célestes contre*

---

[106] Joseph de Maistre, *Les Soirées de Saint-Pétersbourg*, 1821.

les légions infernales, elle se poursuit par la garde vigilante d'un archange à l'épée flamboyante à l'entrée du paradis perdu, et elle s'achève pour toute âme, par la rencontre à sa mort, de l'archange, tenant la balance et l'épée du jugement.[107] »

La guerre sainte comme l'autre, celle qui ne l'est pas, durera autant que durera l'histoire de la manifestation du monde ; mais comme le monde a une fin – c'est à dire probablement un achèvement et de toute façon, une finalité –, la guerre aussi finira ; et la voie héroïque n'est qu'une voie transitoire.

« *En ce monde, vous faites l'expérience de l'adversité, mais soyez pleins d'assurance, j'ai vaincu le monde* », dit le Christ (Jean XVI 33). L'expérience de l'adversité est une phase nécessaire, mais non ultime. C'est pourquoi, le christianisme, comme toute orthodoxie traditionnelle, subordonne le temporel au spirituel, et l'action à la contemplation, Léa à Rachel[108] et Marthe à Marie.

« *Marthe, Marthe, dit le Christ, tu t'inquiètes et tu t'agites pour bien des choses, alors qu'il n'est besoin que d'une seule. C'est Marie qui a choisi la meilleure part : elle ne lui sera pas enlevée* » (Luc 10 41-42).

Mais pour autant Marthe est loin d'être privée des secours de la Providence.

7. *L'héroïsme divin*

Dans ce contexte, la venue du Messie se produit bien « à la fin des Temps ». Non pas comme nous l'insinue une catéchèse anti-traditionnelle issue des spéculations progressistes de Joachim de Flore quand les hommes seront assez évolués pour saisir la portée du message chrétien ; mais au contraire dans les bas-fonds de l'humanité déchue. Rappelons que la liturgie situe la naissance du Sauveur au solstice d'hiver, à la mi-nuit de la nuit la plus longue…

---

[107] *Travaux de Villard de Honnecourt*, n°16, p. 28.
[108] Cf. la note de René Guénon sur les deux femmes de Jacob, pp.117-118, in *Autorité spirituelle et pouvoir temporel*.

Sans cette perspective historique ou l'héroïsme du Dieu incarné est plus fort que l'infidélité des hommes, l'intérêt du christianisme pour le « pauvre », la brebis égarée, le fils prodigue, le borgne, le boiteux, le percepteur, le pêcheur, le criminel justement condamné à mort, – c'est-à-dire pour ce qui reste de l'homme le plus déqualifié –, sans cette perspective, cette « préférence pour les pauvres » est incompréhensible, ou plutôt relève d'une perversion des valeurs que Nietzsche a justement fustigée. Si elle n'est pas une façon de permettre que se révèle, par la geste héroïque du Sauveur, la ruse et la force absolue de la Transcendance, la misère humaine n'a aucun intérêt. Et la complaisance pour elle relève d'un misérabilisme morbide.

La « justification » possible de la misère de l'homme, c'est de glorifier la Toute-Puissance de Dieu et l'héroïsme de Jésus Christ. *« Je me vanterai surtout de mes faiblesses afin que repose sur moi la puissance du Christ »* (S. Paul, Corinthiens, XII, 9).

8. *L'Espérance et les espoirs*

L'Incarnation et la Rédemption inaugurent un temps paradoxal, car en un sens depuis la Résurrection du Christ tout est joué : la porte du Ciel est ouverte, spirituellement la victoire est acquise.

Mais d'un autre côté, visiblement, la Jérusalem céleste n'est pas encore descendue, les loups continuent à dévorer les agneaux et l'entropie, le désordre, continuent leur course à l'abîme.

C'est le temps de la foi, la parenthèse où le salut est déjà là, mais encore invisible, sinon à travers le témoignage des martyrs, des héros et des saints. C'est le temps de la Patience de Dieu, le temps de l'épreuve des hommes ou le « bon grain » pousse avec « l'ivraie » (Mathieu, XIII, 25) auquel il ne faut espérer d'autre issue que celle de la Jérusalem céleste. La seule issue à la chute dans l'histoire est l'Apocalypse, c'est-à-dire la Révélation du sens de cette histoire dans sa fin et son dépassement.

Toutes les traditions l'affirment, cette Révélation viendra quand l'homme sera tombé au plus bas de sa déréliction ; et non pas comme nous le serinent nos curés quand, en retroussant ses manches, l'humanité aura bâti « *un monde plus juste et plus fraternel* ». La Jérusalem céleste « *descend du Ciel* », elle n'est pas œuvre humaine.

Les hommes ne peuvent que bâtir des temples reproduisant la création et préfigurant le dernier Temple, celui de l'Agneau immolé. Mais ces temples précaires, ces bulles d'ordre dans un univers de la chute, sont eux aussi destinés à passer. Un certain pessimisme sur nos œuvres est la seule façon d'éviter l'alternance cyclothymique des illusions et des désespoirs.

Faut-il pour autant renoncer à agir parce que les temps seraient mauvais ? Parmi ces vocations, certains sont appelés à la contemplation, d'autres à témoigner de la vérité par l'action et le combat. Certes la fonction de *kshatriya* (guerrier) est subordonnée à celle du brahmane (clerc contemplatif), comme celle de Marthe l'est à celle de Marie, mais pour maintenir l'ordre du monde – même à travers la chute – cette fonction est irremplaçable.

D'ailleurs, que nous soyons situés à la fin du Kâli-Yuga, dans le temps le plus sombre de l'âge de fer, ne nous relève en rien de nos devoirs d'état. Si les chevaliers ne guerroient pas, qui protégera la veuve et l'orphelin ? Nous avons des devoirs vis-à-vis de notre cité ; et plus elle est à mal, plus nous avons de devoirs vis-à-vis d'elle, c'est-à-dire vis-à-vis des nôtres et de nous-mêmes.

Nos « chances » – chance est un bien mauvais mot – de parvenir, dans la post-modernité, à rétablir une société éthique, ordonnée, communautaire et hiérarchique, sont minces, penseront les « marchands » qui calculent... Mais nous avons pourtant les mêmes devoirs qu'une mère de famille qui cuisine avec ce qu'elle a ; même en temps de disette il faut quand même nourrir sa famille.

La cité est de cet ordre, et il faut en tout temps prendre parti pour le moindre mal, combattre pour ces biens relatifs en gardant à l'esprit qu'ils sont les symboles hiérophaniques du Souverain Bien. Et ces biens relatifs ne sont pas rien !

Et même si, au plan temporel, tout espoir nous était ôté, notre devoir d'état resterait le même et nous ne pourrions sans déchoir et être réduits à l'état « d'individus » mettre la lumière sous le boisseau.

Que seraient des guerriers qui n'accepteraient de combattre que dans des conditions de relatif confort pour une victoire temporelle certaine ? Je dis « victoire temporelle », car la victoire spirituelle, elle, est certaine puisque déjà acquise...

Les créneaux sur lesquels nous sommes placés sont sans doute périlleux ; mais nous y avons été placés providentiellement. Pouvons-nous refuser d'y combattre ?

D'ailleurs, qui peut nous retirer cet espoir de société traditionnelle quand nous avons vu en plein âge de fer s'épanouir le miracle médiéval de la chrétienté, avec S. Bernard, les cathédrales et le roi très chrétien ? Jeanne d'Arc est possible puisque Jeanne d'Arc s'est déjà manifestée.

Sans doute rien au temporel n'est jamais définitivement acquis ; et les temples que les hommes construisent sont destinés tôt ou tard à être détruits. La cathédrale de Reims sera détruite un jour, d'une façon ou d'une autre, mais nous l'avons bâtie en plein Kâli-Yuga et nous en jouissons encore et rien ne nous dispense de la restaurer.

Mais la pastorale de nos curés qui prêchent exclusivement l'Amour et le Bonheur promis à l'Église triomphante, alors que nous nous débattons dans le combat, celui de l'Église militante, cette pastorale ne correspond en rien à ce que vivent les fidèles. Elle prend le goût, parfois écœurant, des confitures trop sucrées. La veille de la bataille, ce sont les ennemis qui, pour décourager les troupes, font de la propagande sur la douceur du foyer ou le désir de repos. Ne serait-il pas plus pertinent de prêcher avec S. Paul qu'il faut courir "avec endurance l'épreuve qui nous est proposée" ? (Hébreux, XII-1/4).

VI. LE RETOUR DES « CLERCS » ET LA RELIGION PROMÉTHÉENNE

Que signifie Prométhée pour l'homme d'aujourd'hui ? On pourrait dire sans doute que ce révolté dressé contre les dieux est le modèle de l'homme contemporain et que cette protestation élevée, il y a des milliers d'années, dans les déserts de la Scythie, s'achève aujourd'hui dans une convulsion historique qui n'a pas son égal. »

Albert Camus
Prométhée aux Enfers, 1946

Au moment où sont proclamées la sécularisation et la désacralisation de la société, défendre la permanence des clercs, leur importance grandissante et le développement d'une religion dominante possédant les caractères du sacré, semblera paradoxal. C'est pourtant l'objet de ce qui suit.[109]

1. *l'Ordre des clercs et la tripartition sociale*

Comme nous y avons déjà fait allusion au chapitre V au sujet des trois Ordres, nous reprenons ici le postulat d'une organisation trifonctionnelle de la société. Ainsi peut-on observer l'existence d'une couche sacerdotale comme constante des sociétés humaines

---

[109] J'avais rédigé cette communication pour un colloque sur "Le retour du sacré" organisé par l'Université des Sciences Humaines de Strasbourg en 1974. Elle est un peu datée dans ses références et par sa déférence envers le structuralisme. J'avais nommé prométhéisme l'ensemble sous-jacent des idéologies anthropocentrées qui semblaient remplacer les religions théocentrées. Je maintiens l'analyse en termes religieux de ces idéologies alors hégémoniques. En revanche je croyais constater, après Vatican II, la disparition du clergé catholique ou son assimilation aux intellectuels du prométhéisme. Je préciserai en fin de chapitre en quoi, sur ce point, je nuance mon jugement.

dont la fonction consiste à situer les autres couches dans l'univers et dans l'histoire, couche religieuse – reliante –, manipulatrice de représentations, « productrice de sens ». Suivant les cultures, cette couche sociale que nous appellerons "les clercs", joue plus ou moins des rôles de poète, prêtre, médecin, prophète ou devin, mais globalement elle incarne une fonction spécifique et universelle. Nous nous appuierons sur les travaux de Georges Dumézil sur l'idéologie trifonctionnelle des indo-européens, et sur ceux de Roland Mousnier sur les Ordres sous l'Ancien Régime, pour définir une stratification sociale fondée non sur les rapports de propriété ou de revenus, mais sur les fonctions exercées dans la société :

• L'Ordre des Marchands correspond aux producteurs, à la fonction d'administration des choses ; on l'appellera volontiers aujourd'hui bourgeoisie, technostructure, ou cadres économiques.

• L'Ordre des politiques correspond au gouvernement des hommes et à leurs affrontements pour le pouvoir ; ce sont les guerriers, la noblesse, et aujourd'hui le « pays légal » ou « classe politique ».

• L'Ordre des clercs exerce l'autorité spirituelle sur les représentations : ce sont les découvreurs ou manipulateurs de sens. Les intellectuels sont l'actuel avatar de cet ordre des clercs. Mais il en va des Ordres comme des « trois mousquetaires » : les trois groupes que nous considérons jouent un rôle d'encadrement de la société, encadrement idéologique, politique et économique ; et si on se tourne vers les « encadrés », attachés à des tâches serviles et déconsidérées, on pourra définir un quatrième Ordre, la caste des *sûdras* aux Indes, les serfs d'Ancien Régime, le prolétariat, et que nous appellerons « le Peuple ». Réduite à elle-même, cette dernière catégorie non « informée » par l'un des autres Ordres, correspondrait à ce qu'Oswald Spengler définissait comme le « fellah éternel ». Sans doute, à l'intérieur de chacune des trois grandes fonctions pourrons-nous distinguer de multiples stratifications : l'instituteur se distingue de l'artiste et l'étudiant du prix Nobel, mais une homologie de fonction autorise à les classer dans le même Ordre. Cette conception n'a d'ailleurs rien d'innovant et nous pourrions retrouver une inspiration proche chez Platon – philosophes, guerriers, tiers-état –, dans les « quatre Providences » d'Auguste Comte, ou même dans les trois instances – économique, politique et idéologique – d'Althusser.

On pourra s'étonner que nous élaborions une architecture de la société, similaire aux trois états de l'Ancien Régime ou aux trois « *varna* » des anciens Indo-européens : les brahmanes, les *kshatriyas* et les *vaishyas*, comme si la Nuit du 4 Août n'avait pas eu lieu.

Rassurons-nous, cette conception n'est pas la marque de l'amnésie, mais résulte de la supposition qu'une simple mesure juridique, même très solennelle, n'a probablement pas aboli une réalité sociale millénaire et probablement archétypale.

On pourrait comparer les Ordres à trois espaces ; à l'intérieur de chaque espace il peut se produire des modifications de contenu, la hiérarchie de ces espaces entre eux peut même être bouleversée, mais la structure du système reste la même. Ces modifications de contenu forment un spectacle polarisant l'attention, mais la structure « constitue » la réalité profonde de la société, réalité d'autant plus déterminante qu'elle s'impose discrètement, qu'elle reste l'objet d'un consensus implicite.

Pour « découvrir » ces relations topologiques, il faut se détacher du spectacle des polémiques internes aux Ordres. Ainsi Marx se détourne-t-il du spectacle des luttes économiques entre groupes de pression libre-échangistes ou protectionnistes, industriels ou agricoles, pour dégager la structure des classes économiques – propriétaires ou non-propriétaires des moyens de production. De même, dans l'espace idéologique, nous proposons-nous d'axer ici notre réflexion non pas sur les oppositions spectaculaires entre clercs – par exemple entre clercs chrétiens et clercs scientistes au XIXe siècle –, mais de mettre en lumière la relation entre clercs et non-clercs.

Dans cette perspective, il apparaît que le changement social – une révolution comme celle de 1789, par exemple – n'entraîne pas l'abolition de la tripartition sociale, mais tout au plus la modification du contenu de chacun des Ordres et celle de la hiérarchie des rapports entre ces trois Ordres.

L'intérêt d'une société ne coïncide certes pas avec celui de chacun des groupes qui la composent, mais chaque groupe tend à s'identifier avec l'ensemble de la société, à concevoir l'intérêt général proche de ses intérêts de groupe et à hiérarchiser la société suivant le critère – économique, politique ou idéologique – dans lequel il occupe une situation dominante. Selon les époques, un Ordre domine les deux autres, une stratification principale s'impose. Même quand le pouvoir temporel s'émancipe de la tutelle spirituelle, il ne supprime pas l'Ordre des clercs, il le soumet et l'intègre dans la structuration politique – par exemple dans l'anglicanisme. De la même façon, après Auguste Comte, l'économiste Schumpeter avait remarqué combien la bourgeoisie, dédaignant les fonctions politiques, abandonnait volontiers celles-ci aux membres de l'ancien ordre féodal – la république des Ducs – ou aux juristes issus de la sélection du système de la « méritocratie ». Adolphe Thiers n'est pas un grand négociant, mais un petit avocat d'humble origine. La médiation de la couche spécifique des « politiques » reste donc nécessaire aux « marchands » comme leur est nécessaire la légitimation par un groupe de clercs – les philosophes au XVIIIe siècle ou l'exaltation des « entrepreneurs » par le Saint-Simonisme, par exemple. Aussi, 1789 peut être considéré comme le moment où la structuration de la société par classes économiques s'impose aux dépens de la structuration religieuse et politique : l'égalité formelle, l'abolition légale des Ordres, ne laisse subsister que les inégalités économiques qui ont moins besoin de sanctions légales ou coutumières pour s'imposer. Mais l'instauration d'une société fondée sur les classes économiques n'abolit pas réellement les stratifications fondées sur le pouvoir politique ou l'autorité spirituelle. Elle réduit ces stratifications à des moyens au service de la structuration dominante.

Lorsque l'ordre des politiques dominait, les groupes économiques lui étaient asservis : la réussite économique du bourgeois enrichi impliquait un changement qualitatif, l'anoblissement, le passage au service de l'État par l'achat de charges – comme, au Moyen-Âge, la tonsure pouvait être un mode de promotion sociale.

De la même façon, dans la société marchande, on parle de « philistins » et « d'intellectuels organiques », on a dénoncé l'Église au service des « nantis » et les marxistes analysent l'État comme le « fondé de pouvoirs » de la bourgeoisie. Ces expressions peuvent se comprendre si l'on entend par là que la culture, l'Église ou l'État se trouvent dominés par la structuration économique, mais elles ne sont qu'une réduction illégitime si elles nient une certaine marge d'autonomie, c'est-à-dire la capacité d'une stratégie sociale propre aux clercs et aux politiques.

Pour les clercs, cette autonomie est facilitée par la relative indifférence des marchands en matière idéologique : les mêmes intérêts économiques peuvent se concilier successivement avec un cléricalisme paternaliste – « la religion pour aider les pauvres à supporter leur condition » – et avec l'anticléricalisme de clercs laïcistes de la IIIe République. Aujourd'hui, l'idéologie révolutionnaire peut bien dominer dans les universités ou même, peut-être, constituer l'idéologie dominante tant qu'elle ne vient pas troubler les rapports de production et la vie économique. Au besoin, s'il y a là une source de profit à court terme, les « marchands » facilitent la propagation de cette idéologie.

Ce n'est donc pas seulement une différence de fonctions sociales qui distingue les clercs et les politiques des marchands, mais encore des rationalités propres et des autonomies relatives pouvant durablement coexister. À aucun moment les clercs ne se réduisent au rôle d'amuseurs et de justificateurs des marchands : à ce propos, la notion de culture bourgeoise nous paraît très ambiguë. Sans doute, les clercs, producteurs de la culture, doivent-ils tenir compte de la classe économique dominante comme consommateurs privilégiés de leur production. Mais il faut constater combien le monde de la culture est massivement en réaction contre celui des marchands. On pourrait accumuler les exemples : de Baudelaire ou de Balzac – *La Comédie Humaine* comme critique monumentale de la société industrielle naissante – à Max Frisch, la critique de la société bourgeoise est constante.

La culture « humaniste » est aussi souvent qualifiée de « bourgeoise » ; or il est clair que la bourgeoisie ne fait qu'hériter par ces « humanités » de la culture cléricale et antique, dont elle continue à perpétuer, avec plus ou moins de bonheur, les valeurs – c'est-à-dire, à en subir encore le prestige, la domination idéologique. Non seulement la bourgeoisie – au sens de caste économique dominante – n'est pas une couche productrice de culture, mais la culture dominante est en partie l'arme que les clercs retournent contre elle.

2. La dynamique des Ordres dans la société occidentale

Après avoir défini et affirmé la permanence et l'irréductibilité de la structure par « Ordres », je voudrais brosser une brève esquisse de l'histoire des variations de cette structure. Sans prétendre, après tant d'autres[110], bâtir une philosophie de l'histoire. Il ne me paraît pas trop imprudent de montrer comment la domination est passée en Europe occidentale de l'autorité spirituelle au pouvoir politique, et du pouvoir politique à la domination économique. Jusqu'à la Renaissance, dans la chrétienté, la logique des clercs – sinon les clercs eux-mêmes – occupe une position dominante qui se marque par la référence explicite de la plupart des activités humaines à la religion. Cette domination ne s'exerce pas sans tensions, ainsi que le révèlent la querelle du Sacerdoce et de l'Empire, celle des guelfes et des gibelins, ou la « gifle d'Anagni ». Mais progressivement, le pouvoir temporel va contester la suprématie des clercs, non seulement dans son domaine propre – c'est le sens, par exemple, de l'œuvre de Machiavel –, mais dans le domaine spirituel des clercs par la Réforme, le schisme anglican, ou plus discrètement par le gallicanisme. « *Cujus regio, ejus religio* » est le principe de ces religions d'État, religions "au service" des politiques. Les statues de "*condottieri*" remplacent les fresques de saints.

Cependant la domination des politiques sans légitimité – sans appui sur une autorité spirituelle incontestée – est fragile et bientôt

---

[110] En particulier Giambattista Vico qui dans la *Scienza Nuova* décrit les trois phases historiques : l'âge des dieux, l'âge des héros et l'âge des hommes.

s'annonce la domination des marchands, dont les principes de 1789 assurent le fondement juridique et que les théoriciens libéraux ou technocratiques viendront justifier : le projet de Saint-Simon de remplacer le gouvernement des hommes par l'administration des choses, est à cet égard, assez révélateur.

Mais tout changement social qui voit un nouvel Ordre dominer, s'accompagne d'une modification à l'intérieur des deux Ordres dominés. Ainsi, la domination de l'Ordre des politiques s'est-elle accompagnée d'une scission chez les clercs, une partie d'entre eux – les légistes, le clergé anglican ou réformé, les prélats gallicans – rejoint le camp du pouvoir temporel. De même, la domination par les marchands s'est préparée et a été accompagnée par l'action idéologique des philosophes ou des clercs de la laïcité, il y a un siècle. Les phénomènes sociaux restent toujours tridimensionnels : aussi les politiques ont-ils besoin de l'alliance d'une fraction des clercs et des marchands pour dominer, comme les marchands se servent d'une partie des clercs et des politiques pour encadrer à leur profit la société, comme le clergé le plus "théocratique" a dû s'appuyer sur la médiation de politiques et de marchands.

Dans ce cadre, et si l'on se place du point de vue de l'instance idéologique, on pourra interpréter l'histoire religieuse, intellectuelle et culturelle de la société, comme l'histoire de son clergé. Dans cette perspective, on constatera que depuis la « Réforme », une fraction des clercs s'est séparée de l'appareil de l'Église, ou est entrée en lutte d'influence avec le clergé romain. À la concentration des fonctions intellectuelles, éducatives, artistiques, judiciaires – et même quelquefois, administratives, économiques et militaires – dans l'Église romaine, succède une autonomie de ces fonctions, exercées de plus en plus par des clercs organisés en professions libérales. Parallèlement la culture se dissocie de la religion et, comme l'a montré André Malraux dans la trologie de "la métamorphose des dieux", les références à la nature remplacent les références à l'au-delà, puis les références à l'imaginaire.

Dans une période de « désintégration » culturelle, la science, l'art, la politique, l'enseignement deviennent à eux-mêmes leur propre fin. Une série de crises va opposer les clercs « émancipés » aux clercs romains : querelle de l'humanisme, querelle du libre-examen, querelle des libertins, querelle des « philosophes », querelle de la laïcité ; autant de luttes entre les clercs des deux obédiences.

Les clercs romains, après avoir disputé le contrôle idéologique de la cité, tentent au début du XXe siècle d'organiser une contre-société en doublant systématiquement les institutions qu'ils ont dû abandonner : c'est la structure « Peppone/Don Camillo », l'organisation de la résistance de l'appareil idéologique de la paroisse face à celui de la commune.

À partir de la deuxième moitié du XXe siècle (Vatican II), il semble que de nombreux clercs romains abandonnent leur position pour se réintégrer dans la culture des clercs « émancipés » : de nombreux prêtres aspirent plus à jouer les animateurs culturels, politiques ou syndicaux, qu'à maintenir des institutions ecclésiales qui ont perdu une grande part de leur prestige.

On me pardonnera de m'être lancé dans cette fresque historique trop hâtive, qui ne saurait remplacer le travail spécifique de l'historien. Cela m'a semblé nécessaire pour mieux faire comprendre le concept de « clerc », et pour évoquer dans son relief temporel la réunification des clergés qui semble s'opérer aujourd'hui, et qui est peut-être la condition d'une nouvelle forme de « cléricalisme ».

3. *Structure du fait religieux*

Arrivé à ce point de la démonstration, nous avons conscience de la limite de notre approche en termes de structure de fonctions. On objectera, en effet, que pour parler rigoureusement de clercs à propos des couches sociales qui encadrent idéologiquement la société contemporaine, il faut que ces couches intègrent, unifient ces différentes fonctions idéologiques dans une vision à proprement parler religieuse du monde, comme le faisaient les anciens clercs ; mais d'autre part, on ne peut contester la sécularisation de notre société sans en contester la désacralisation.

La solution la plus simple serait, bien-sûr, d'esquiver le problème en assimilant purement et simplement les idéologies contemporaines à des religions, parce qu'on peut déterminer un grand nombre d'analogies dans leurs manifestations et leurs effets sociaux. Nous suivions de cette façon les historiens qui, depuis Tocqueville et Michelet, assimilent la Révolution française à une église, les sociologues qui, avec Gustave Le Bon, Durkheim, Jules Monnerot ou Raymond Aron montrent la ressemblance avec la religion de phénomènes comme l'attente millénariste d'un paradis social, le culte de la personnalité ou d'un « livre saint », ou l'exaltation des militants[111]. Dans *l'Opium des intellectuels*, Raymond Aron répondait à l'objection de l'absence de transcendance ou de sacré dans les idéologies : « *On peut définir la religion de telle sorte qu'elle embrasse les cultes, rites et passions des tribus dites primitives, les pratiques du confucianisme, et les sublimes élans du Christ ou de Bouddha...* » (p. 275).

Pour notre part, nous ne voulons pas adopter une conception si large de la religion, et s'il faut, comme le recommande Talmon dans *Les origines de la démocratie totalitaire*, « *traiter la religion laïque comme une réalité objective* », il faut d'abord définir la nature spécifiquement religieuse de celle-ci. Pour ce faire, il faut nous risquer, après tant d'autres, à définir ce qui constitue véritablement une religion dans ses traits les moins contestables, c'est-à-dire, en écartant les questions controversées de l'origine, de l'évolution des fonctions sociales de la religion, et de ses rapports avec les différentes formes de culture.

Nous partirons de la très classique définition de la religion par Durkheim : « *un système solidaire de croyances et de pratiques relatives à des choses sacrées, c'est-à-dire, séparées, interdites, et qui unissent en une même communauté morale tous ceux qui y adhèrent* ». Les analogies entre idéologie et religion en ce qui concerne les croyances, le

---

[111] Même un adepte de la laïcité militante comme l'ancien ministre de l'éducation nationale, Vincent Peillon, considère la Révolution comme une religion.

rituel et l'organisation, sont évidentes ; le problème se pose sur le point du rapport aux choses sacrées, qui est le noyau de la définition durkheimienne. Les ethnologues ont montré que dans toutes les sociétés, des êtres, des animaux, des objets, des mots, des espaces ou des temps, étaient l'objet d'un respect spécial ; ces objets sacrés sont présentés comme la manifestation dans ce monde, la hiérophanie, d'un autre monde, l'au-delà.

La religion est ce qui relie les deux pôles de la dualité, et elle suppose comme condition nécessaire de la communication, une première césure entre le monde d'au-delà et le monde d'ici-bas. Mais, d'autre part, une transcendance absolue, une séparation totale entre les deux mondes serait la négation de toute religion. Aussi la dualité de l'au-delà et de l'ici-bas, exige-t-elle la médiation d'un troisième monde par redoublement de la césure, soit au sein de l'au-delà – c'est la révélation, l'incarnation d'un agent divin, ou le prophétisme –, soit le plus souvent au sein du monde d'ici-bas dans lequel la séparation d'un certain nombre d'objets (par le sacrifice, les tabous, le "sacerdoce"...) définit deux domaines : le sacré et le profane.

En ce sens toute religion comporte une part d'immanence et une part de transcendance. La dualité entre le monde d'au-delà et celui d'ici-bas est « résolue » par la médiation d'un troisième terme, le sacré ici-bas. Comme l'analyse Georges Bataille (*Théorie de la Religion*) le sacrifice est une rupture de la rupture ; mais cette définition pourrait être attribuée à l'ensemble du sacré ici-bas. Ces deux césures sont la structure même de la religion et c'est pourquoi tous les passages de la vie humaine – naissance, mariage, mort, passage d'un âge à l'autre, initiation, changements de règnes – sont l'objet des rites religieux.

À ces deux césures correspondent deux ambivalences. La première ambivalence est celle qui caractérise l'au-delà auquel on aspire, mais qui est redouté, faste et néfaste, fondement de l'ordre et source de chaos, pur et impur... Cet aspect dangereux de l'au-delà ne caractérise pas seulement les forces du chaos – Titans, démons, furies, harpies, succubes et autres vampires –, mais aussi le divin : à

Dius Fidus correspond le Jupiter Tonnant, au Dieu d'amour le Dieu de justice qu'il faut craindre et dont les juifs ne pouvaient prononcer le nom ; même le Christ du Jugement dernier séparant les élus des damnés présente ce caractère ambivalent. La seconde ambivalence concerne le sacré ici-bas qui est à la fois barrière et passage. Le sacré est la « porte étroite » qui clôt et qui ouvre le monde profane sur le monde d'au-delà. Les sociologues ont plus souvent insisté sur la séparation, de nombreux théologiens sur le lien ; l'un ne va pas sans l'autre, définissant des règles de communication assimilables à une syntaxe.

4. Les fondements de la religion prométhéenne

Or, à la première analyse, la pensée des nouveaux clercs se caractérise par la négation de l'au-delà – la « mort de Dieu » –, que cette négation soit le fruit d'une hyper-transcendance – Dieu des philosophes – ou d'une hyper-immanence – Dieu confondu avec le mouvement du monde.

De cette apparente négation de l'au-delà, nous concluons non pas à la désacralisation du monde moderne, mais au contraire à sa pansacralisation. La catastrophe que redoutaient les Gaulois est arrivée : le ciel nous est tombé sur la tête et cela fait beaucoup de dégâts. Suivant l'expression que Gurvitch utilisait pour qualifier les sociétés historiques qui ont conscience d'être "libres et responsables" de leur destinée, nous appellerons prométhéenne cette religion des nouveaux clercs, telle qu'elle s'exprime par exemple dans *la Foi d'un incroyant* de Francis Jeanson, ou *l'Alternative* de Roger Garaudy et dont nous allons définir les traits fondamentaux.

• LE DIEU CRÉATEUR, C'EST L'HUMANITÉ (ou quelque chose qui travaille dans l'Humanité). Francis Jeanson affirme son credo : « *Je crois qu'il n'y a ni Dieu ni Diable au-delà des hommes, ni Bien ni Mal, ni Vrai ni Faux [...] nous avons à exister selon nous-mêmes, à donner sens à notre vie en la vivant. Je crois que nous naissons innocents...* » ; il faut « *croire à l'éventuel triomphe de cette force prodigieuse qui ne cesse de travailler l'histoire des hommes et dont aucun d'entre eux ne dispose vraiment – et qu'il faut bien qu'on dise surnaturelle [...]*

La vraie foi consiste à parier que l'espèce humaine est capable d'incarner Dieu, de le réaliser, d'en finir avec Lui en inventant sa propre humanité. »

Dans sa réinterprétation prométhéenne du christianisme, Garaudy déclare : « *Dieu est en nous : il est le pouvoir de transformer le monde* » ; l'homme possède « *cette liberté nouvelle et radicale* », « *participation à l'acte créateur [...] Croire à la résurrection, ce n'est pas adhérer à un dogme* », mais « *participer à la création sans limite* ».

D'ailleurs, l'affirmation par les nouveaux clercs que les cosmogonies – combats qui permettent la création – ne sont que la projection fantasmatique de l'humanité (Feuerbach, Marx, Nietzsche, Durkheim...), n'est-elle pas une façon encore timide, d'affirmer que l'humanité est le lieu réel de la cosmogonie. L'homme n'est plus cette créature qui se rattache au divin en reproduisant ici-bas, imparfaitement, l'Acte archétypal du Verbe créateur, le modèle de la création « *in illo tempore* » ; il est le Créateur-même, développant toute sa puissance « *hic et nunc* ». Et, suivant le schéma de l'émergence de l'esprit de Hegel, ou la théorie du travail chez Marx, par sa création, l'humanité est en train de dégager sa propre divinité. Le dieu s'engendre par sa création.

Très lucidement, Georges Bataille tirait les conséquences de la négation de l'au-delà, et de l'incarnation dans l'homme de la puissance sacrée : « *Une telle disjonction du sacré et de la substance transcendante ouvre un champ nouveau [...]. Dieu représentait la seule limite s'opposant à la volonté humaine. Libre de Dieu, cette volonté est livrée nue à la passion de donner au monde une signification qui l'enivre. Celui qui crée, qui figure ou qui écrit ne peut admettre aucune limite à la figuration ou à l'écriture [...], il ne peut pas se dérober devant cet héritage de la puissance divine qui lui appartient* » (*Le Sacré*).

De même, Foucault fait aussi cette analyse : « *La mort de Dieu, en ôtant à notre existence la limite de l'Illimité, la reconduit à une expérience où rien ne peut plus annoncer l'extériorité de l'être, à une expérience, par conséquent, intérieure et souveraine. Mais une telle expérience, en laquelle éclate la mort de Dieu, découvre comme son secret et sa lumière, sa propre finitude, le règne illimité de la Limite* » (*Critique*).

L'Humanité-Dieu se trouve donc plongée dans un monde de la limite et aliénée par lui, ce qui nous amène à définir le second principe de la religion prométhéenne :

- CE MONDE EST UN CHAOS. Dans son credo, Francis Jeanson nous montre le monde sans ordre, un monde d'affrontements, de colères des victimes contre les bourreaux, c'est le règne de l'injustice et de l'hypocrisie des morales qui démoralisent les hommes et des religions qui les corrompent. Cette vision du monde est analysée sur des modes différents par Raymond Aron dans *Les désillusions du Progrès* et par Louis Pauwels dans sa *Lettre ouverte aux gens heureux*, qui ont montré le procès systématique que les clercs faisaient à la société occidentale. Mais, par-delà les tares et les insignifiances de la société industrielle qui n'est elle-même qu'un de ses sous-produits, le prométhéisme fonde sa critique du monde sur ses structures religieuses-mêmes.

Lorsque Marx écrit « *Cet État, cette société produisent la religion, conscience inversée du monde, parce qu'ils sont eux-mêmes un monde à l'envers.* » La religion « *est la réalisation fantasmatique de l'être humain parce que l'être humain ne possède pas de vraie réalité* […]. *C'est donc la tâche de l'Histoire, après la disparition de l'Au-Delà de la vérité, d'établir la vérité de ce monde-ci.* » (*Critique de la philosophie du droit de Hegel*), il n'affirme pas seulement que l'au-delà est une illusion, mais il proclame également que l'être humain, pour trouver sa réalité, doit lutter contre ce monde à l'envers où la vérité n'est pas.

La mort de Dieu, en déchargeant l'homme de la responsabilité du péché, l'amène à traquer le Mal dans ce monde de désordre, cela aboutit à une conception « gnostique » (gnose dualiste) de la création que Nietzsche voyait comme « *l'œuvre d'un dieu souffrant et tourmenté* » (*Ainsi parlait Zarathoustra*). La thèse du rattachement de la religion prométhéenne au courant « gnostique », « *ce procès monumental entamé contre l'univers tout entier, l'immensité céleste, l'aliénation originelle de l'homme et la duperie des systèmes des institutions* »[112], a été défendue par Thomas Molnar ; nous ne faisons ici que l'évoquer.

5. Le Mythe originel de la religion prométhéenne

Même pour en faire le procès, il ne serait pas possible de dire quelque chose sur ce monde sans le situer, c'est-à-dire le confronter à une altérité : c'est la fonction que joue le mythe d'origine que tous les clercs ont développé.

- LE PARADIS DE L'AU-DELÀ PERDU

On va rechercher le paradigme de l'homme originel dans celui qui paraîtra le plus différent, le plus exotique, que par une conception linéaire de l'évolution historique, on baptisera « primitif ». La recherche par les rituels, d'un retour néguentropique à l'âge d'or est ainsi remplacée par la formidable expansion de l'Occident, sa transgression, tous les jours à reprendre, d'une limite toujours reculée. De Christophe Colomb aux cosmonautes, des puritains du Nouveau Monde aux pèlerins de Katmandou, l'homme prométhéen s'adonne à la quête désespérée des traces de l'au-delà dont il renie la présence ici-bas. Cette recherche dans l'altérité spatiale de l'altérité transcendante, qui caractérise un Byron, un Lawrence ou un Malraux, devient dans la vulgate et le rituel prométhéens – sous la forme des modes trotskistes, castristes, maoïstes, etc. – un exotisme révolutionnaire donnant facilement prise à l'ironie.

La recherche de l'*arkhantrôpôs* à travers l'homme exotique, une des traditions les plus suivies des clercs prométhéens depuis Montaigne jusqu'à Levi-Strauss, est à la source du mythe du « Bon Sauvage », ce test projectif d'une cosmogonie refoulée et l'archétype nécessaire pour transformer l'histoire en eschatologie. Même dans sa conception très sombre, le scientisme darwiniste du siècle dernier confirme la vision des philosophes du XVIIIe siècle : le « primitif » est cet homme d'avant la chute, dont les désirs coïncident avec les

---

[112] Jacques Lacarrière, *Les gnostiques*, réed. Paris, Albin Michel, 1994.

besoins, l'individu réconcilié avec la collectivité dans le « communisme primitif » en harmonie avec la Nature et avec sa nature, dans une promiscuité primitive « sans vaine morale et sans tabou de l'inceste » (Freud). C'est toujours ce Bon Sauvage que Wilhelm Reich prendra à témoin pour condamner notre misère sexuelle, ou dont Breton tentera de retrouver « l'état de grâce » dans les pratiques du surréalisme.

Cette altérité, cette transcendance, cette innocence du Bon Sauvage, chacun va la rechercher dans la condition la plus éloignée de son état : les citadins de l'aristocratie du XVIIIe siècle la projetteront dans la « simplicité » des bergers – ou dans le Huron ou dans Candide ; l'adulte dans « l'ingénuité » de l'enfant[113] ; l'homme dans la femme « plus proche de la Nature » (Comte, Michelet) ; le bourgeois dans l'artiste – d'autant plus génial qu'il est maudit de la société –, l'intellectuel dans l'aliénation même de l'ouvrier, et le chercheur en sciences humaines dans la folie du schizophrène (Deleuze et Guattari). Si, pendant une brève période, on n'a su que reléguer les fous dans l'insignifiance des asiles, tout le courant anti-psychanalytique, renouant avec les religions traditionnelles, a pu redonner au schizophrène sa place de prophète, au centre même du sacré prométhéen.

Mais ces avatars de l'Homme originel sont fragiles, et l'étude ethnographique, l'expérience de la paternité ou la confrontation avec des syndicalistes ouvriers, risquent de voir le mythe s'effondrer. Aussi, le plus sûr est-il d'établir le paradigme dans un espace inaccessible, non profanable, dans l'exotisme absolu de l'Utopie, quitte à incarner soi-même le « Bon Sauvage » dans les salons de la « république des lettres », les loges et les sociétés de pensée, les cellules de militants politiques, les cafés de Saint-Germain-des-Prés ou les séminaires d'Université, voire dans les séminaires – tout court.

---

[113] Cf. *l'Émile* ou la pédagogie non directive, ou le « spontanéisme » de la psychologie sociale américaine.

• L'Utopie, au-delà de la religion prométhéenne

On s'est souvent étonné de la concomitance entre la référence à la Nature dans la tradition rousseauiste – qui s'incarne aujourd'hui dans les idéologies écologistes, le culte de la spontanéité d'une partie du gauchisme, ou chez les théoriciens de la société permissive –, et l'horreur qu'inspire l'idée d'« ordre naturel » ou de « nature humaine » – par exemple chez l'auteur des *Enfants sauvages*, Lucien Malson.

On s'est demandé également comment on pouvait faire un tel usage de la notion d'aliénation, et refuser simultanément cette idée de « nature humaine », car l'altérité suppose l'être. La contradiction n'est qu'apparente : la Nature paradigmatique, ce n'est pas l'ensemble des lois auxquelles nous devrions nous soumettre, c'est l'altérité de la société – Nature/Culture ; ou plutôt, c'est notre monde qui est l'altérité absolue de la Nature. Aussi, refuser une « nature humaine » c'est affirmer l'espoir, en agissant sur notre pâte informe et malléable, de réintégrer la Nature authentique, de nous créer nous-mêmes comme « Homme total » ou « Homme générique » (Marx : *Les manuscrits de 1844*).

L'Utopie est le retour à cette « Nature » originelle par la suppression des contraintes de la nature sociale : « *Fais ce que voudras* » de l'Abbaye de Thélème. L'Utopie, c'est la Nature exilée et particulièrement notre nature de dieu libre.

La négation de l'au-delà, affirmée par la « mort de Dieu », n'est qu'apparente, car le prométhéisme, par l'Utopie, restaure l'au-delà nécessaire à la structure de toute religion. Il n'y a pas négation de l'au-delà, mais translation de l'au-delà, de Dieu, à l'idée que se fait l'homme de sa propre divinité.

Dans cette perspective, il ne faudrait pas envisager l'Utopie comme une réaction de conservateurs apeurés devant les bouleversements d'un millénarisme populaire, ce qu'affirme Jean Servier dans *Histoire de l'Utopie*, ni comme la simple poursuite dans un contexte d'humanisme laïcisé, du millénarisme, thèse de Thomas Molnar dans *l'Utopie, éternelle hérésie*. L'Utopie serait la restauration hors du christianisme, de l'au-delà, que les millénarismes de la fin du Moyen-Âge avaient aboli en confondant – est-ce par cléricalisme ? – la Jérusalem céleste et la Jérusalem terrestre.

Cela n'empêchera pas les sages utopies de l'âge classique, à partir de la fin du XVIIIe et surtout au XIXe siècle, d'être à nouveau gagnées par le démon millénariste, retrouvant des mouvements "chiliastiques"[114] médiévaux, la foi dans le dynamisme de l'Histoire, la mystique du Pauvre – le peuple, le prolétariat, les opprimés, le marginal, le « racisé » ou l'homosexuel prenant la relève du Pauvre, hiérophanie du Christ – et l'attente d'événements apocalyptiques comme passage nécessaire à la Parousie, mais conservant d'autre part des utopies anciennes ce caractère d'œuvre humaine exclusive de toute intervention divine.

Par le même mouvement dialectique, au sein du prométhéisme, la « Raison humaniste » devenue par sa millénarisation source de contraintes, sera au XXe siècle remplacée comme au-delà par la structure inconsciente qui, elle-même, de transgression en transsacralisation, pourra être remplacée par le jaillissement libre du cri d'Antonin Artaud, ou le rire dionysiaque de Nietzsche.

Car l'utopie n'est pas le Paradis, œuvre du Dieu créateur transcendant, elle est par excellence l'œuvre transcendante de l'homme, ce par quoi il peut se proclamer le Créateur. Elle est la création par l'homme de sa propre nature, dans un cosmos nouveau libéré des contraintes du monde chaotique du démiurge. Par cet au-delà qu'il construit, l'homme s'engendre comme Dieu et déloge de son trône le Tout-Puissant lui-même. Et sa perfection, l'Homme-Dieu la marque encore par la perfection de sa création.

Car si la religion prométhéenne diffère des religions traditionnelles, ce n'est pas dans la négation de l'au-delà mais dans la négation de l'aspect néfaste ou dangereux de l'au-delà. En effet, dans les religions traditionnelles, l'équilibre antagonique entre le faste et le néfaste, le providentiel et le dangereux, la tension entre le Dieu d'amour et le Dieu de justice constituaient le paradigme d'un Ordre

---

[114] Chiliasmes : foi en la prophétie d'une période de mille ans (« millénium ») avant la fin du monde, où les élus vivront dans un état paradisiaque.

ici-bas sous-tendant ce monde par-delà les bonheurs et les maux – ce que montrent tant de façades de cathédrales sur le Jugement dernier. Au contraire, la concentration d'une idéale perfection dans l'au-delà utopique, chante la gloire de l'Homme et accuse le chaos d'ici-bas. L'utopie est donc cette « gnose » qui permet de se distancier de ce monde, de lui échapper ; et, échappant à ce monde, elle permet de lancer à son créateur imparfait le défi de sa propre perfection. Liberté, Démocratie, Organisation spontanée, l'utopie prométhéenne face aux « bricolages » des mythes religieux traditionnels, déploie son harmonie et sa cohérence, révélant simultanément et la divinité de l'homme et la misère de son aliénation.

- L'ESCHATOLOGIE RÉVOLUTIONNAIRE

La reconnaissance d'un au-delà ne suffit pas à caractériser rigoureusement une religion – sinon le déisme de Voltaire en serait une : il faut encore qu'existent des règles de communication avec cet au-delà : au mythe cosmogonique de la Création, doit répondre une eschatologie, et des rites, traçant ici-bas un domaine du sacré et un domaine profane, qui permettent de médiatiser la séparation initiale. C'est donc la césure au sein de ce monde qui qualifiera le prométhéisme comme religion, et pas seulement la césure de l'au-delà et de ce monde-ci. La bipolarisation du monde nous semble un premier indice de cette césure ici-bas – chouans et bleus, blancs et rouges, droite et gauche. Dans chacune des tensions sociales, le prométhéisme va projeter la césure médiatrice : lutte des races, des classes, des sexes et des âges ; l'empire du Bien contre les forces du Mal.

Sans doute ces ruptures sont-elles perçues par les nouveaux clercs comme ambivalentes, comme est toujours ambivalent le sacré, mais les souffrances qu'elles provoquent sont censées libérer une extraordinaire énergie.

Si ce monde-ci est le lieu de la cosmogonie – c'est-à-dire une œuvre de séparation au sein du chaos –, il est le théâtre de la théomachie[115], de la grandiose séparation d'avec les forces du chaos. Les thèmes idéologiques sont redondants – meurtre du Roi, meurtre de l'Ancien Monde ne sont, après tout, que la reproduction des grands parricides cosmogoniques des Titans, de Cronos et d'Ouranos. Les parricides sont tout à la fois signe de chaos et de la création nouvelle. De la Nuit du 4 août au « Grand Soir », pas un des mythes révolutionnaires qui ne « représente » ce drame théomachique.

Aussi l'antagonisme, la contradiction, sont les moteurs mêmes du salut ; ou comme l'écrit Marx : « *L'échec du socialisme originel, la chute de l'homme dans la propriété privée, le profit, la lutte des classes, et toutes les tragédies, les crises, les catastrophes et les déchéances qui en proviennent, étaient chose nécessaire pour faire évoluer les forces et les moyens de production qui rendaient possible l'accès de l'homme à un nouveau palier humain où règnent la fraternité et la conscience de soi.* » Cette conception, que l'on retrouvera dans la plupart des philosophies progressistes de l'Histoire, philosophies à trois temps, montre l'aspect positif de la chute à la suite de S. Augustin – *Felix Culpa*, « *Ô faute bienheureuse !* » est-il chanté dans la liturgie pascale – conduisant l'homme à sa félicité : "l'âge métaphysique" est nécessaire au passage dans "l'âge positif" (Auguste Comte), et l'austère « galaxie Gutenberg » conduit au bonheur du village planétaire (Marshall Mac Luhan). Mais la négativité ne peut conduire à la Parousie qu'au prix d'une seconde rupture : la Résurrection suppose la chute du Péché originel, mais aussi la Passion du Christ. Dans la religion prométhéenne, c'est le moment révolutionnaire que Malraux qualifiait d'apocalyptique, qui jouera la fonction de seconde césure.

Ce thème est clair dans la vulgate marxiste : une première césure scinde l'unité du « communisme primitif » en classes sociales qui finalement se ramènent à deux classes antagoniques. Au sein d'une de ces classes, l'aliénation – rupture avec soi-même la plus fondamentale – va permettre de retrouver l'unité humaine.

---

[115] Théomachie : bataille entre les dieux ou entre les dieux et les titans.

Nous pourrions dégager un schéma semblable dans la tradition rousseauiste : à l'Homme originel, uni à la Nature et à sa nature, succèdent – première césure – deux éléments : la Nature et la Culture. Au sein de la Culture, la révolte contre les normes sociales, morales, sexuelles ou esthétiques au nom de la spontanéité apparaît comme le moyen de retrouver la Totalité de l'homme naturel.

À la fois déchirure et salut, la seconde césure a d'ailleurs ce caractère cathartique typique des religions de salut : la coïncidence paroxystique du pire et du meilleur pour "la lutte finale". « *Si le grain ne meurt* », annonce le Christ, la voie de la Résurrection reste fermée. Initiation, baptême – comme les rites du bizutage – sont des morts nécessaires à la naissance de l'Homme nouveau, et le thème de l'accouchement – la violence accoucheuse des sociétés – est à cet égard significatif. La mystique prométhéenne de la révolte, celle qui justifie toutes les déviances et transgressions, comme l'attente empressée de toutes les catastrophes chez les millénaristes médiévaux, ne peut se comprendre sans référence au mythe apocalyptique de la grande tribulation qui débouche sur la Parousie.

Nous arrêterons ici la description des traits de la religion prométhéenne. D'autres avant nous ont analysé l'aspect de rite festif de la révolution, ses fonctions individuelles pour le salut du militant et sociales par la restructuration de l'espace et du temps. Renonçons également à analyser ici l'évolution dialectique du prométhéisme – de la Raison à l'inconscient, du prolétariat aux marginaux et aux migrants, ou de l'homme à la structure –, ainsi que sa dimension psychagogique dont on devine les éléments à travers l'anti-psychanalyse ou l'idéologie non-directiviste – plus en fait que la pratique de la non-directivité.

Mais les traits que nous avons dégagés permettent d'affirmer rigoureusement le caractère religieux du prométhéisme, puisqu'il est bien constitué par la structure mythique de toutes les religions : deux césures et deux ambivalences. À la césure au-delà/ici-bas correspond la césure utopie/ce monde-ci aliéné ; à la césure du domaine sacré ici-bas, correspond la césure révolutionnaire, qui toutes deux présentent l'ambivalence d'être à la fois rupture et réunification dans la totalité, souffrance et salut. Sur le seul point de la première ambivalence, la religion prométhéenne s'éloigne des religions traditionnelles : ce n'est pas l'au-delà qui est le lieu de l'ambivalence ordre/chaos, c'est ce monde-ci. Ce point, qui caractérise la religion prométhéenne, s'explique par le fait que c'est ici-bas – et non dans l'au-delà utopique – que se trouve le lieu de la cosmogonie.

6. *La religion prométhéenne, idéologie dominante*

Je conclurai donc par le renouveau de la puissance des clercs, en constatant trois phénomènes :

– L'importance grandissante des clercs dans le fonctionnement de la société.

– La réunification des clercs et l'unification de la religion.

– La position d'idéologie dominante que prend la religion prométhéenne.

• Le poids social des clercs dans la société (les "intellectuels") s'est considérablement accru, et tout d'abord par l'importance donnée à l'école : on a assisté au double phénomène de l'allongement de la durée de la scolarité et de l'ouverture des niveaux les plus élevés de l'enseignement au plus grand nombre, la « démocratisation » de l'enseignement. Une part de plus en plus grande de la population, souvent coupée de la famille et de toute autre réalité sociale, est encadrée et modelée par les clercs pour des périodes de plus en plus longues. Les campus et les grandes classes apparaissent ainsi comme des réservoirs d'une masse de manœuvre – pas toujours docile, certes –, mais facilement mobilisable face à la société marchande. Il est probable que, même si les diplômés devenus jeunes cadres voient leur foi prométhéenne s'estomper, il leur reste encore de nombreux plis idéologiques et culturels de leur passage dans l'univers des clercs. De plus, par le biais de la formation permanente, les clercs pourront également s'insérer directement dans le processus de production. D'autre part, le développement de la société des loisirs permet le déploiement de nouvelles professions liées à l'animation – Maisons de la Culture, Maisons des Jeunes, Unions de quartiers, Ciné-Clubs, etc. – donnant aux clercs un nouveau champ d'encadrement.

En outre, le déracinement et la massification provoqués par la société industrielle, détruisent les sous-cultures traditionnelles, laissant seules, face à face, une culture de masse très pauvre, et la culture, autrement dit, celle des clercs. Enfin, dans leur combat contre la domination des politiques, les marchands, en instituant des régimes d'opinion, avaient en partie abandonné ce champ de la politique aux idéologies, c'est-à-dire, aux clercs. Le développement des moyens d'information, et surtout le fait que ces moyens atteignent aujourd'hui chaque foyer, permet aux clercs de concurrencer efficacement les notables politiques traditionnels et de s'insérer ainsi dans le gouvernement des hommes.

- Il semble que nous assistons aujourd'hui à la fin de la division des clercs. Pour être schématique, les clercs romains, renonçant à une organisation autonome dans la société, ralliant en grand nombre les structures des nouveaux clercs, et réinterprétant le christianisme à la lumière du prométhéisme, tendent à ne former qu'un courant aux côtés d'autres – courants de contestation spontanéiste, courants marxistes, courants rousseauistes, etc. – dans le grand clergé prométhéen. Qui n'a pas constaté souvent pour s'en louer que les oppositions ne passent plus par les orthodoxies des religions traditionnelles, mais par « l'orthopraxie » définie par le prométhéisme ?

- Cette unification des clercs, pas toujours doctrinale, mais existentielle, permet la domination de la religion prométhéenne sur l'ensemble de la société. Car on ne saurait appeler idéologie dominante la culture de masse qui continue, comme à toutes les époques, de déverser sur les pauvres, les gris-gris (guérisseurs, horoscopes,), les divertissements (presse du cœur, crimes et spectacles sportifs) ou les trompeuses espérances (tiercé) qu'ils réclament. Sans doute, l'idéologie marchande, sous sa forme libérale ou technocratique, oppose-t-elle une faible résistance à la montée de la religion prométhéenne, car elle en est trop proche – l'Homme, maître de sa destinée, vision progressiste de l'Histoire – pour ne pas en subir l'influence.

Du reste, par leur pragmatisme même, les marchands se privent de cette capacité proprement religieuse de donner son sens à la vie en intégrant chacune de ses parties à une vision totalisante du monde, et ne parvient donc pas à se constituer en idéologie dominante, même souvent auprès des marchands eux-mêmes. On raconte que Malesherbes, intendant de la Librairie, c'est-à-dire responsable administratif de la censure, abritait chez lui des stocks d'ouvrages qu'il était censé faire détruire. Combien de cadres économiques ou de hauts fonctionnaires adoptent cette attitude ambiguë, subissant le prestige des clercs prométhéens, un peu comme l'aristocratie éclairée assurait le triomphe d'un Beaumarchais qui faisait son procès. Le progrès économique conspire lui-même à consolider la position des clercs, car la résolution par l'homme du problème de sa survie ou de la qualité de la vie doit laisser, posée dans toute sa virulence, la question du sens de la vie.

Pendant longtemps les clercs prométhéens, héritiers des clercs asservis aux politiques et aux marchands, ont prolongé leur lutte contre les anciens clercs, et aujourd'hui contre les valeurs traditionnelles qui peuvent encore subsister. Mais à présent, leur victoire presque totale sur ce terrain, les autorise à se retourner contre les anciens maîtres. Tout se conjugue pour donner aux clercs la possibilité de tenter le renversement de la hiérarchie des Ordres en leur faveur, pour rétablir dans sa position dominante, la structuration cléricale. Le temps est peut-être proche où se vérifiera la prévision de Martin Heidegger : « *Le déploiement de la domination inconditionnée de la métaphysique commence seulement.* »

☙

Je dois, plus de quarante ans après, réviser quelques points de cette analyse ; je croyais possible une révolution au profit non seulement de l'hégémonie des "nouveaux clercs" dans le domaine des représentations, mais encore par la domination des intellectuels sur les domaines politique et économique. J'ai révisé mon analyse sur quelques points.

1. D'abord il ne faut pas surestimer la force et la durée du prométhéisme. La flambée jacobine de la Révolution s'est bien assoupie dans ce que les rhéteurs politiciens appellent "les valeurs de la République" sans vraiment les définir. Que reste-t-il de cette espérance révolutionnaire dans la mystique laïque d'un Vincent Peillon ? Comment l'exaltation d'un Maïakovski s'est transformée en langue de bois ? Que reste-t-il du nazisme après la dénazification ? Du communisme après la chute du mur de Berlin ? Ce ne sont pas les religions traditionnelles qui encombrent "les poubelles de l'Histoire", mais les idéologies prométhéennes si éphémères… Les champs d'application de la religion prométhéenne semblent aujourd'hui se réduire aux revendications des minorités ethniques et sexuelles.

2. Je crois d'autre part que j'ai trop majoré l'opposition entre les marchands et les intellectuels ; c'était le discours dominant de l'époque où l'action révolutionnaire était sensée combattre la société de consommation et les normes économiques et politiques. Or il apparaît quelques dizaines d'années plus tard qu'un très grand nombre de nouveaux clercs se sont sagement insérés dans la société capitaliste et que beaucoup sont parvenus à concilier leur idéal "gauchiste" avec l'apologie du libéralisme – et parallèlement aux USA les trotskistes sont devenus néo-conservateurs. Ils se révèlent ainsi comme les intellectuels organiques de la société libérale avancée dont ils ont su élaborer la synthèse doctrinale dans le "libéralisme libertaire", comme le montrent les travaux de Jean-Claude Michéa.

3. Plus fondamentalement encore il apparaît que le libéralisme du marché est lui-même une modalité des religions prométhéennes ; et une modalité actuellement encore dominante. L'utopie révolutionnaire ne s'oppose pas vraiment à la domination marchande parce que cette altérité illusoire est en réalité la projection de ce monde dans le domaine idéologique. C'est une sorte de carburant qui fait marcher la machine en faisant croire au "Progrès" – ou sous une forme plus "*soft*", à la "modernité" – et à l'unité du genre humain par la "mondialisation".

4. Lorsque j'ai écrit ce texte, il n'était pas déraisonnable de prévoir la fin du clergé catholique soit par ralliement direct aux

fonctions de l'encadrement idéologique du prométhéisme – syndicalistes, animateurs, universitaires, etc. –, soit par une adaptation (*aggiornamento*) du catholicisme aux impératifs de l'idéologie prométhéenne.

Les premiers étaient peut-être les plus cohérents puisqu'au lieu d'attendre la Parousie, ils bâtissaient de leur énergie personnelle "le monde nouveau". À cette époque par exemple, la moitié des dominicains de la "Province de France" défroquaient[116].

Ceux qui restaient croyaient qu'ils assistaient à une nouvelle Pentecôte ; d'autres se résignaient, sous les pressions conjuguées de la hiérarchie, des confrères et des médias, au nom de "l'esprit du Concile" qui proclamait des impératifs parfois éloignés des textes adoptés par les Pères conciliaires ; certains carrément persécutés se résignaient ou se cantonnaient dans une résistance qu'on pouvait juger désespérée. Cette nouvelle Église semblait réaliser le rêve des révolutionnaires de 1789 d'une Église coupée de l'universalité catholique et romaine qui encadrerait idéologiquement les populations au profit des politiques.

Depuis 1789, l'anticatholicisme a toujours adopté deux stratégies : l'attaque frontale d'une part, et d'autre part la création d'un schisme visant à remplacer l'Église apostolique par une Église "patriotique" asservie. C'est ce modèle – théorisé par les "franckistes" et les "Illuminés de Bavière" – qu'ont suivi l'URSS et les pays de l'Est à l'époque de la domination soviétique, le Mexique d'avant-guerre et, aujourd'hui, La Chine avec l'Église patriotique contre l'Église clandestine.

Mais la division entre le clergé jureur et le clergé réfractaire n'est qu'une étape. Le vieux rêve des Illuminés de Bavière était que l'Église hiérarchique devienne l'instrument du prométhéisme.

---

[116] Cf. la thèse de Yann Raison du Cleuziou, *De la contemplation à la contestation. La politisation des dominicains de la Province de France 1943-1970*, Belin, 2016.

Dès le Concordat de 1801, Napoléon impose au pape la reconnaissance des évêques jureurs, aux dépens des évêques réfractaires devenus souvent martyrs par fidélité à la foi. On comprend que depuis, malgré la séparation de l'Église et de l'État – le Président de la République en France a droit de regard sur la nomination des évêques –, le clergé progressiste ait dominé la direction de l'Église de France, encouragé par Rome qui a toujours eu tendance à se rallier aux pouvoirs en place comme le montrent les accords du Latran avec Mussolini ("*rendez à César ce qui est à César…*").

On a eu droit, avec des succès divers, à des politiques vaticanes de conciliation, au Ralliement de Léon XIII, au sacrifice des Cristeros – les résistants catholiques du Mexique dans les années 1920 –, aux sanctions contre l'Action Française, à la transformation des organisations d'action catholiques et de la JOC en mouvement de défense de classe, au passage en "profits et pertes" des uniates d'Ukraine au temps de l'URSS, au tiers-mondisme remplaçant les missions, à la CFTC devenant la CFDT, à la Nouvelle Gauche du gouvernement Rocard, au financement des mouvements révolutionnaires d'Amérique latine par le CCFD, à la théologie de la Libération, etc.

Feu l'historien Victor Nguyen me faisait remarquer qu'en France, parmi les régions catholiques on pouvait distinguer celles dans lesquelles les familles étaient relativement indépendantes vis-à-vis des curés – comme en Provence – de celles dans lesquelles, comme en Bretagne, on suivait systématiquement les consignes de Monsieur le Recteur. Aujourd'hui la Bretagne est devenue un fief du Parti Socialiste. Comme au Québec, plus un pays était "clérical" plus il s'est déchristianisé à grande vitesse, ce qui atteste que la crise de l'Église a des causes surtout endogènes.

Mais ce ralliement à l'esprit du monde est devenu institutionnel ; encouragée par Pie XII, la "Sainte Économie Romaine-Germanique" pouvait se défendre comme une tentative d'hégémonie démocrate chrétienne, mais malgré ses échecs elle a ancré la politique vaticane dans l'européisme et l'idéologie "babélienne".

Après le Concile, l'Église a tenté – sans grand succès il faut le dire – de se faire reconnaître comme "experte en humanité" – par exemple à l'occasion du discours de Paul VI à l'ONU –, faisant abstraction des droits de Dieu au profit des "droits de l'homme" – comme s'il pouvait y avoir des "droits" sans une cité politique particulière qui les fonde. Enfin, les déclarations du pape François tendant à faire de l'immigration de masse un droit indiscutable, font de l'Église un des lobbies idéologiques prométhéens les plus actifs.

5. De tous ces "signes des temps" on pouvait conclure au ralliement du clergé catholique au clergé prométhéen ; ce serait sans tenir compte des ruses divines. Il n'y a pas que le Malin qui soit rusé – certains gnostiques pensaient que la venue si humble du Christ et les trente ans de vie obscure étaient une ruse de Dieu pour ne pas se faire reconnaître par "le Prince de ce monde".

On ne le dit peut-être pas assez, mais l'essentiel des efforts des Pères de l'Église a consisté à batailler, non contre les païens, mais contre d'autres membres de l'Église qu'ils considéraient comme hérétiques. L'aspiration à la paix et à la tolérance ressemble parfois à un mépris de la Vérité qui est une des modalités les plus hautes de la Charité.

Notre situation est celle d'une "Église militante" c'est-à-dire une Église du combat et ce combat se passe aussi au sein de l'Église. Je ne peux oublier que le seul homme que Jésus traita de Satan ne fut pas Judas, mais Pierre, le Prince des Apôtres… C'est comme si l'Église était le lieu d'un affrontement dialectique entre l'Esprit-Saint et l'esprit du monde qui est parfois l'esprit du Prince de ce monde.

Cette dialectique traverse l'Histoire ; et quand l'Église semble se coucher devant l'ordre du monde déchu, la grâce fait apparaître un remède inattendu. Quand, après Constantin, l'Église bénéficie du soutien des institutions et que les martyrs disparaissent, les vocations érémitiques des Pères du désert se multiplient. Après que les grands théologiens du Moyen-Âge ont offert une théologie scolastique si bien construite, sont apparus les théologiens apophatiques de la "docte ignorance" de la "nuit obscure" et les paradoxes des Rhénans. Quand la religion du XVIIe siècle ressemble à des contrats juridiques entre individus – par exemple l'apologétique de S. Louis

Marie Grignon de Montfort –, c'est à ce moment que le Sacré-Cœur apparaît à sainte Marguerite-Marie Alacoque dans ses formes les plus sentimentales. Quand le XIXᵉ siècle tolère le christianisme pour sa fonction morale, ou pour les effusions romantiques qu'il permet (Chateaubriand, Lamartine, Rancé…) apparaissent les écrivains les moins démagogues (comme Léon Bloy) et les plus métaphysiciens (comme Bernanos). Au XXᵉ et XXIᵉ siècles, celui des recherches théologiques les plus critiques qui dévalorisent les miracles et valorisent la critique historique, le subjectivisme et le Progrès (Teilhard de Chardin), se manifeste le plus grand nombre d'apparitions mariales qui rappellent les bases fondamentales de la doctrine catholique et annoncent des temps de souffrance pour les chrétiens.

6. À notre époque d'activisme prométhéen et de relativisme doctrinal deux courants sont entrés en opposition dialectique avec la domination de l'esprit du monde : la résistance traditionaliste et les communautés charismatiques.

Les traditionalistes, après le Concile qu'ils rejetaient, étaient menacés de sombrer dans le schisme comme les "vieux catholiques" après Vatican I, dans le sédévacantisme ou dans la multiplication des "révélations privées" de fantaisie. Ils ne s'en sont pas mal tirés. La fraternité fondée par Mgr Lefebvre se retrouve, après le pontificat de Benoit XVI, "non schismatique" et même chargée de fonctions sacramentelles par le pape François sans avoir eu à approuver les textes du Concile. On peut toutefois leur reprocher leur conception passablement étroite et exclusiviste de la Tradition qu'ils réduisent à la synthèse post-tridentine – ne désignent-ils pas leurs activités propres comme celles de "La" Tradition…

Dans ce mouvement, j'ai connu autant de fortes personnalités que d'humbles prêtres un peu effacés et conformistes ; d'où de nombreuses querelles – en particulier à l'occasion du sacre des évêques par Mgr Lefebvre – qui ont multiplié les Fraternités – Saint-Pierre, Le Christ-Roi, le Bon Pasteur, et même ceux qui interprètent les formes postconciliaires dans un sens traditionnel comme la Communauté Saint-Martin ; de nombreuses communautés religieuses – dont les bénédictins du Barroux – gravitent autour de ce pôle en gardant en général leur autonomie. Contrairement au tronc central de l'Église institutionnelle, les indicateurs quantitatifs de fréquentation des offices ou celles des séminaristes sont plutôt florissants.

Les charismatiques, familièrement appelés "chachas", ont une origine un peu suspecte – le courant "Pentecôtiste" du protestantisme ; ils fonctionnent en communautés, certaines importantes (l'Emmanuel, Le Chemin Neuf, les Béatitudes, etc.), d'autres plus confidentielles et locales. Sans doute, ces communautés n'ont pas été épargnées par les épreuves : "maladie du gourou" qui en avait pris la tête – être l'objet des projections de toute la communauté peut provoquer des déséquilibres mentaux –, recherche des émotions confondues avec les dons de guérisons, angélisme de croire que la fusion hommes et femmes, clercs et laïcs, adultes et enfants ne présente pas de risques. Se croire dans la Jérusalem céleste ne suspend en rien l'ordre naturel – et les concupiscences – de ce monde déchu[117].

Les charismatiques ont pris souvent la relève des anciens groupes piétistes de prière, mais avec plus d'enthousiasme et de créativité. Dans la plupart des communautés on s'est rallié à une théologie classique et une recherche du hiératisme – les formes du sacré.

Je me souviens de ce jésuite très progressiste qui avait été nommé aumônier local de ces communautés et qui leur reprochait d'aller chercher des ressources dans les Églises d'Orient – icônes, chants, métanies ; je lui faisais observer que, ayant été coupés des traditions latines, les charismatiques étaient bien obligés de se tourner vers l'Orient chrétien…

7. Quoi qu'il en soit, la résistance traditionaliste et l'apparition des communautés charismatiques étaient peu prévisibles dans les années 60. Aujourd'hui, on a l'impression que comme les arbres creux qui font monter la sève par l'écorce périphérique, c'est de ces marges que vit l'Église tandis que ses institutions les plus "autorisées" se dessèchent et se rabougrissent. Il est notoire que le nombre

---

[117] Cf. Céline Hoyeau, *La trahison des pères. Emprise et abus des fondateurs de communautés nouvelles*, Bayard, 2021.

de séminaristes issus du scoutisme "tradi" (scouts d'Europe, SUF, etc.) dépasse largement le nombre de ceux qui sont issus des "scouts de France", pourtant patronnés par l'épiscopat et bénéficiaires de la manne institutionnelle.

Progressivement on a vu apparaître des jeunes prêtres vêtus de soutanes ou de cols romains dont se moquaient ouvertement les vieux prêtres soixante-huitards. Et puis le temps passant, ces jeunes prêtres ont commencé à occuper des postes de responsabilité, épiscopaux ou non – cela concerne plutôt les charismatiques, car le "cordon sanitaire" semble encore se maintenir à l'encontre des traditionalistes, malgré la légitimation par Benoît XVI de la "forme extraordinaire".

À la fin des années 60, les deux courants se méfiaient l'un de l'autre tant leurs styles différaient, mais ils avaient en commun une véritable piété tournée vers "l'amour de Dieu" et une opposition au progressisme anthropocentrique prométhéen ; ce qui les a souvent rapprochés. On a même forgé le terme de "tradismatique" pour traduire ces rapprochements.

Le succès de ces deux courants est sans doute relatif, il tient d'abord à ce que les progressistes chrétiens n'ont pas de successeurs – sauf dans quelques institutions d'Église, souvent salariant leurs permanents et protégés par la hiérarchie.

Tant qu'à être progressiste, autant l'être complètement. Et de ceux qui finissent par être déçus et ne plus croire à la "Nouvelle Pentecôte", à "l'esprit du Concile", peu reviendront à la pratique dans l'Église, surtout si on ne connaît l'Église qu'à travers sa version progressiste et que les parents ont caricaturé le passé de cette Église. D'ailleurs certains se résigneraient sans regrets à une Église sans clergé qu'ils imaginent plus comme une foule en marche que comme un Royaume hiérarchique.

Au contraire, on reconnaît l'arbre à ses fruits, les courants traditionalistes et charismatiques font des enfants, défendent la famille et transmettent plus que les autres leur foi à leurs enfants. Ils savent préserver – du moins en partie – leurs enfants des institutions du prométhéisme.

On peut donc estimer que le nombre de clercs catholiques héritiers du clergé réfractaire se restreint, mais ne disparaîtra pas ; en revanche le nombre des héritiers du clergé "jureur", "démocrates chrétiens" ou "progressistes" semble se tarir. Est-ce la fin du clergé collaborateur avec les intellectuels, le clergé prométhéen ? Peut-être pas, car le haut clergé reste très sensible aux pressions des politiques et des médias, eux-mêmes dominés par les idéologues du clergé prométhéen – même si le clergé prométhéen semble lui-même en déliquescence et susceptible de s'effondrer. Une situation qui n'est pas sans rappeler celle des Saducéens au temps de Jésus, où des mécréants monopolisaient les plus hautes fonctions liturgiques du Temple[118].

---

[118] Il semble que, avec la destruction du Temple, le courant des Saducéens n'ait pas eu de successeurs, laissant la fonction liturgique aux Églises apostoliques, tandis que les Pharisiens conservaient "la lettre" de la révélation et trouvaient des successeurs dans le judaïsme talmudique. En dévalorisant l'importance de la liturgie, les Églises issues de la Réforme rejoignent le judaïsme et l'islam comme "religion du Livre" (de la lettre ?).

VII. LE « VENIN DU MAGNIFICAT »

> *Corruptio optimi pessima*
> Le christianisme apporte le salut,
> l'hérésie chrétienne accélère la chute.

1. *L'espérance du* « pharmacos »

Un ami m'a demandé si la gravité de la crise au sein de l'Église est telle qu'elle puisse être sans remède. Il n'y a qu'un remède à la crise de l'Église, le recours au *pharmacos*. On sait que certaines cités grecques entretenaient un fonctionnaire très honoré, dont le destin était d'être sacrifié pour le salut de tous en cas de grande catastrophe ou épidémie. Le *pharmacos* – celui qu'on immole en expiation des fautes d'un autre – est proche du « bouc émissaire » des Hébreux. Mais il faut repérer aussi l'ambivalence du concept de *pharmacon* qui veut dire à la fois remède et poison...

Si Jésus est le salut, si le Christ est le *pharmacos,* l'hérésie du christianisme est un poison qui accélère la chute ; et la subversion semble avoir conservé quelque chose de la force de ce qui est subverti.

Dans les débuts du christianisme, dans le monde grec, le Christ fut désigné comme le *pharmacos* par excellence. C'est en ce sens que l'Église est une société surnaturelle : « *l'Esprit vient au secours de notre faiblesse* » (Romains, VIII, 26). Mais l'Église se présente aussi comme société naturelle qui, en tant que telle, n'échappe pas au mouvement entropique de l'histoire.

2. *Les deux faces du christianisme*

Dans l'hindouisme la divinité se manifeste sous trois grandes figures : Brahma le Créateur, Vishnou, la Providence qui maintient le monde et Shiva dansant avec ses colliers de têtes de morts, dieu de l'amour et de la destruction[119].

Mutatis mutandis, on pourrait retrouver ces deux dimensions de Shiva dans le christianisme, religion du salut final, mais aussi religion qui – au moins par ses déviations – apporte la destruction. Shiva est à la fois « le Bon » – ou « l'aimable » – et « le Terrible » – ou « Rudra ». Il mène une danse cosmique sur une montagne de crânes, il est à la fois le dieu de la délivrance et le dieu de la destruction ; il est le maître des formes et des cycles. Dans une éternelle succession il provoque la destruction des univers qu'il ne cesse de créer. Comme Shiva, le Christ Jésus se manifeste dans la mort et la résurrection. Mais l'analogie ne s'arrête pas là.

Dans l'histoire, le christianisme semble avoir eu deux fonctions, celle de religion de salut et celle d'idéologie corruptrice de la société. L'une est portée par l'Église, l'autre par les hérésies qui trouvent leur source dans cette même Église.

Cette ambivalence est-elle l'œuvre du diable ou de la Providence ? Ou bien des deux comme la Passion du Christ ? Je ne sais si la destruction de ce monde est ou n'est pas une œuvre de charité.

---

[119] On a voulu assimiler la Trimurti à la Trinité chrétienne. Cela me semble erroné. La Trimurti est plutôt comparable aux trois archanges auxquels la chrétienté rend un culte spécifique : Gabriel (l'annonciation), Raphaël (voyage, médecine et mariage) et Michel (combats ultimes et Jugement dernier). On retrouve la même idée dans les trois Parques de la Grèce (celle qui file, celle qui tisse et celle qui coupe). Tous les phénomènes de la Création ont un début, une durée et une fin. La Trinité correspondrait aux différentes façons dont l'homme peut faire l'expérience de la divinité : pour la transcendance, le Père – que nul ne connaît sinon le Fils –, pour l'immanence – « l'Esprit qui souffle où Il veut… » – et pour la « Révélation », le Fils – le Verbe, le Messie qui se manifeste explicitement dans la Création et dans la Rédemption. Attention cependant, réduire la Trinité à cette perception humaine relèverait de l'hérésie « modaliste ». Trois « personnes » distinctes et totalement unies forment la Trinité.

Certains Pères de l'Église ne considéraient-ils pas que le temps d'attente du retour glorieux du Christ et donc de la fin du monde serait abrégé par le mérite des saints ?

Si le christianisme est la religion de la fin de l'homme et de la fin des temps n'est-il pas compréhensible qu'il se présente sous le double aspect de la rédemption et de la dissolution ? Non seulement le christianisme détruit les illusions de ce monde, mais par ses sous-produits dérivés – en langage théologique, ses hérésies –, il contribue, à la fin des temps, à bouleverser l'ordre traditionnel un peu vermoulu qui maintenait la viabilité du monde. C'est ainsi que « *le bon grain croît avec l'ivraie* ». C'est au sein du Royaume que germe l'ivraie, ou pour reprendre la célèbre méditation sur « les deux étendards » des « exercices spirituels » d'Ignace de Loyola, s'il faut combattre Babylone et les forces de l'Adversaire, on les cherchera d'abord au sein de Jérusalem, la Cité de Dieu.

Sans doute est-ce l'Adversaire qui sème l'ivraie et suscite les hérésies. Mais chacun sait que le diable porte pierre. Comme nous le révèle l'Histoire sainte, en détruisant le Temple de Jérusalem, Nabuchodonosor croyait servir son ambition, mais en réalité, il se fit le ministre de l'Éternel. « *Ô heureuse faute* » qui nous a valu un tel sauveur, nous rappelle la liturgie de la nuit pascale à propos du péché d'Adam. Dans la conception providentialiste de l'histoire, la ruse divine se sert de la révolte de la créature pour atteindre ses fins.

On a beaucoup glosé, à tort et à travers parfois, sur qui, des juifs ou des Romains, était responsable de la mort du Christ. Il me semble qu'on n'a pas assez souligné la part des disciples dans ce sacrifice : après tout, c'est Judas, un des Apôtres, choisi par le Maître qui livre le Messie à ses bourreaux. Par ailleurs, le seul homme que Jésus aie jamais traité de « Satan » est précisément celui qu'Il institue Chef du collège des Apôtres, pierre sur laquelle Il bâtit son Église.

Le film de Mel Gibson sur la Passion, quel que soit l'avis qu'on peut avoir sur son esthétique, me semble un efficace analyste de l'état de l'Église : je soupçonne que ce qui a scandalisé une bonne partie de l'appareil ecclésiastique français, c'est moins les images que le scénario – les Évangiles. La Croix a toujours été une occasion de scandale, pourquoi en serait-il autrement aujourd'hui ?

3. L'Église (comme chacun d'entre nous) est un champ de bataille

Les musulmans distinguent deux « djihads », le petit djihad, la guerre contre le monde infidèle, et le grand djihad, la guerre intérieure que chaque fidèle devrait mener avec lui-même. Il me semble que le chrétien est membre de l'Église militante, c'est-à-dire en guerre. Rappelons que l'Église est composée de l'Église triomphante – au ciel –, de l'Église souffrante – au purgatoire – et de l'Église militante – dans ce monde-ci ; le chrétien est appelé à mener un combat non seulement avec lui-même et avec le monde, mais aussi au sein de l'Église où sans cesse jaillissent des hérésies nouvelles. Comme disait Bernanos, il faut non seulement souffrir pour l'Église, mais aussi souffrir par l'Église.

4. Le « christianisme subversif » ?

Le christianisme subversif n'est pas une idée nouvelle ; elle fut avancée dès l'Antiquité avec Celse (*Discours véritable*), ou Julien l'Apostat jusqu'à l'époque moderne avec Edward Gibbon (*Histoire de la décadence et la chute de l'empire romain »*, 1776) ou encore Julius Evola, pour qui le christianisme porte la responsabilité de la décadence de l'Empire romain[120]. Il y a aujourd'hui des néopaïens qui partagent cette idée du christianisme-poison, souvent par nostalgie de l'enchantement du monde que le christianisme aurait ruiné.

Mais ce faisant, ils confondent le christianisme avec les options prises à partir de « l'âge classique » et qu'on leur a apprises ; car le christianisme médiéval – ni le christianisme populaire d'ailleurs –

---

[120] On pourrait rétorquer que sur le Christianisme se sont édifiés mille ans d'Empire byzantin et mille ans de Chrétienté médiévale en Occident. Certains assimilent ce Moyen-Âge au « *millenium* » de l'Apocalypse.

n'ont abandonné les pratiques de rites agraires – par exemple les rogations –, d'appel aux puissances célestes – les saints et les anges – ou de sources miraculeuses[121]. C'est l'Église ralliée à « *l'épistémè classique* » qui a contribué à « *désenchanter le monde* ».

5. Sur le « néopaganisme »

D'ailleurs, les vrais païens étaient de vrais croyants. Pour les néopaïens c'est trop souvent une posture qui n'exige pas plus de foi que pour les marquises du XVIIe et XVIIIe siècle qui décoraient leurs boudoirs de représentations de Mars et Vénus.

Ces « néopaïens », souvent en réaction contre la présentation misérabiliste du christianisme contemporain – la crosse du Pape depuis Paul VI est si loin des triomphales fresques byzantines du *Christ Pantocrator* –, sont souvent admiratifs de la vertu de force – « *Que la Force soit avec toi* », dit-on dans *Star Wars*. Qu'au moins ils reconnaissent la Force extraordinaire de l'Espérance chrétienne ; car toutes les idéologies de la modernité sont peu ou prou messianiques : elles veulent bâtir une Jérusalem céleste et, pour cela, créer un Homme nouveau. En ce sens, le monde depuis Jésus le Christ est héritier – le plus souvent hérétique – du messianisme judéo-chrétien. L'Église lutta longtemps contre ses hérésies ; aujourd'hui elle peine à le faire et semble se reconnaître en elles et s'y rallier.

6. La « catholicité » peut-elle amender le « christianisme-poison » ?

Dans un écrit de jeunesse, Charles Maurras, alors agnostique, mais prenant la défense de l'Église, eut cette intuition : « *La chaîne d'idées que j'expose est très suffisamment PAÏENNE ET CHRÉTIENNE pour*

---

[121] D'ailleurs la dévotion populaire a imposé la présence d'une source miraculeuse même lorsque l'apparition mariale n'en faisait pas mention – par exemple, à La Salette.

mériter le beau titre de catholique qui appartient à la religion dans laquelle nous sommes nés. Il n'est pas impossible que j'aie heurté, chemin faisant, quelques passages de la Bible, mais je sais à peine lesquels. D'intelligentes destinées ont fait que les peuples policés du sud de l'Europe n'ont guère connu ces turbulentes écritures orientales que tronquées, refondues, transposées par l'Église dans la merveille du Missel et de tout le Bréviaire ; ce fut un des honneurs philosophiques de l'Église, comme aussi d'avoir mis aux versets du Magnificat une musique qui en atténue le venin* »[122].

Plus tard, dans les rééditions du *Chemin de Paradis*, pour ne pas prêter le flanc à ces critiques reprises contre tout le mouvement d'Action Française, il eut la sagesse, dans la réédition de 1921, de supprimer cette préface, il est vrai très irrespectueuse[123].

Néanmoins cette intuition est la même que celle de Joseph de Maistre[124] : « *L'évangile hors de l'Église est un poison* », car « *l'amour lors qu'il n'est pas apprivoisé* [...] *est un animal féroce, capable des plus terribles excès. Si l'on ne veut pas qu'il dévore tout, il faut qu'il soit enchaîné* »[125].

---

[122] Charles Maurras, préface du *Chemin de Paradis*, 1894. Maurras n'est pas le seul ; Carl Schmitt professa l'Église de l'ordre contre la révolution évangélique, mais de façon plus ambiguë puisque ce catholique se rallia au nazisme alors que Maurras, alors non croyant, soutient l'alliance du Trône et de l'Autel contre la religion « démocrate chrétienne », romantique, des « quarante-huitards ». D'autre part on retrouverait chez Simone Weil cette méfiance pour un Ancien Testament que l'Église n'aurait pas « spiritualisé » par son interprétation.

[123] Naturellement, les adversaires « démocrates-chrétiens » de Maurras dénoncèrent l'hypocrisie de cette préface – comme une littérature « voltairienne » – qui accepterait la « religion pour que les pauvres, incapables d'accéder à la philosophie, acceptent leur triste sort ». À lire de près ce texte, on comprendra que son sens n'est pas du tout de ce registre. Maurras se félicite que l'Église ait su allier, voire corriger, la mystique de la Révélation avec la sagesse antique, ou encore qu'elle ait prêché une religion qui marie la mystique du surnaturel avec l'ordre naturel.

[124] Cité par Louis Pauwels, *Comment on devient ce que l'on est*.

[125] Joseph de Maistre, *Du Pape*, 1819.

7. Préférence pour le pauvre : le scandale du retournement de l'ordre naturel

Le Christ ne vient pas pour les bien-portants mais pour les malades. Les prostituées, les percepteurs malhonnêtes forment ses disciples et un criminel justement condamné à mort – le « bon » larron – pénètre au Paradis avant Abraham, Isaac et Jacob...

La seule «justification» possible de la misère de l'homme, c'est de glorifier la Toute-Puissance de Dieu : « *Je me glorifierai surtout de mes faiblesses afin que repose sur moi la puissance du Christ* » (S. Paul, II Corinthiens, 12, 9). Si elle n'est pas une façon de permettre que se révèle, par la geste héroïque du Sauveur, la ruse et la force absolue de la Transcendance, la misère humaine n'a aucun intérêt. Et la complaisance pour elle relève d'un misérabilisme morbide : si une épouse aime son mari alcoolique, ce n'est pas l'alcoolisme qu'elle aime, mais son époux

Dans cette perspective, Dieu manifeste sa transcendance en jouant avec l'ordre du monde, dont il est le créateur, et non le prisonnier. Toute l'Histoire sainte multiplie ces interventions miraculeuses par lesquelles Dieu se joue des lois du monde : dans la famille de Jessé, c'est David, le dernier, que Samuel choisit comme roi. C'est lorsque Abraham ou Zacharie n'ont plus d'espoir d'obtenir une descendance de leur femme vieille et stérile, que Dieu leur donne Isaac ou Jean le Baptiste. Contre l'ordre social, l'ordre naturel véritable, c'est le cadet qui prend la succession réservée à l'aîné – Jacob, Joseph, ou d'un certain point de vue le fils prodigue.

Mais le Christ ne vient certainement pas proclamer une société égalitaire : il renverse la hiérarchie et proclame la Transcendance du Créateur sur l'ordre naturel de la création.

8. Amour et démesure

La démesure du désir qui jamais ne trouve sa satiété, « l'*hubris* » que redoutaient tant les Grecs, est un poison s'il n'est pas encadré par l'ordre naturel du *religere*. Tout désir est en réalité un désir d'au-delà[126], c'est-à-dire du « Dieu inconnu » dont parle S. Paul.

Mais, quand le Créateur visite sa créature, l'absolu se mêle au relatif, l'éternel au mortel, ce n'est pas sans danger – comme le montre tant de mythes antiques ; il faut prendre des précautions – des « scrupules ».

Ulysse parvient à entendre le chant des sirènes, mais il se fait attacher au mat de son navire et fait boucher l'oreille de ses marins avec de la cire. Il n'y a là nulle hypocrisie, mais prudence. Quand on manie la nitroglycérine, il faut prendre ses précautions.

Le « religieux » n'est pas seulement un chemin, c'est aussi un philtre. Pour prendre une métaphore maritime, un voilier qui n'est pas lesté par une quille est en grand danger de dériver jusqu'aux récifs.

Parmi les « fous de Dieu », certains sont dangereux, et cela ne date pas de Robespierre, Lénine ou Pol-Pot. Le christianisme a eu ses fondamentalistes « djihadistes » – donatistes, fraticelli, « têtes rondes », ou kibanguistes –, mais l'Église a su aussi lutter contre ces pathologies de la « mystique » issues de son sein.

9. L'Imago Dei

Pourtant, aujourd'hui, elle semble en difficulté devant les hérésies postchrétiennes « sécularisées », c'est-à-dire qui prennent l'homme pour le Créateur alors qu'il n'en est que l'image et a perdu sa ressemblance avec lui.

Certes l'homme est *capax Dei*. Comment comprendre cette expression : apte à recevoir la Grâce divine ? Ou capable d'être

---

[126] J'ai écrit quelques textes sur la fonction des frontières dans la Publicité. Plages, passages, portes entre-ouvertes, escaliers, figures du Passeur, contrebandier, transsexuel – comme Thyrésias –, crépuscules, éveillent le désir qu'il faut ensuite rabattre sur la prosaïque marchandise.

Dieu ? Mystère de l'Incarnation puisque la nature humaine a permis au Verbe de s'incarner. L'homme est à l'image de Dieu et la perfection de l'image est de ressembler le plus possible à son modèle. L'homme est un être de représentation ce qui suppose aussi une distinction entre le représentant et le représenté…

Quoi qu'il en soit, on peut concevoir deux périodes historiques dans ce système de représentations. Avant le Christ, les « hérésies » sont idolâtriques – religions qui prennent pour sacrée la création humaine –, après le Christ, elles exaltent « l'Homme Nouveau ».

Pour retrouver le sens du monde, l'ordre « naturel » de la Création, les religions se référaient à l'origine, à l'âge d'or, à la Transcendance ou à la tradition des Anciens. Après l'Incarnation et la fondation de l'Église, les hérésies sont tournées vers les fins ; elles sont eschatologiques. Pas une idéologie[127] qui n'appelle à l'Homme Nouveau, à un monde nouveau, quitte à consentir à la destruction « apocalyptique » de l'ancien monde, quitte même à rechercher la catastrophe. Qu'est-ce qui pourra nous protéger de ce millénarisme ravageur sinon l'Église qui a su recueillir aussi la Sagesse de la Tradition et qui a su ainsi « apprivoiser » l'Espérance messianique.

---

[127] On pourrait en discuter pour l'écologisme.

VIII. LA CITÉ DE L'UNITÉ : BABEL OU JÉRUSALEM ?

Au sein de la Création, l'unité est principe de malédiction, et la dualité principe de bénédiction.
(Bereshit Rabba I-14)

1. L'unité : du rêve au cauchemar

L'homme est jeté dans le monde avec une conscience malheureuse, celle d'être incomplet, coupé de Dieu, de la Création, des autres et de soi-même. Le désir d'unité travaille chacun. Mais lorsque le désir ne peut atteindre son véritable objet, il se fabrique des leurres. Voilà pourquoi, ce qui apparaît comme le plus désirable doit être accueilli avec méfiance.

L'unité, l'universalité, la « catholicité » sont des critères de vérité pour tout esprit traditionnel : « *Écoute Israël, l'Éternel est notre Dieu, l'Éternel est un*[128]. » « *Que tous soient un, comme toi, Père, tu es en moi, et moi en toi. Qu'ils soient un en nous, eux aussi* […] », demande Jésus[129].

J'ai déjà mentionné l'adage de Saint Vincent de Lérins sur la tradition : ce qui a été cru par tous, partout et toujours. Une seule Foi, un seul Baptême, un seul Seigneur. *Soli, soli, soli...*

Naguère on chantait : « *L'Internationale sera le genre humain* », tandis que les marchands établissaient comme norme universelle celle du libre marché, sans parler des clichés sur « les échanges sont enrichissants » – c'est sans doute vrai pour les marchands, mais qu'on en parle aux Amérindiens !

---

[128] Deutéronome, VI, 4.
[129] Évangile de Jean, XVII 20-26.

À présent que se profilent les conditions qui permettraient la réalisation de ce rêve d'unité, nous en pressentons la proximité avec effroi. « *D'un point de vue humaniste, la mondialisation apparaît comme un holocauste mondial* », écrit Jean Baudrillard[130].

Ce sentiment de transgression est certainement dû au fait que l'Un, l'Unité, la non-dualité, sont l'apanage de l'Absolu, ce que nous a souvent rappelé René Guénon[131], et que vouloir le réaliser dans ce monde, par les moyens de l'homme déchu, est illusoire et dangereux.

La multiplicité scandalise notre intuition de l'Un[132] ; mais ce monde, celui de l'état post-adamique est celui de la multiplicité. Aussi la nostalgie de l'unité dont chacun a le souvenir comme d'un état perdu auquel il ne peut renoncer, cette intuition ne doit pas nous cacher la réalité de ce monde-ci.

2. Comment penser la mondialisation ?

Lorsque l'on retire la bonde d'une baignoire, au début l'eau s'écoule de façon à peine perceptible. Mais à la fin un tourbillon se forme et l'observateur à l'impression que tout s'accélère. L'accélération de la fin du « *Kali-Yuga* », l'âge final, devient de plus en plus évidente.

Le phénomène de mondialisation se présente sous trois traits : délocalisation, dématérialisation, et unification.

---

[130] *Cool memories* IV.

[131] Par exemple au chapitre IV du *Règne de la quantité et les signes des temps*, « L'uniformité contre l'unité ».

[132] On constatera que dans la Genèse, chaque jour de la création, à partir du troisième, est ponctué par un « Et Il vit que cela était bon », sauf le premier et le deuxième jour, celui de la double séparation, celle de la lumière et des ténèbres, et celle des eaux d'en haut et des eaux d'en bas. Comme si la division, le passage à la dualité, pour nécessaire qu'elle soit, ne pouvait être bénie.

- DÉLOCALISATION

Je ne fais pas seulement allusion aux transferts d'usines dans les pays où il est possible d'exploiter une main d'œuvre à vil prix…

Depuis deux siècles, on constate un extraordinaire brassage de populations : esclavage dans le monde arabe, aux Amériques, colonisation et ressac de la colonisation, déportation de populations – les Tatars de Crimée se retrouvent en Sibérie –, immigration de masse d'abord voulue par les autorités et qui semble à présent irrépressible.

Dans les élites, le nomade semble l'emporter sur le sédentaire. On connaît le thème de la richesse qui ruisselle et finit par se répartir sur l'ensemble de la société. Eh bien, c'est de moins en moins soutenable, car les dominants tendent à devenir autonomes vis-à-vis du local.

Un nouvel État, celui qui précisément domine aujourd'hui – les USA, produit de ce « *melting pot* » – est devenu un modèle normatif. Et la délocalisation, qui jadis était un malheur, est devenue une norme : l'exil dans les sociétés tribales revenait à une condamnation à mort ; dans le monde antique, c'était une peine très grave, mais on n'en mourait pas ; à présent une bonne partie des étudiants rêve d'une carrière internationale, et la mobilité géographique est présentée aux chômeurs comme une condition pour être employable.

- DÉMATÉRIALISATION

On pourrait aussi dire désincarnation. L'histoire de la monnaie en témoigne où l'on passe du troc d'objets matériels aux métaux précieux, au papier monnaie garanti par la puissance publique, aux simples jeux d'écritures et d'écritures numériques ; la valeur ne cesse de se virtualiser.

Économiquement le capital terrien est remplacé par le capital industriel, enfin le capital industriel se liquide progressivement, la production est de plus en plus dominée par le capital financier : « *la fortune anonyme et vagabonde* », selon l'expression du Comte de Chambord, soumet à présent totalement l'économie planétaire.

L'homme prétend s'échapper de sa condition spatio-temporelle : sur les écrans d'ordinateurs, les relations virtuelles remplacent le contact physique, les jeux électroniques nous permettent de vivre une multitude de vies parallèles, et les faux gourous du *New Age* prétendent faire accéder aux états spirituels supérieurs sans passer par les disciplines ascétiques (les *yogas* sont d'abord physiques).

• UNIFICATION – qu'il vaudrait mieux nommer uniformisation ou homogénéisation. De la S.D.N. à la Cour Pénale Internationale, si les institutions mondialistes tentent, non sans difficultés, de s'implanter et d'imposer leur légitimité, en revanche, le « village planétaire » de Marshall Mac Luhan, vibre synchroniquement aux « tam-tam » des médias. La toile virtuelle d'Internet « réalise » la noosphère jadis espérée par Teilhard de Chardin.

L'anglais, ou tout au moins le *globish* – le sabir anglo-américain –, devenu le code obligé de toutes les relations internationales, ressemble à cette novlangue qu'avait imaginée Georges Orwell. La « pensée unique » s'impose peu à peu.

Le monde moderne a produit les totalitarismes dès la philosophie des Lumières[133] parce qu'il prétend à une pseudo-universalité qui n'est au fond que la contrefaçon de la catholicité[134]. Dans son essai sur « l'invention démocratique »[135], Claude Lefort a montré comment le désir d'unité fusionnelle structure triplement la modernité totalitaire :

---

[133] Avant que « l'*american way of life* » ne se présente comme la norme du monde, la France, celle des Droits de l'Homme sans Dieu, a aussi prétendu à être l'institutrice du monde. La France qui, à la Sorbonne, enseignait la doctrine catholique, a continué à se proclamer l'institutrice de l'univers quand elle est passée au prométhéisme.
[134] Même dans cette société surnaturelle qu'est l'Église, on reconnaît la diversité des charismes et des vocations (Marthe et Marie). De nombreux courants, écoles, ordres et perspectives philosophiques la traversent, et théologiquement, le champ des questions disputées est infiniment plus large que celui des domaines où elle s'est prononcée par un dogme.
[135] *L'invention démocratique*, Fayard, 1994.

- « Peuple-un » du jacobinisme, détruisant les corps intermédiaires, société sans classes du communisme, peuple racialement pur du nazisme – j'ajouterais mixité généralisée promue par l'ultramilliardaire libéral Georges Soros.
- Déni de la distinction entre gouvernants et gouvernés – c'est la théorie démocratique.
- Auto-référence – « autonomie » pour Castoriadis – d'une société qui n'a pas de comptes à rendre à aucune autorité spirituelle ni à aucune transcendance.

Claude Levi-Strauss (« *Race et histoire* ») remarque que l'ethnocentrisme occidental se distingue de l'ethnocentrisme commun, non par sa tendance à mépriser ou à exclure l'altérité, mais par sa prétention à vouloir tout englober : depuis les « grandes découvertes » de la Renaissance jusqu'à la conquête spatiale, l'Occidental est fasciné par l'exotisme[136] et ne veut renoncer à aucune production de l'humanité[137]. L'ethnologue Robert Jaulin a montré comment la société occidentale est ethnocide : comme le touriste, elle détruit

---

[136] Cet échec de l'Occident à entrer en relation avec d'autres cultures sans les détruire doit être mis en rapport avec la rupture de cette société avec sa propre tradition, c'est-à-dire ce qui relie l'homme avec le « tout Autre » transcendant. Cette rupture avec l'Originel amène à rechercher ses origines dans les autres sociétés – appelées « primitives » ou « archaïques » – et à les détruire dans le même mouvement. Comme le touriste détruit l'altérité « pittoresque » qui l'avait attiré.

[137] Cf. *Le Musée imaginaire* de Malraux.

l'altérité, objet de son impossible quête de pittoresque[138]. L'Occident n'est pas moins à Shanghaï qu'à Los Angeles et l'Orient semble s'effacer[139].

3. *La démesure* (hubris) *de l'homme « libéré »*

En ayant recours aux « figures » archétypales de la Tradition, à la fonction herméneutique du mythe, les mythes – *histoires vraies*, affirmait Mircea Eliade – permettent de décoder les signes des temps en éveillant notre intuition.

Le premier mythe auquel on pourra recourir est celui du fruit défendu de l'arbre de la connaissance du bien et du mal. Les trois caractéristiques de la mondialisation : délocalisation, dématérialisation et unification renvoient avec évidence aux attributs divins – l'ubiquité, l'état spirituel et l'unité – ou tout au moins aux états angéliques. Surtout si l'on ajoute un quatrième attribut divin : l'aséité. Toute créature existe par une puissance autre qu'elle-même. Seul Dieu est *causa sui*. Par un déni inouï de notre nature contingente, nous voudrions proclamer *« je suis un self-made-man »*. La quatrième caractéristique de la mondialisation, c'est *l'atomisation* des hommes, « libérés » de toute attache communautaire, de toute tradition.

Dans notre société agnostique – et qui s'en félicite au lieu d'en pleurer – en l'absence de vrais critères, tout jugement sur le juste, le beau ou le vrai est ultimement renvoyé à l'arbitraire des individus,

---

[138] La première venue du Christ n'abolit ni les châtiments de la chute ni les médiations, remèdes qui nous ont été donnés pour passer à travers ce temps de tribulations ; le temps n'est pas encore où le lion et la brebis pourront paître ensemble. Aussi le Maître ne dit-Il pas « *n'ayez pas d'ennemis* », mais « *aimez vos ennemis* ».

[139] « *La divine Providence a ordonné que le gouvernement universel, qui au début du monde était en Orient, à mesure que le temps approche de sa fin se déplaçât vers l'Occident pour nous avertir que la fin du monde arrive, car le cours des événements a déjà atteint le bout de l'univers* », écrit Hugues de Saint-Victor.

celle de l'électeur, du consommateur ou du spectateur, ou encore celle des prétendus « sages » qui décorent les comités d'éthique.

Cette libre volonté, que nulle transcendance n'éclaire, aussi *libre* que la bille du flipper, se réduit, bien entendu, à une velléité malléable à souhait à toutes les influences de la mode, de la propagande et de la publicité des spécialistes de la communication de masse.

Après toutes les tentatives d'auto-programmation de l'homme, après l'affirmation de la démocratie – c'est-à-dire que seule la volonté contractuelle peut légitimement fonder les normes –, après tant de tentatives pour que l'homme échappe à sa nature contingente – créer *l'Homme Nouveau* par l'école ou la Révolution –, nous sommes peut-être à la veille de réaliser par les manipulations génétiques le vieux rêve d'*autonomie*[140], l'autocréation de l'homme par l'homme – du *self-made-man* au transhumanisme. Nous pourrons enfin être ce que nous voulons, mais nous pressentons avec effroi que nous ne savons pas ce que nous voulons.

L'antique serpent avait tenté notre mère Ève en lui affirmant qu'en mangeant le fruit défendu les hommes seraient « *comme des dieux* »[141]. Ce n'est sans doute pas le désir d'être comme des dieux qui constitue la faute originelle[142], mais le fait d'avoir choisi comme voie de cette déification, au lieu de la relation au Créateur, la créature, et plus encore la part interdite de la création. Cependant, nous délaisserons ici la piste de la transgression primordiale, non parce que ce thème n'est pas pertinent, mais parce qu'il n'est pas spécifique à la mondialisation : il préside à toute l'histoire des hommes.

---

[140] Cf. ce que Cornélius Castoriadis oppose à l'hétéronomie des sociétés traditionnelles où les normes sont d'origine transcendante.
[141] Genèse, III, 5.
[142] Quoi de plus naturel pour l'homme qui a été créé « à l'image de Dieu » que de vouloir ressembler à son Créateur ?

4. Babel ou l'échec de l'unité

Un autre épisode biblique met plus spécifiquement en scène le désir dévoyé d'unité et son échec : celui de la construction de la tour de Babel. Jusqu'à cet événement, toute la descendance de Noé était unie, elle parlait dans un même langage.

« *Tout le monde se servait d'une même langue et des mêmes mots. Comme les hommes se déplaçaient à l'Orient, ils trouvèrent une plaine au pays de Shinéar et ils s'y établirent. [...] Ils dirent : Allons ! Bâtissons-nous une ville et une tour dont le sommet pénètre les cieux ! Faisons-nous un nom et ne soyons plus dispersés sur la terre !*

Or Yahvé descendit pour voir la ville et la tour que les hommes avaient bâties. Et Yahvé dit : "Voici que tous font un seul peuple et parlent une seule langue et tel est le début de leur entreprise ! Maintenant aucun dessein ne sera irréalisable pour eux ! Allons ! Descendons ! Et là, confondons leur langage pour qu'ils ne s'entendent plus les uns les autres".

Yahvé les dispersa de là sur toute la surface de la terre et ils cessèrent de bâtir la ville. Ainsi la nomma-t-on Babel, car c'est là que Yahvé confondit le langage de tous les habitants de la terre et c'est de là qu'Il les dispersa sur toute la surface de la terre.[143] »

Remarquons d'abord que la confusion[144] des langues et la dispersion des hommes sont bien de volonté divine. Comme l'écrit Alain Santacreu : « *Dans la Bible, dès la Genèse, Yahvé exige la décentralisation des structures humaines. S'Il disperse les bâtisseurs de Babel, c'est qu'ils sont les profanateurs du Centre : les hommes doivent être dispersés, car le Centre n'est pas de ce monde ; il est le lieu de l'Éternel, du non-manifesté, le Lieu des lieux. La volonté humaine de concentration est donc une rébellion contre l'ordre divin.*[145] »

Chez les Hébreux, depuis le retrait du « *Tsimtsum* » – Dieu se retire partiellement pour permettre « l'existance » de sa créature –,

---

[143] Genèse, XI, 1-9.
[144] Babel, « porte du Ciel » veut aussi dire « confusion ».
[145] Alain Santacreu « L'esprit traditionnel de l'idée libertaire », p.148 in *Que vous a apporté René Guénon ?* Paris, Dualpha, 2002.

la création est un processus de séparation ; de la lumière et des ténèbres, de la terre et de la mer, des eaux d'en-haut et des eaux d'en-bas... La création s'ordonne à partir de la confusion du Tohu-Bohu initial. De même, le gouvernement de l'histoire par la Providence se manifeste par une série d'élections : Abel plutôt que Caïn, Jacob plutôt qu'Ésaü. La descendance de Noé est séparée de l'humanité antédiluvienne, Abraham est arraché à la Chaldée, le peuple élu à l'Égypte, les lévites des autres tribus, Juda d'Israël[146]...

Tout ordonnancement est d'abord un travail de séparation, Dans un premier temps, il faut hiérarchiser : ce qui est en haut, et ce qui est en bas. Devant, derrière, droite et gauche. Dans toutes les sociétés humaines, une ceinture ou quelque chose qui en tient lieu, sépare le haut et le bas du corps. La droite – avec laquelle on mange – et la gauche – avec laquelle on se torche.

Dans un deuxième temps il faut relier[147]. La tête **et** les jambes. Le Roi **et** son bouffon. « *Distinguer pour unir* » disait Jacques Maritain. C'est à la condition d'une distinction préalable que les correspondances et analogies peuvent fonctionner. L'égalitarisme bloque le fonctionnement symbolique.

Ce qui fait que l'Histoire n'est pas une parfaite illusion, c'est qu'elle n'est pas un simple éternel retour à l'origine et qu'on passe d'un Jardin (le Paradis d'Éden) à une Cité (la Jérusalem Céleste). Certes, dans les deux cas, l'iconographie illustre l'archétype de la « quadrature du cercle » : un cercle d'où partent quatre fleuves pour l'un, un cube à douze portes pour l'autre. Mais les deux images sont en quelque sorte inversées.

---

[146] La Bible ne commence pas par la première lettre, mais par la seconde ; pas par *aleph*, mais *par beth – bereshit* : Il créa deux. L'unité n'est pas de l'ordre du monde manifesté. Naguère, lors d'un colloque « *Vers La Tradition* », Jean Borella avait montré comment le passage des principes à la forme manifestée impliquait une certaine contingence, il n'y a pas d'art sans une part d'arbitraire qui échappe ainsi à la parfaite unité.

[147] Cf. « *La Table d'Émeraude* » : « *ce qui est en haut est comme ce qui est en bas.* »

Au contraire, la pseudo-unité fusionnelle engendre la confusion et la division. C'est depuis Babel que tout langage a pour fonction de communiquer avec certains *et* de ne pas communiquer avec d'autres.

Le curieux destin des langues artificielles – volapück et espéranto – réitère la malédiction de Babel. Les hommes se font la guerre parce qu'ils ne se comprennent pas ; il faudrait donc leur donner une langue commune qui ne peut être celle des peuples dominants. Pour établir l'unité du genre humain, il faut faire du passé table rase, créer arbitrairement une langue qui ne soit pas un héritage.

Mais les disciples entrent inévitablement dans un rapport œdipien avec le fondateur, pourquoi mon propre arbitraire ne serait-il pas préférable à celui du créateur de la nouvelle langue ? L'un va vouloir inventer de nouveaux mots, l'autre perfectionner la syntaxe. Ainsi se créent un volapück *bis*, un espéranto *ter* ; si bien que le langage qui avait pour fonction la communication entre tous les hommes, ne permet plus, tendanciellement, de communiquer qu'avec soi-même, c'est-à-dire avec personne.

La tradition ? Je peux ne pas entrer en conflit avec mon père si ce que je reçois de lui, il l'a lui-même reçu de son père. Le principe d'unité, le lien entre les hommes ne peut venir exclusivement d'eux-mêmes. Il n'y a pas de fraternité possible sans paternité et même sans transcendance.

5. *La Pentecôte figure symétrique inversée de Babel*

« *Le jour de la Pentecôte étant arrivé, ils (les Apôtres) se trouvaient tous ensemble dans un même lieu, quand tout à coup vint du ciel un bruit tel que celui d'un violent coup de vent qui remplit toute la maison où ils se tenaient. Ils virent apparaître* des langues *qu'on eût dites de feu ;* elles se divisaient *et il s'en posa une sur chacun d'entre eux. Tous furent alors remplis de l'Esprit-Saint et commencèrent à parler en d'autres langues, selon que l'Esprit leur donnait de s'exprimer.*

Or il y avait, résidant à Jérusalem, des hommes pieux venus de toutes les nations qui sont sous le ciel. Au bruit qui se fit, la foule s'assembla et fut bouleversée, car chacun l'entendait parler sa propre langue.

Dans leur stupeur et leur émerveillement ils disaient : Ces hommes qui parlent ne sont-ils pas tous Galiléens ? Comment se fait-il alors que chacun de nous les entende dans sa langue maternelle ? Parthes, Mèdes et Élamites, habitants de Mésopotamie, de Judée et de Cappadoce, du Pont et d'Asie, de Phrygie et de Pamphilie, d'Égypte et de cette partie de la Libye qui est proche de Cyrène, Romains en séjour ici, Juifs et prosélytes, Crétois et Arabes, nous les entendons publier dans notre langue les merveilles de Dieu. »[148]

La Pentecôte abolit-elle le châtiment de Babel ? Pas exactement, elle ne rétablit pas la langue adamique unique. Elle rétablit l'unité de la Révélation dans la diversité des langues : *chacun de nous les entend dans sa langue.*

Le Christ étend le salut au monde entier sans abolir la multiplicité. Ce temps n'est pas celui de la fusion[149]. Comme l'unité transcendante des traditions n'abolit pas la diversité des formes, l'unique Bonne Nouvelle se répand à travers la diversité des langues[150].

---

[148] Actes des Apôtres, II, 1-12.

[149] C'est pourquoi, contrairement à l'islam, le christianisme n'exige pas du converti qu'il pratique la langue de la Révélation. Un seul Esprit-Saint se divise en autant de langues de feu qui se posent sur chaque Apôtre. La rédaction des Évangiles est faite en Grec ou en Araméen. La Vierge parle en patois à Bernadette et apparaît comme une indienne au Mexique. La transmission s'opère par traductions, et donc par négociations.

[150] Comme le remarque Mgr de Moulins-Beaufort, archevêque de Reims à propos de l'aventure de Jeanne d'Arc :
« *Il a pu sembler aussi, lorsque le christianisme est devenu la religion majoritaire de l'empire romain, que tous les peuples chrétiens devaient entrer dans un unique empire. Tous les peuples regroupés dans un unique ensemble politique ne bénéficieraient-ils pas d'une paix universelle et continue, les adversaires étant convertis et absorbés, et une seule administration conduisant toutes choses selon une loi que tous acceptaient, habitée par une vision du monde enfin commune ? Le royaume de France a représenté très tôt le refus de cette tentation. Aussi chrétien que tous les autres – certains diront : plus chrétien que les autres –, son existence même est un refus de l'idéal universaliste de l'empire.*» Car le Christ « *s'offre pour que, de tout ce qui apparaît à un certain regard comme*

6. *L'Unité : une perspective finale*

Sans doute, l'unité de l'humanité est désirable – puisque ce désir travaille l'histoire des hommes –, mais elle est réservée aux perspectives finales. Seule la Jérusalem céleste est la cité sainte de l'unité, c'est-à-dire de la Présence et non de la représentation : « *de temple, je n'en vis point en elle, c'est que le Seigneur, le Maître de tout, est son temple, ainsi que l'Agneau. Elle peut se passer de l'éclat du soleil et de celui de la lune car la gloire du Seigneur l'a illuminée et l'Agneau lui tient lieu de flambeau* »[151]. L'Unité rend inutiles les médiations – le Temple, le soleil et la lune, le sacré – et les médiations ne s'exercent que dans la multiplicité.

Or la Jérusalem céleste n'est pas œuvre humaine : « *et je vis la Cité Sainte, Jérusalem nouvelle, qui descendait du Ciel, de chez Dieu* »[152], la tentation récurrente est de vouloir la réaliser par des moyens humains au lieu de la « préfigurer » dans les témoignages d'une Espérance surnaturelle. La Babylone de l'Antéchrist est la même ville archétypale que Babel ; la parodie de la Jérusalem céleste, la tentative sacrilège du relatif révolté pour réaliser l'Absolu trop manquant, tentative impie qui aboutit toujours à la fusion/confusion.

7. *L'unité maléfique, parodie de l'unité divine*

Je résumerai ici à grands traits ce que l'exégèse traditionnelle nous dit de l'Antéchrist. Avant le triomphe du Messie, et peut-être son règne temporel dans le *millenium* – c'est un point que l'Église n'a pas tranché –, avant la Parousie doit se manifester le mystère d'iniquité. Par un parallèle classique, la vie de l'Église doit suivre la vie du Christ : la Croix du vendredi saint doit précéder la Résurrection de Pâques. Pendant que l'Église sera affaiblie et sans soutien

---

un chaos, puisse émerger une unité plus intime, plus vivante, plus réjouissante, que toutes les formes d'unification que nous pouvons construire ». Homélie prononcée le 2 juin 2020 à l'occasion des fêtes johanniques à Reims.
[151] Apocalypse, XXI, 22, 23.
[152] Apocalypse, XXI, 2.

comme le corps du Christ sur la croix, les fidèles n'auront plus ni signes ni miracles. L'Antéchrist – singe du Messie – aura toutes les apparences du Messie : il se fera passer pour le Fils de Dieu, il simulera la sainteté, avec les faux prophètes, il fera de « *grands signes et des prodiges, au point que, s'il était possible, même les élus soient induits en erreur* »[153], il se tiendra dans les lieux saints (cf. Daniel), il se fera honorer comme Dieu dans le Temple de Dieu.

Le point qu'il faut souligner ici, c'est que l'Antéchrist apparaîtra avec toutes les apparences de l'unité, comme l'affirme le Pape S. Grégoire 1er : « *aucune altercation d'opposition ne les déchirera, et c'est pourquoi ils prévaudront fortement contre les bons parce qu'ils maintiendront entre eux la concorde dans le mal. Aussi, de même qu'il est dommageable que l'unité manque aux bons, de même, il est funeste qu'elle ne manque point aux mauvais* [...]. *Si l'unité des méchants n'était point nuisible, la divine Providence n'aurait nullement divisé les hommes orgueilleux en tant de langues diverses* [...]. *Comme alors ce Léviathan sera déchaîné en ses forces contre les élus de Dieu, l'unité des réprouvés sera également permise pour l'augmentation de sa malice, de sorte qu'il use d'autant plus durement de ses forces contre nous, qu'il nous combattra non seulement par le martèlement de ses coups de force, mais encore par la masse unie des réprouvés.* »[154]

De même l'Antéchrist parviendra à « réunir » les juifs et les gentils : il simulera être à la fois le Christ des chrétiens dans sa seconde venue et le Messie promis dans la Loi que les juifs attendent

---

[153] Apocalypse, XIII, 24.

[154] Un bel exemple de confusion par passion homogénéisante, l'article 21 de la Charte des Droits Fondamentaux de l'Union Européenne : « *Est interdite toute discrimination fondée notamment sur le sexe, la race, la couleur, les origines ethniques ou sociales, les caractéristiques génétiques, la langue, la religion ou les convictions, les opinions politiques ou toute autre opinion, l'appartenance à une minorité nationale, la fortune, la naissance, un handicap l'âge ou l'orientation sexuelle* ». Là où la pensée traditionnelle cherchait des signes de qualification ou de déqualification – rien n'équivaut à rien –, la pensée unique vise à exclure l'idée même de la qualité.

encore. C'est pour cela que S. Jean Chrysostome fait dire au Christ : « *Moi, je suis venu au nom de mon Père et vous ne m'avez point reçu. Et un autre viendra en son propre nom et vous le recevrez.* »[155]

Enfin l'Antéchrist établira l'unité religieuse – faux œcuménisme : *Il bannira les idoles afin de persuader qu'il est Dieu* (S. Irénée) ; *Il aura les idoles en horreur* (S. Cyrille). Et S. Robert Bellarmin commente : « *On voit par là les ruses du diable. Dans l'Antiquité, il persuadait qu'il fallait adorer de multiples faux dieux et diverses idoles et trompait ainsi un grand nombre. Tandis qu'au temps de l'antéchrist, comme il verra que les idoles et la multitude des faux dieux auront été réduits à rien par la doctrine du Christ, lui-même s'attaquera aux idoles et à leur multiplicité.* »[156]

En ce monde, l'unité – ou plutôt un semblant d'unité – est un signe néfaste car elle peut se manifester contre le Principe et la Vérité : « *Hérode et Pilate devinrent amis en ce jour l'un pour l'autre ; car auparavant ils étaient en inimitié l'un envers l'autre.* »[157]

8. *L'unité totalitaire*

Dans ces temps historiques, il me semble possible de distinguer morphologiquement la confusion totalitaire de l'ordre universel :

• La confusion totalitaire tente en vain de trouver l'unité par l'homogénéisation du monde, elle vise à l'égalité, l'indistinction par l'atomisation individualiste, le « libre marché » où tout équivaut à tout, devient le paradigme de toute relation entre les hommes.

• L'ordre universel se manifeste à travers la diversité des formes et une multiplicité de médiations qualitatives – « les états multiples de l'être ». En langue des oiseaux, est *universel* ce qui est tourné vers l'Un, le Transcendant au-delà de ce monde. Tout autre principe d'unité est idolâtrie.

---

[155] Homélies, XL.
[156] Cité pp. 127 et 151 in Vincent-Marie Zins, *L'antéchrist et le temps de la fin du monde d'après les Écritures commenté par les Pères*, éd. DFT, 1999.
[157] Luc, XXIII, 12.

Mais ces *temps historiques* ont eu un début et auront donc une fin ; puisque ce temps des tribulations précédant la victoire finale semble approcher, il me semble important que les hommes de tradition et les organisations traditionnelles s'exercent au discernement.

Nous attendons tous le Messie, l'*Avatara*, le Mahdi, le retour glorieux du Christ-Roi, bref de celui qui unissant en lui les puissances du ciel et de la terre, celle de l'Orient et de l'Occident, manifestera au dehors, à la fois dans le domaine de la connaissance et dans celui de l'action, le double pouvoir sacerdotal et royal. Mais avant nous serons confrontés à sa parodie.

La méthode morphologique qui consiste à établir des critères formels pour juger de ce qui est traditionnel et de ce qui ne l'est pas, cette méthode dont use René Guénon avec tant de fruits, sera-t-elle suffisante pour déjouer les ruses de l'Adversaire quand celui-ci apparaîtra avec les apparences du Messie ?

IX. ART ET TRANSCENDANCE OU LA MALÉDICTION DES « ARTISTES MAUDITS »

Je n'ai rien contre les musées. Au contraire, enfant j'aimais bien les planchers craquants et l'odeur d'encaustique des musées de province. Sous le regard parfois soupçonneux du gardien, loin des foules de touristes, de la pluie ou des chaleurs écrasantes, on pouvait jouir d'un espace consacré à la contemplation. Même si la collection de coléoptères ne me passionnait pas, l'attitude de « contemplation » que ces lieux suscitaient, suffisait à provoquer ma soif de « connaître » et comprendre une parcelle du monde.

À présent, j'hésite à entrer dans un musée de « plasticiens » contemporains ; de crainte d'être déçu ? Et plus encore… Lorsque j'ai visité l'étage de Beaubourg consacré à l'art contemporain, j'en étais sorti extrêmement déprimé. En dehors d'une ou deux œuvres – je me souviens de l'éclatant « les Capétiens partout » de Matthieu qui respirait la santé – tout n'était que dérision, déconstruction, subversion ou déréliction… Pas du « n'importe quoi ». Non ! Les artistes – vrais médiums – donnaient au contraire une image au fond juste et sinistre de l'époque nihiliste que nous traversons.

La vie ordinaire est vivable parce que pour une part elle résiste et échappe aux impératifs idéologiques de la modernité, et d'autre part – il faut bien le reconnaître – parce que l'industrie de la « distraction » – publicité, relations publiques, communication, « politique » et autres « Disneyland » –, nous plonge dans un bain de spectacles nous permettant « d'oublier » l'absurdité de « ce » monde. L'art contemporain met en scène l'insignifiance. Parfois il la dénonce, mais le plus souvent il en fait la norme ultime et pire, pour certains, il en fait la condition du triomphe démiurgique de « l'Homme ».

Le nihilisme contemporain n'est pas le propre de l'art, il se manifeste dans bien d'autres domaines – philosophie athée, démocratie absolue, Golem de la technique – et de bien d'autres façons… Dans les sociétés traditionnelles, les hommes se scarifiaient ou se tatouaient pour manifester leur qualification, leur affiliation ou leur dévouement à quelque valeur, à présent les tatouages – comme les prénoms dont on affuble les petits enfants – sont insignifiants et, par là même, ils seraient l'expression d'un « goût personnel » – en réalité des modes éphémères. Aux blasons qui exprimaient la « qualité » de ceux qui le portaient ont succédé les *pin's*, les sigles ou les *tags* qui sont le plus souvent des signes de rien[158].

Mais parce qu'on attend davantage de l'art, la concentration d'œuvres nihilistes me plonge dans un spleen dont j'ai du mal à sortir. Comme les personnages désabusés de *Matrix*, j'ai la désagréable impression d'être précipité dans l'envers hideux de la matrice.

1. La chute dans « l'art »

Je me souviens que j'avais entrepris de faire la visite de l'ancien musée de peinture de Grenoble – celui de la place de Verdun – avec ma fille de sept ans. Celle-ci s'est spontanément agenouillée devant un triptyque gothique. Gêne des spectateurs présents. Gêne parce que cette petite fille agenouillée devant la scène religieuse révélait le travail esthétique de passe-passe qui camouflait sans crier gare le cultuel en culturel, qui transformait le fidèle en esthète.

Dans ce même musée, les œuvres étaient disposées selon un ordre chronologique et au fur et à mesure que je m'y enfonçais je sentais mon enthousiasme décliner : au hiératisme des œuvres médiévales succédait l'humanisme de la Renaissance – « humain, trop humain » –, un humanisme parfois héroïque, illustrant l'incarnation chrétienne, qui très vite laissait de plus en plus la place au « décoratif » ou à l'anecdotique, on passait des mignardises aux lourdes allégories et des portraits bourgeois aux paysages impressionnistes.

---

[158] Je tiens cette idée de Jean Baudrillard.

Arrivé à l'époque contemporaine on sentait bien que la peinture faisait le grand écart entre le renoncement à « re-présenter » quoi que ce soit – style « opus 14 » – et la prétention pansémique à vouloir être une représentation totale – bien mal confortée par des commentaires infiniment prétentieux censés révéler le sens caché d'une œuvre infiniment creuse[159].

Enfin, de plus en plus se multipliaient ce qu'Oswald Spengler donnait comme une des caractéristiques des fins de cycles culturels : les « arts du procédé » – un truc marrant auquel jusqu'ici on n'avait pas encore pensé et qu'on use jusqu'à la corde pendant quelques années, ou même sur un rythme accéléré pendant une saison pour ne plus jamais avoir à y revenir.

Certes à chaque époque tout ne se vaut pas, parfois certaines œuvres retrouvent cette force enthousiasmante – je pense à Georges de la Tour –, il y a même dans certaines performances plus modernes, de quoi donner au spectateur l'envie de jouer qui ne serait pas antipathique si on ne sentait une prétention sans bornes soustendre ces canulars.

L'Histoire – sauf par irruption du surnaturel – est l'histoire de la chute d'Adam qui se prolonge dans le temps. Ce sentiment d'une chute que j'avais en visitant des musées présentant les œuvres de façon chronologique, je l'ai souvent éprouvé en musique ou en architecture. Je préfère la musique ancienne – et parfois certaines « musiques du monde » – à la musique baroque, et celle-ci à la musique romantique que je préfère encore à la musique contemporaine. Je préfère le style « Sacré Cœur » aux églises d'après Le Corbusier, le gothique aux églises classiques ou baroques, et le roman au gothique ; quand je dis « je préfère » cela signifie que j'y prie plus facilement. Bien sûr, pour chaque catégorie, il faudrait apporter mille nuances : le baroque provençal relativement sobre ne me gêne

---

[159] Le sociologue américain d'origine russe Pitirim Sorokin a étudié comment les sujets de peinture ou de sculpture se répartissent chronologiquement et traduisent la succession des idéologies…

pas alors que j'ai de grandes difficultés à prier dans beaucoup d'églises baroques italiennes.

À Florence – cette ville dont le Prince fut un banquier – aux « Offices », on saisit encore mieux cette chute du hiératique dans l'humanisme – avant la disparition, au XXe siècle, de la figure humaine trop *inconsistante*. Le Quattrocento à Florence apparaît comme l'espace/temps paradigmatique de cette révolution qui fait muter ce qu'André Malraux avait nommé « le surnaturel » à « l'irréel ».

Les œuvres les plus anciennes tiennent encore de la mosaïque byzantine ou de la fresque romane ; mêmes malhabiles, ce sont des « hiérophanies » du monde surnaturel, de la réalité qui surplombe ou sous-tend ce monde phénoménal, le relativise et, par là, lui donne son sens. Avec Giotto, ou Fra Angelico, les icônes s'animent et deviennent moins sévères, mais le hiératisme demeure avec quelque puissance symbolique et anagogique. L'aimable Botticelli, même dans ses œuvres profanes parvient à rendre sensuelles les figures archétypales de l'intellect – plus qu'un Dürer du reste.

Mais l'évolution se poursuit et la Vierge Théotokos se met de plus en plus à ressembler à la petite amie du peintre, de plus en plus mignonne, de plus en plus anecdotique.

Et à ma grande stupéfaction, les guides et les commentateurs présentent cette chute comme un *progrès*, la clef de voûte de l'art occidental.

C'est vrai qu'à partir de cette époque, comme la science, la philosophie, la politique s'autonomisent, la théologie elle-même se sépare du sapientiel, la synthèse de la chrétienté vole en éclats ; l'art aussi devient autonome et même si le prétexte peut rester une commande à thème religieux, son véritable objet devient la performance esthétique et finalement, avec la perte du critère « platonicien » du beau, il ne restera plus que l'horizon désespéré de l'originalité formelle. Ce que je mets en question ici, ce n'est pas l'art abstrait par rapport à l'art figuratif, et je suis prêt à entendre les mérites de telle ou telle école. Ce que je mets en question, c'est le statut d'un art comme autonome – on pourrait dire idolâtre – depuis la Renaissance[160].

Au Musée de l'Homme étaient exposés de superbes exemplaires de l'activité créatrice des peuples ; je crains que les mêmes objets, transportés au musée des arts premiers – que je ne connais pas encore – ne soient transformés par le regard occidental en « objet d'art ». Un masque africain peut être esthétiquement saisissant, mais c'est une trahison que de le couper de sa fonction dans le rituel initiatique.

Certes les fonctions de l'art ne sont pas seulement religieuses, encore que dans une société traditionnelle toute la vie quotidienne, civile, technique est intégrée, « reliée » (« *religare* ») à une conception sacrée du monde où chaque niveau renvoie par analogie aux autres niveaux – « *ce qui est en haut est comme ce qui est en bas* » de la Table d'émeraude, « *connais-toi toi-même et tu connaîtras l'univers et les dieux* » du temple de Delphes. Tout est sacralisé parce que tout est analogiquement relié. Le microcosme – l'individu –, le macrocosme – l'univers – et la Cité – qu'on pourrait considérer comme un « mésocosme » – se renvoient des images analogues permettant même à l'Invisible de se laisser deviner à travers les choses visibles. Jean Servier l'a montré, les objets les plus humbles qui constituent la maison traditionnelle kabyle dupliquent la cosmologie ; l'édification d'un temple est un rituel qui reproduit les mythes de création du monde : confier la construction d'une église à un profane, même de talent, est aberrant. Confierait-on le soin d'exécuter le rituel des derviches-tourneurs à des coryphées de l'opéra de Paris ? L'art « moderne » – au sens que les historiens donnent à « moderne » – témoigne par son autonomisation de la perte d'unité et de cohérence de la « dissociété » occidentale.

---

[160] Cf. Thomas Mann, *Doktor Faustus* : la culture, « *détachée du culte, s'est faite culte elle-même et n'est plus qu'un déchet.* »

2. De l'originalité et du destin des « avant-gardes »

Le beau – « la splendeur du vrai » – étant le reflet dans ce monde de ce qui le dépasse, la révolution anthropocentrique, en niant toute transcendance, devait aboutir à l'abandon de tout critère fondé sur la beauté. D'où comme l'ont remarqué Maurras et Malraux, la disparition du « goût ». L'originalité est devenue le seul critère pour juger de l'art contemporain ; c'est-à-dire le refus de l'artiste d'entrer dans un modèle déjà formalisé. D'où un « art du procédé » (Spengler) qui très vite s'use dès que la technique a fixé sa constitution. La révolte métaphysique de l'image – l'homme créé « à l'image et à la ressemblance » de Dieu – contre l'Originel va conduire à ce que l'art ne relève plus que d'un seul critère, l'Original. On aurait pourtant bien surpris l'auteur de fresques pharaoniques si on lui avait dit qu'il fallait juger de la valeur de ses œuvres en fonction de leur degré d'originalité. Si l'art se résume à la combinaison de formes « nouvelles », autant – ne serait-ce que pour échapper au radotage – confier le soin de combiner à des ordinateurs pour obtenir des effets inédits ; ce qui a été fait en musique, peinture et même en littérature.

On assiste à l'épuisement du mouvement intellectuel et artistique amorcé par le romantisme et développé à satiété par chaque « avant-garde » ; mouvement caractérisé par la recherche systématique des normes qui pourraient encore être transgressées. Mais comme le parasite ne peut subsister qu'autant que vit l'organisme qu'il détruit, c'est le destin de tels mouvements de disparaître avec cela même auquel ils s'attaquent. Quand il ne reste plus rien à « déconstruire », et que les derniers « tabous » ont été transgressés, la dérision, la subversion et la révolte s'épuisent d'elles-mêmes.

Après la démolition du lexique et de la syntaxe, la « déconstruction » d'une pensée, le tableau blanc, l'exposition des déchets de poubelle, ou les pratiques de « l'art nouveau », on ne peut aller beaucoup plus loin sur une voie qui épuise ses propres supports d'expression et qui à force de répétition suscite plus d'indifférence que d'indignation. Le feu de la subversion s'éteint de lui-même quand tout le combustible a flambé.

L'idéologie de l'émancipation – doctrine essentiellement critique – tirait sa force et sa justification des résistances et des limites qu'elle rencontrait dans les coutumes et les représentations traditionnelles ; or arrive un moment où, faute de mythes et de rites à pourfendre, l'« émancipation » s'épuise de son succès même. Prométhée ne trouve plus de ciel où dérober le feu. Comme Marcuse l'avait compris, la société permissive, faute de « répression », rend vaine toute tentative de révolte. En l'absence d'opposition à laquelle se confronter, la seule voie qui reste ouverte à « l'esprit critique » est de se retourner pour critiquer sa propre démarche.

3. De l'efficacité anagogique

Un de mes fils est allé à Amsterdam pour voir l'exposition Rembrandt /Le Caravage. Il me dit qu'à un moment de sa visite il a été happé par deux petits tableaux devant lesquels il est resté un long moment dans un état de contemplation : il s'agissait de Vermeer...

J'aime que l'art soit efficace ; les chants de marins permettent effectivement de mieux souquer, de mieux hâler, ou de mieux danser. Encore faut-il que l'on précise à quelle fin l'art peut être efficace. Les expériences qui montrent que les vaches produisent plus de lait à l'écoute de Mozart qu'à celle du *hard rock* constituent un critère qui ne convaincra pas beaucoup d'amateurs d'art.

Des œuvres classiques et modernes, sauf dans de fugitives rencontres, je n'ai trop souvent trouvé que de quoi flatter mon petit ego : L'érotisme d'Ingres, l'exotisme des peintres orientalistes, le plaisir enfantin de jouer aux soldats de plomb avec les scènes de bataille, les trucs marrants des surréalistes, la jubilation des petits enfants hilares de dire « pipicaca » quand l'adulte qui leur interdit les gros mots s'est éloigné. Moi aussi j'ai cligné des yeux sur les toiles des impressionnistes, j'ai eu le sentiment de faire partie des gens intelligents en m'abstenant de déclarer : *« mon petit de 4 ans pourrait en faire autant »*, des gens distingués aptes à comprendre les dissertations sur l'art conceptuel ou à jouir de l'hyperréalisme ou du *pop art* comme d'un cornet de glace au chocolat... Mais on se lasse du chocolat... Et on aspire à mieux...

Pour moi, quelques œuvres m'ont enthousiasmé – je n'évoquerai pas ici l'architecture : le triptyque du Maître de Moulins, le « couronnement de la Vierge » à la Chartreuse de Villeneuve-lès-Avignon, les tapisseries de l'Apocalypse d'Angers ; ou encore les exemplaires de statuaire gréco-bouddhiques des salles du Musée Guimet consacrées au Gandahar. Toutes ces œuvres sont de véritables « Révélations » quasi-hiérophaniques.

Elles ont pour caractéristiques d'être hiératiques. Le hiératisme est l'esthétique du sacré. Les formes ne sont pas « neutres », certaines ont la puissance d'évoquer « ce qui dans l'homme passe l'homme ». Formulation ambiguë car bien peu distingue l'idole de l'icône.

4. *La crise de l'art sacré*

L'art à sujet religieux en Occident est de plus en plus rarement un art sacré. L'art est sacré, si celui qui le réalise est spirituellement qualifié, s'il est exécuté rituellement – autrement dit, s'il est « performatif » – et si ses formes sont hiératiques. C'est le cas des icônes ou du chant grégorien lorsqu'ils ne sont pas détournés à des fins exclusivement esthétiques.

Le hiératisme se laisse percevoir même à travers les différences culturelles : on en reconnaît les formes dans un chant liturgique slavon, l'invocation du nom de Dieu lors d'un « *dhikr* » soufi ou dans la récitation de mantras par des lamas tibétains, même si on est ignorant de l'Orthodoxie, du soufisme ou du bouddhisme *vajrayana*. Le rituel du *mandala* suscite directement la concentration.

Le hiératique évite de trop jouer sur les passions pour signifier la part pneumatique, spirituelle qu'il appelle ; refusant une lecture expressive, le moine qui cantilène ou procède à une lecture *recto tono* met en éveil une dimension autre que celle des émotions trop humaines. À l'évidence, la cérémonie du thé au Japon est hiératique.

Enfin l'œuvre hiératique renvoie au-delà d'elle-même. La fresque baroque joue sur les illusions d'optique en montrant le Père assis sur des nuages au milieu des angelots comme s'ils étaient de ce monde ; l'icône ou la vierge romane – comme la double voix des chamanes de Mongolie – sont au contraire des mises à distance ; elles disent qu'elles sont présence dans ce monde d'une réalité autre que celle de ce monde. C'est ainsi que l'art sacré nous permet de passer d'une dimension humaine à une dimension supra-humaine. Je n'ai pas souvent trouvé cette « efficacité » anagogique dans les œuvres d'après la Renaissance.

Aujourd'hui, on construit peu d'églises en France, probablement moins qu'on n'en démolit. Et ce que l'on construit est le plus souvent vide ou habité de vagues formes qui connoteraient quelque évocation spirituelle. Ces connotations sont d'ailleurs plus dans le commentaire justificateur que dans l'œuvre elle-même... Par la force de choses, les architectes s'en tirent mieux[161] que les peintres, tapissiers, fresquistes et autres sculpteurs.

« *Une fois révolue la spiritualité de "l'enfouissement" qui a inspiré quelque temps, dans la ligne des mouvements d'action catholique, les acteurs ecclésiastiques en matière de construction d'édifices de culte, le désir d'une « nouvelle visibilité » s'est affirmé. Il a profité avant tout aux architectes, cette corporation ayant le vent en poupe, dans le sillage d'un Le Corbusier. Leurs exploits, il est vrai, paraissent avoir fait un bond en avant au XXe siècle en raison de l'évolution des techniques de construction et de fabrication des matériaux. D'où une forme d'échange de bons procédés, ceux-ci recevant* ipso facto, *à travers les commandes d'Église, une sorte de "certificat de pertinence socio-culturelle, voire de sacralité", tandis que les responsables d'Église, rendus de plus en plus anxieux à la pensée de rater le train du progrès, se voyaient décerner un "certificat de modernité" ou du moins en rêvaient.* [...] *Pour ce qui est en tout cas des prélats et clercs de toute bure, force est de constater la raréfaction voire la disparition de ce qui fut en tout état de cause, à toute époque, un savoir-faire peu répandu, celui de la formulation, à*

---

[161] Le plus souvent, en centrant l'œuvre sur la création (« le peuple de dieu », la lumière, les arbres, les montagnes) que sur le Créateur (l'autel). Le chœur (le « saint des saints ») tend à disparaître. Et les églises ne sont plus « orientées » vers l'Est...

l'adresse des architectes comme à celle des artistes, d'un cahier des charges, dont l'âge d'or a peut-être été la fin du Moyen-Âge. »[162]

Si le dénuement des églises nouvelles est tel, ce n'est pas seulement parce que les clercs – sous prétexte des pseudo-valeurs de « simplicité » ou de « pauvreté »[163] – renoncent à donner une orientation, mais aussi parce que les artistes n'ont plus rien à dire en dehors de la promotion de leur « originalité » ou plutôt « ils n'ont *rien* à dire ».

5. *Misère de l'artiste libéré*

J'aime les artistes quand ils sont modestes ; c'est rare, ou bien je soupçonne une modestie affectée…

Certes, l'homme est Seigneur des formes, et par cette capacité de bricolage, il reflète le pouvoir du Créateur. Mais le reflet devient pathologique quand il ne se réfère plus à son modèle ou qu'il prétend s'opposer à lui. Les artistes me paraissent prétentieux, d'une prétention névrotique.

À la fin des années 70, j'avais constitué une association d'universitaires sur le thème « crise de la modernité et désir de tradition ». Nous avions eu l'occasion de rencontrer des artistes « guénoniens » et nous avions songé à les amener à se rencontrer, et pourquoi pas à organiser des expositions communes. Il a fallu vite y renoncer devant les susceptibilités des artistes qui, les uns avec les autres, se repoussaient comme la limaille orientée par des pôles magnétiques de même signe. Pourtant leurs références traditionnelles – sincères –

---

[162] François Bœspflug, « Nouvelles églises, entre vide iconographique et décor pensé », Colloque international « *Spazio sacro e iconografia. Limiti, sfide, responsabilità* », Otrante, 5 octobre 2019.

[163] Ce souci de « simplicité » ressemble à l'attitude de Judas scandalisé par le luxe de ce qui est offert en amour du Sauveur : « *Marie prit un demi-litre de parfum de nard pur très cher, en versa sur les pieds de Jésus et lui essuya les pieds avec ses cheveux ; la maison fut remplie de l'odeur du parfum. Un de ses disciples, Judas l'Iscariot [fils de Simon], celui qui allait le trahir, dit : "Pourquoi n'a-t-on pas vendu ce parfum 300 pièces d'argent pour les donner aux pauvres ?"* » (Jean, 12, 3-5).

auraient dû les prémunir contre le gonflement de l'ego… Combien les artistes ordinaires doivent être plus atteints.

C'est à la Renaissance que les artistes se sont mis à signer leurs œuvres – qui se souvient de l'auteur des *Très riches heures du Duc de Berry* ? Et de plus en plus, ils se sont mis à enfler dans leurs prétentions.

Jean Sébastien Bach est sans doute génial, mais il ne se prenait pas pour un génie. À partir du romantisme, le moindre des manipulateurs de formes, rimailleur ou rapin, aspire à être l'auteur de la Grande Révolution des Arts et par là, comme Victor Hugo, d'annoncer l'aube de l'Humanité Nouvelle.

Jusqu'au XIXe siècle, les commanditaires des artistes, l'Église, la Cour, l'aristocratie, avaient cette aptitude de leur imposer des valeurs à servir. Toutes ces valeurs ne se valaient peut-être pas, mais elles avaient au moins la capacité de donner un sens, une *orientation* à l'activité artistique. Progressivement les nouveaux riches ou l'État bureaucratique ont remplacé les anciens mécènes, mais sans valeurs spécifiques à illustrer. Les anciennes classes dominantes se montraient et se mettaient en scène comme légitimes, on pouvait croire éventuellement à ce qu'elles prétendaient incarner. Mais – comme l'a remarqué Roland Barthes –, la bourgeoisie est la classe dominante qui se cache en disant qu'il n'y a pas de dominants. Là où les autorités traditionnelles se montraient dans leur « transcendance » – du chef gaulois hissé sur un bouclier porté par ses guerriers au pape dans sa papamobile –, les nouveaux pouvoirs cryptocratiques, cachés au centre d'un dispositif panoptique (cf. Michel Foucault) prétendent qu'il n'y a pas de pouvoir, que tout n'est que marketing, démocratie, audiométrie.

Comment servir ces nouveaux mécènes qui disent qu'il n'y a plus de dieux et que chacun doit tracer son chemin comme il l'entend ? Les nouveaux dominants n'ont plus d'autre légitimité que de proclamer qu'il n'y pas de légitimité, c'est-à-dire plus de transcendance. Il n'y a que du contrat, des procédures, des protocoles, des « process » et des modes éphémères. La « main invisible » du marché de l'art est la seule régulation.

Dès le début de ce régime, les artistes ont méprisé leurs nouveaux maîtres : le Bourgeois (*le philistin*) ou l'État – celui des commissions anonymes, pas celui de Louis XIV – auquel il tend la sébile sans pouvoir cacher le cocktail molotov qu'il rêve d'envoyer. Rien ne laisse entrevoir une telle attitude envers les autorités traditionnelles ou même les anciens pouvoirs avant la fin du XVIIe siècle.

Dans un essai sur « *L'Avenir de l'Intelligence* », Charles Maurras préconisait une alliance des intellectuels et des artistes avec les autorités traditionnelles, car *l'Or* – les nouveaux dominants – qui prétend les libérer les asservira plus que le *Sang*. Mais peut-être que le malheur des artistes vient de ce que *l'Or* précisément les a « libérés » de tout critère qualitatif. Quand tout se vaut, plus rien ne vaut. Le marché et la bureaucratie assignent à l'artiste de « dire le rien ».

Avec la fin du « goût » – pas toujours bon il est vrai –, c'est-à-dire des critères communs entre les artistes, les commanditaires et le public, l'artiste libéré devient autoréférent et par là malheureux. « *Une œuvre d'art, c'est ce que je décide d'exposer* », se vantait un conservateur de musée. Après l'urinoir de Duchamp, c'est d'ailleurs peut-être moins l'artiste qui est souverain que les intermédiaires qui maîtrisent les procédures pour accéder au public – ou plutôt aux financements publics.

Évoquer la condition malheureuse de l'artiste, ce n'est pas seulement faire allusion à la figure de « l'artiste maudit », dédaigné par une société à courte vue et compensant son absence de statut social reconnu par l'alcool, la drogue et toutes les perversions sexuelles ou mentales de l'anomie. Mais, comme les autorités sociales ne sont plus légitimes, il convient de donner les apparences, les signes extérieurs de la révolte et de la marginalité, même si l'on vit correctement de son art. Car celui qui profite « cyniquement » des lois du marché de l'art est-il moins misérable ? S'adonner au design commercial, collaborer à la fabrication industrielle d'une culture « pour » le peuple – après que les traditions populaires ont été systématiquement détruites –, arranger des *logos*, prêter sa plume à quelque communication publicitaire ou à quelque politicien, peut-il satisfaire le désir du bel ouvrage ? Quel malheur que d'avoir à se soumettre à une commission aux critères impersonnels pour bénéficier des commandes publiques !

Heureux La Fontaine qui dépendait du bon vouloir de l'intendant Fouquet ; à présent, il faut se vendre à des procédures et aux normes impersonnelles des bureaucraties. Le moderne m'apparaît dans ce domaine et dans tant d'autres comme une tentative pour remplacer l'imperfection de la conscience par la calamiteuse perfection des machineries – constitution, lois, règlements, protocoles, « procès », etc.

Quant aux quelques élus qui ont acquis une relative indépendance grâce à un large public, des subventions, des commandes publiques assurées, dont les œuvres sont directement « muséifiées » aussitôt qu'achevées, quant aux nouveaux « prix de Rome », individus libérés de toute nécessité signifiante, ils connaissent de façon encore plus pure l'anomie d'une situation sans transcendance

Alors pour combler ce vide effroyable, pauvres diables d'artistes, ils se proclament prophètes ou grands prêtres d'une nouvelle Révélation. À coup de manifestes, de gloses ou au contraire d'un impénétrable hermétisme personnel, ils tentent, par une vaine mise à distance du reste des hommes, de s'ériger eux-mêmes en transcendance. Mais suffit il de peindre une toile blanche ou d'exécuter une symphonie silencieuse pour faire œuvre de mystique apophatique ?

À partir du romantisme, les plus grandes œuvres m'apparaissent comme des discours pour dénier ou pour combler la vacuité dans laquelle cette société patauge. Ces prophètes d'une néo-religiosité artistique ont-ils tenu leurs promesses ? Les seuls qui soient un peu convaincants sont ceux qui traduisent la misère de l'homme exilé.

6. *Démesure de l'anthropocentrisme*

La « mort de Dieu » n'a pas seulement libéré l'homme de tous ses « arrière-mondes », mais a transformé un monde « réifié », une société « fonctionnelle », des vérités « opératoires » en instruments purs d'une volonté de puissance absolue.

Car, en devenant la mesure de toute chose, l'Homme a perdu toute mesure. En proie à l'« *hubris* », la volonté humaine individuelle ou collective ne peut que s'insurger contre ce qui pourrait la contenir : les dieux, les cycles de l'univers, les autorités et les coutumes d'une société et jusqu'aux limites de sa condition propre. Comme dans ce jeu de dominos où la chute du premier entraîne successivement celle de tous les autres, chaque niveau s'est désarticulé. Libéré de ses liens, de ses relations ou de sa « religion », chaque élément de l'univers humain comme l'homme lui-même veut « vivre sa vie » exclusivement guidé par sa propre rationalité : l'art pour l'art, « science sans conscience » et technique sans finalité, morale kantienne et politique pure.

L'art s'inscrit dans les pratiques schizoïdes de notre vie quotidienne qui reflètent bien ces dissociations : temps de production et temps de consommation, loisirs et travail, « zoning » urbain, sexualité sans procréation et bébés éprouvette… En absolutisant la volonté humaine, l'anthropocentrisme l'oblige à se heurter à l'absolu arbitraire de chacune de ses œuvres.

Mircea Eliade a montré comment les mythes traditionnels cosmologiques ou eschatologiques transforment le chaos en cosmos ; c'est le processus inverse qu'engendre l'idéologie d'émancipation qui domine la société occidentale depuis le XVIIIe siècle.

7. *De la valeur de l'art*

J'ai commis une mauvaise action dans ma vie d'enseignant : j'avais demandé à un étudiant qui préparait un « grand oral » de concours administratif, pour la sauvegarde de quel monument il serait prêt à mourir. Celui-ci, pris au dépourvu, après un moment d'expectative, m'avait répondu : « pour l'Arc de Triomphe ». Je n'ai pu m'empêcher de partir dans un long éclat de rire, hélas vite repris par l'auditoire, tant cette idée me semblait saugrenue. Se sacrifier pour la cathédrale de Chartres, la Sainte Chapelle, voire une petite église romane de Bourgogne, je comprends ; mais pour l'Arc de Triomphe !

Au fait, qui serait prêt à se sacrifier pour quelle œuvre d'art contemporain ? Vous aurez là un indicateur authentique de la valeur – « ce qui vaut la peine de… » – des œuvres d'art. Ce test du sacrifice m'apparaît beaucoup plus probant que les cotes du « marché de l'art » où l'intérêt pour telle ou telle œuvre fonctionne essentiellement comme indicateur de « distinction » au sens bourdieusien du terme – l'art traditionnel rassemble la communauté autour des valeurs partagées, l'art moderne « distingue », permet de se mettre à l'écart du vulgaire. Mourir pour l'arche de la Défense, pour un Vasarely, un Bernard Buffet, un Pollock ? Même un Soulages…Si on excepte la passion du collectionneur ou la concupiscence pour la valeur marchande… Je n'y croirais pas.

X. QUI VEUT FAIRE L'ANGE FAIT LA BÊTE

Serment antimoderniste
(imposé jadis par S. Pie X à tous les prêtres) :
« *La foi n'est pas un sentiment religieux aveugle,
surgissant des profondeurs ténébreuses de la subconscience
moralement informée sous la pression du cœur
et l'impulsion de la volonté* ».
Le dépôt de la foi n'est pas « *une création de la conscience humaine,
laquelle s'est formée peu à peu par l'effort des hommes* ».

Surtout en France, le laïcisme a voulu restreindre le religieux au domaine « privé » et l'exclure du domaine « public ». Par adaptation, les fidèles ont exacerbé le domaine de la conscience personnelle aux dépens des autres dimensions du religieux. Cette hypertrophie de la conscience aboutit à sous-estimer les autres dimensions de l'humanité : corps, habitudes, relations sociales ; réduisant la foi à des convictions intimes, clandestines, presque honteuses, dont il faut se défendre dans la vie professionnelle, les loisirs et le débat intellectuel. On ne s'avouera pas croyant comme on ne s'avoue pas superstitieux.

1. L'homme réduit à sa conscience individuelle ou le psychologisme

Dans le monde contemporain, le « psychologisme » est presque unanimement partagé. Il se manifeste par l'exclusive réduction de l'homme à sa psyché d'individu, et par la confusion si répandue du psychique et du spirituel. C'est ainsi que se multiplient les sessions de psychothérapie à coloration spirituelle. Je n'y vois aucun inconvénient tant qu'on ne confond pas les processus naturels avec une intervention surnaturelle et qu'on ne les oppose pas.

Certes il y a des processus naturels extraordinaires et des miracles confidentiels, discrets comme un clin d'œil, et il n'y a pas à opposer les deux plans qui sont l'un et l'autre providentiels – sinon je serais marcioniste ; mais il ne faut pas les confondre.

J'ai animé de nombreuses sessions de dynamique de groupe qui aboutissent à une ambiance tout à fait extraordinaire où chaque parole de chacun est pertinente pour la situation du groupe et pour chaque participant. Mais je n'ai jamais cru que j'étais un « gourou » doué de pouvoirs surnaturels. Or j'avais été choqué par un jésuite lyonnais et sa cour qui confondaient la dynamique du groupe et l'action de l'Esprit Saint[164]. Je me suis aussi posé des questions devant les manipulations émotionnelles de certains guérisseurs charismatiques...

En outre, j'ai l'impression que cette façon d'accentuer l'importance du domaine psychique, de la conscience, ou de la volonté, ou du désir, et de toute façon de la liberté des individus devant laquelle le Tout-Puissant lui-même voudrait se limiter « par amour pour l'homme », est devenue un impératif qui traverse la plupart des tendances des apologétiques actuelles du catholicisme. L'impuissance de Dieu est présentée comme la preuve de son amour et par conséquent l'Église est justifiée de ses impuissances missionnaires, dénoncées comme « prosélytisme ».

Cette libre conscience devrait précéder tout engagement, tout rituel, et l'adhésion devrait être non conditionnée par quelque pression sociale ou par quelque habitude rituelle, elle serait ainsi la garantie de l'authenticité d'une conviction.

---

[164] Dans l'expérience du « *training group* », les participants sont « libérés » d'être guidés par le moniteur, d'un sujet de discussion et de presque toutes les règles implicites des groupes de discussion habituelles ; et c'est au moment où ils se croient le plus « libres » qu'ils obéissent inconsciemment à l'inflexible loi du groupe.

J'ai lu sur le site *CathoBel*, un article d'Isabella Piro tiré de *Vatican News* du 11 octobre 2018 sur le synode des jeunes dont je cite l'extrait suivant :

« *LA SÉCULARISATION ET SES CONSÉQUENCES POSITIVES :* […] ***enfin, la réflexion sur la confrontation entre l'Église et la réalité actuelle, la sécularisation en particulier, a été centrale : les pères synodaux invitent à avoir le courage de la considérer comme un signe des temps qui aide à se libérer d'une attitude chrétienne automatique et porte les croyants à être chrétiens par choix, parce qu'ils le désirent.*** »

Si je comprends bien, la foi serait un choix produit par un désir, alors que je pensais que c'était d'abord l'effet d'une révélation due à la grâce divine. Jonas aurait été bien surpris d'apprendre que c'est par son libre choix qu'il fut recraché du ventre de la baleine près de Ninive et S. Paul doit-il sa conversion à ses délibérations intimes ou à une chute de cheval ?

Les « pratiquants » qui fréquentent l'Église seraient plus authentiques parce que minoritaires ? Quelle illusion ! Les enquêtes montrent au contraire l'hétérodoxie d'un grand nombre de fidèles auxquels une catéchèse « humaniste » n'a pas transmis la doctrine[165].

Dans son ouvrage, *Comment notre monde a cessé d'être chrétien*[166], Guillaume Cuchet remarque : « *La transformation de la communion solennelle en profession de foi, demandée par une partie du clergé modernisateur a eu un effet paradoxal. Les prêtres conciliaires souhaitaient élever le degré de sincérité des jeunes de 12 ans en leur demandant de rédiger un texte pour exprimer publiquement leur foi* ». C'est d'autant plus ridicule qu'en guise de « spontanéité » on demande de choisir entre trois ou quatre formules proposées par *Fête et Saisons* ; idem pour les candidats aux mariages ou pour les funérailles. Ces formules ne sont pas théologiquement rigoureuses parce qu'elles sont censées dire l'élan « spontané » du fidèle.

---

[165] Deux tiers des catholiques américains ne croient plus en la présence réelle : c'est ce qui ressort d'une étude publiée par le Pew Research Center, le 5 août 2019.
[166] Seuil, 2018.

Le Magistère de l'Église serait inutile puisque la nature humaine ressentirait spontanément la Révélation divine ; c'est pour cela qu'on réduit la foi à un sentiment qu'il faudrait provoquer en agitant les humeurs. Plus on serait ému, plus on aurait la foi. Mais la foi n'est pas d'abord un élan de l'homme vers Dieu, mais une fidélité qui résulte d'une connaissance reçue. Le christianisme est une religion de salut qui ne se comprend plus si on fait abstraction de la chute de l'homme qui a perdu une partie de cette connaissance. La Révélation nous donne l'intelligence de la foi nécessaire au salut.

Comme nous le montre « l'Angélus », la foi est une élection divine, nous sommes comme les Juifs « le peuple élu » ; c'est si vrai que la Sainte Inquisition ne devait pas chercher noise aux non-baptisés, mais seulement à ceux qui professaient une foi chrétienne hérétique. Certes, il est nécessaire que la Vierge Marie manifeste son assentiment – « *je suis la servante du Seigneur, qu'il me soit fait selon votre parole* » –, mais, pour que « *le Verbe soit fait chair, pour qu'Il habite parmi nous* », il faut d'abord l'initiative de l'ange : « *l'ange du Seigneur apporta l'annonce à Marie et elle conçut du Saint-Esprit* ».

Dans la théologie de la pastorale contemporaine – même la moins mauvaise – tout est centré sur la liberté de conscience du croyant, de l'individu croyant, et pas sur l'initiative de l'ange, ni sur la Présence Réelle – « *Et le Verbe s'est fait chair et Il a habité parmi nous.* »[167]

Ce biais tient en partie au fait que l'on ne distingue plus les baptisés de l'ensemble de l'humanité : Dieu voulant sauver tous les hommes, l'initiative angélique est devenue un truisme sans problème dont la banalité ne saurait mettre en question la « bonté » du

---

[167] « Nous » et pas « moi », de même on dit « Notre Père qui êtes aux cieux » et non pas « mon Père ». Seul le Christ peut dire « mon Père ». C'est par la médiation de l'Église – corps mystique du Christ – que l'on peut s'adresser à Dieu.

Père Noël auquel on réduit la Transcendance – qui était jadis « *fascinens et tremendum* ». Le Tout-Puissant est devenu un doublon de l'État Providence – ou marâtre – devant lequel on revendique : « J'y ai droit ».

Mais de là à se féliciter de la « sécularisation » qui libérerait le croyant des habitudes et des coutumes collectives, il y a un pas vite franchi et qui ressemble à cette banale figure de rhétorique où le conférencier devant un auditoire clairsemé parle de la qualité du public pour l'opposer à la quantité manquante.

Non, une foi « anomique » sans normes et sans coutumes, n'est pas plus « authentique » que celle qui est massivement partagée dans une société de chrétienté. Elle est certainement plus difficile à vivre, d'autant plus que l'influence des mœurs et croyances de la société plus ou moins chrétienne sont remplacées par les usages de la mode et les idéologies explicites ou implicites du monde.

En particulier, cette hypertrophie d'une liberté individualiste correspond bien avec l'idéologie dominante de l'individu qui se crée lui-même – *self-made-man* – par sa propre volonté et ne saurait légitimement se lier que par contrat. On comprend, dès lors, les parents qui prétendent ne pas vouloir influencer leur enfant qui « choisira plus tard » s'il veut être baptisé, puisque ce serait la condition d'une foi libre et authentique.

Bien entendu cette liberté individuelle est un leurre : quand on ne sait plus « planter les choux à la mode de chez nous » on devient esclave de la mode tout court, celle de l'esprit du temps : tube de l'été, discussions autour des sujets de la semaine choisis par les hebdos de référence et les chaînes de télé, modélisation de la révolte adolescente dans le thème revendicatif du moment… Quand il n'y a plus de « chez nous » avec ses mœurs, l'habitude de « planter les choux » disparaît.

Quant à la liberté de contracter, elle est évidemment bridée par une multitude de lois, règles, règlements, qui tentent – vainement d'ailleurs – de remplacer l'imperfection de la conscience humaine par la « perfection » – en théorie – des machineries politiciennes, bureaucratiques, médicales ou managériales.

Je me souviens d'un théologien qui faisait remonter le tournant de cette crise au Moyen-Âge (Jean Duns Scot) et surtout à la théologie postcartésienne où le primat de la vérité a été remplacé par le primat de la volonté. Et puisque aujourd'hui, la volonté n'a plus rien à voir avec le « devoir », je veux en faire à ma tête, mais je ne sais plus que vouloir – ce qui me rend d'autant plus malléable par l'esprit du temps qu'une théologie des signes des temps voudrait nous les faire prendre pour des manifestations de l'Esprit Saint.

« *Car il ne faut point se méconnaître : nous sommes automate autant qu'esprit ; et de là vient que l'instrument par lequel la persuasion se fait, n'est pas la seule démonstration...* »[168].

2. Le corps et les habitudes sont constitutifs de la nature humaine, donc nécessaires et légitimes

Lorsque Pascal compare le corps à un automate, il pense en homme du XVIIe siècle, à la façon de Descartes, mais pas pour dévaluer l'importance de l'influence du corps sur la conscience. S'agenouiller ouvre à la foi affirme-t-il, au contraire des « modernes » « qui sont au-dessus de tout ça ». Dans combien d'Églises n'a-t-on pas forcé les fidèles à ne plus s'agenouiller en retirant les « prie-Dieu » ou les bancs qui permettaient de le faire ? Dans la liturgie ordinaire, il n'y a plus que deux attitudes : assis ou debout.

Pourtant le Christ met au même niveau le corps et la conscience lorsqu'il donne pour consigne à ses disciples « *baptisez-les au nom du Père, et du Fils, et du Saint-Esprit, apprenez-leur à observer tout ce que je vous ai commandé* »[169]. Chaque sacrement implique une relation avec le corps de celui qui reçoit la grâce correspondante de Jésus le Christ ; c'est à cette condition que l'intention de donner et recevoir le sacrement devient « performative » – « quand dire c'est faire ». Pain, vin, huiles, imposition des mains, paroles consécratoires sont nécessaires, peut-être plus encore que la juste intention qui, de toute façon, ne sera jamais à la hauteur du sacrement. Un

---

[168] Pascal, *Pensées* B252, L 195.
[169] Matthieu, 28,16-20.

prêtre indigne – qui ne l'est pas ? – peut dire validement la messe, mais un homme qui aura les pouces coupés ne sera jamais ordonné prêtre... De même une confession doit être faite en présence du prêtre, tandis qu'une confession face à un enregistreur, même dite avec les meilleures intentions, ne sera pas valide, du moins je le suppose.

Ce primat donné aux formes et au corps nous semble superstitieux et archaïque ; mais cela tient à notre vision postcartésienne de l'homme, réduit à sa conscience individuelle, le corps n'étant qu'un accessoire et les coutumes des « aliénations ». De la même façon, dans les sociétés traditionnelles, punir, c'est faire souffrir le corps ; dans le passage à la modernité, on ne peut punir que par la privation de liberté, seul vrai lieu de la personne[170].

Dans une conception anthropologique normale, l'homme est à la fois esprit, corps et être social – coutumes, rituels, mœurs... –, trois dimensions interactives. C'est pourquoi : « *C'est être superstitieux, de mettre son espérance dans les formalités ; mais c'est être superbe, de ne vouloir pas s'y soumettre* »[171].

3. Le mythe de la « libération »

Dans les années 70, on construisait une Villeneuve à Grenoble. C'était un projet ambitieux voire utopique : elle fut le Mont Saint-Michel de tous ceux qui aspiraient à « changer la vie ». Consciente d'avoir à trouver des « signes » pour caractériser le nouvel espace, l'équipe des architectes et urbanistes avait réservé un terrain pour construire une église de quartier. L'évêché a refusé la proposition se contentant d'une « salle banalisée » pour célébrer la liturgie. On était en pleine théologie de la désacralisation – « il faut se libérer des mythologies archaïques » – et de « l'enfouissement » – « *si le grain de blé ne meurt...* » ; ce « purisme spirituel », négateur de la réalité humaine a eu des conséquences pastorales désastreuses : il n'y a plus de célébrations catholiques à la Villeneuve. La salle banalisée a servi

---

[170] Cf. Michel Foucault, « Surveiller et punir ».
[171] Pascal, *Pensées*, B 249, L265.

le vendredi aux musulmans en attendant que soit construite une mosquée. Le quartier est aujourd'hui stigmatisé comme un « quartier sensible »…

On croit que la liberté de l'homme passe par la « libération » de sa conscience vis-à-vis des formes sociales que sont les coutumes, les croyances collectives, les héritages, et même les stéréotypes qui l'aliéneraient. Alors que cet idéal illusoire n'est que la réduction de l'homme à l'état « d'individu » et la perte du sentiment du « nous », qui est aussi constitutive de l'état humain que les poumons ou l'héritage des représentations mentales – dont la langue.

« L'individu » c'est l'homme dans une société anomique[172] qui, ayant plus ou moins rompu avec ses traditions, se retrouve finalement d'autant plus malléable devant les influences des modes, de la publicité, de la propagande et de tous les procédés médiatiques d'ingénierie de l'opinion publique ; c'est pourquoi cette « libération » n'est pas seulement une erreur anthropologique, mais une illusion, une illusion bien sûr très fonctionnelle pour tous les totalitarismes – dont les totalitarismes marchands. J'ai trouvé dans les annonces d'appels d'offres de formation, une demande faite par l'État de formations pour lutter contre les stéréotypes – et pas seulement les « stéréotypes de genre ». Alors que la culture se transmet essentiellement par les stéréotypes et c'est par eux que nous devenons hommes.

4. « *La chouette de Minerve ne prend son vol qu'à la tombée de la nuit* »[173]

La conscience mentale vient après l'expérience. Elle est crépusculaire et fugitive – je peux savoir que le Verbe s'est fait chair, mais n'en avoir que de trop brefs instants de conscience. La conscience est lacunaire et impermanente. La liberté se situe à la fleur, et pas à la racine ; elle n'est pas fondatrice.

---

[172] Caractérisée par l'absence ou la faiblesse des normes coutumières.
[173] Hegel, *Principes de la Philosophie du Droit*.

Lorsque je communie, je sais que je suis comblé – comme la Vierge « comblée de grâces ». Mais ma conscience ne le saisit que partiellement, et elle se détourne si vite sur des observations circonstancielles anecdotiques. Comme dit Gustave Thibon, ce n'est pas la lumière qui manque, c'est la vue qui manque à la lumière.

D'ailleurs la conscience n'est pas une instance dont nous aurions la parfaite maîtrise. Il y a dans la conscience de multiples « inconscients ». D'ordinaire, la conscience fonctionne en symbiose avec les sens et les rituels sociaux. Quant aux motivations, c'est un niveau inextricable, multiple et toujours instable. D'où l'échec des catéchistes qui veulent fonder leur enseignement sur « Dieu pour vous ?... Quelle est votre conception à vous de ?... »

Lorsque je récite « l'Angélus », mon état mental n'est pas le même au début qu'à la fin de la prière. Au début, j'aimerais bien être en état d'éveil spirituel, mais très souvent c'est par habitude et par devoir que je commence la prière ; c'est-à-dire par « mécanique », comme dirait Pascal, progressivement et pas systématiquement, ma conscience s'éveille aux justes rapports de Dieu, de l'homme, et de la médiation de la Vierge Marie qui a échappé à la chute du péché originel. La conscience spirituelle s'éveille comme un souvenir – « *et le Verbe s'est fait chair et il a habité parmi nous* » –, mais parfois elle n'est que le souvenir d'un souvenir, une trace...

Certes, l'homme partage avec les anges la conscience d'un plan divin et la liberté d'y contribuer ou de s'y refuser. Mais de façon tellement imparfaite.

« *Quel homme peut découvrir les intentions de Dieu ? Qui peut comprendre les volontés du Seigneur ? Les réflexions des mortels sont incertaines, et nos pensées instables...* »[174]

L'actuelle pastorale absolutise la liberté et la conscience humaine comme si c'était celle d'un ange alors qu'« *un corps périssable appesantit nos âmes, et cette enveloppe d'argile alourdit notre esprit aux*

---

[174] *Le livre de la Sagesse,* IX, 13-18.

mille pensées. »[175] Ce qui est au fondement, ce n'est pas notre conscience déchue : « *qui aurait connu ta volonté, si tu n'avais pas donné la Sagesse et envoyé d'en haut ton Esprit Saint ?* »[176]

5. *Le mental et l'intuition métaphysique*

Car la conscience n'est pas seulement ce qui résulte des raisonnements hypothético-déductifs, elle est aussi, dans le domaine métaphysique, intuition : une « co-naissance » innée qui demeure trop partiellement après la chute d'Adam[177]. Sur ce point, je suis résolument platonisant, le travail spirituel est une anamnèse, comme la quête de remémoration par quelqu'un qui aurait perdu partiellement la mémoire. La mémoire n'est pas le feu sacré, mais elle témoigne qu'il y a eu feu sacré. La piété comme mémoire d'une mémoire de la Présence réelle…

Il ne s'agit pas de cogitations mentales ni d'explorations psychologiques, il s'agit de retrouver quelque chose qui est déjà en nous, un savoir inné, « préternaturel » comme on disait, que nous avons partiellement, mais pas totalement, perdu avec le « péché originel ».

Les exercices spirituels comme le chapelet ne nous apprennent intellectuellement rien que nous ne sachions déjà ; ils sont répétitifs voire ennuyeux, comme les moulins à prières des Tibétains, ils font peu appel aux facultés mentales valorisées à l'école ; on peut même cesser de « penser ».

Jadis, un de mes amis envisageait de faire une thèse sur « les techniques spirituelles ». Je lui faisais remarquer tout ce qui pouvait opposer les deux termes : le don gracieux du spirituel est-il compatible avec le caractère mécanique de la technique ? Il me répondit par cette métaphore : comme l'homme est « à l'image et à la ressemblance de Dieu », un lac, la nuit, reflète les étoiles. Mais si la surface

---

[175] *Ibid.*
[176] *Ibid.*
[177] Comme l'aigle et la fourmi savent ce qu'ils n'ont pas appris, l'homme connaît déjà ce qu'il ne parvient pas à comprendre.

du lac est agitée, elle ne renvoie plus l'image du ciel. Certes, la lumière des étoiles ne dépend pas de l'homme, mais calmer le lac, comme on calme les passions et les vagabondages du mental dépend de la technique et de la volonté.

Depuis que j'ai compris cela, je ne méprise plus les petites vieilles qui égrènent « mécaniquement » leur chapelet : ce sont peut-être de grandes mystiques… En revanche, je reçois avec méfiance toutes les tentatives pour « renouveler la liturgie », la mettre « au goût du jour », « rendre la messe intéressante pour les jeunes ». La créativité liturgique, même lorsque l'innovation est réussie – ce qui est rare étant donné le manque de sens hiératique de nos contemporains – détourne notre attention de l'essentiel : l'éveil spirituel.

6. *Des niveaux de compréhension*

On dit que la liturgie vernaculaire vaut mieux que les liturgies en langues anciennes, parce qu'on les comprend mieux. Cela donne l'illusion que l'on comprend et qu'il n'y a plus rien à découvrir. Les langues archaïques des Églises apostoliques – latin, slavon, grec ancien, syriaque, hébreux biblique, et non l'araméen, langue vernaculaire des juifs au temps du Christ – font saisir qu'il y a quelque chose à découvrir et qu'on n'a pas tout compris.

L'abbé Guillaume de Tanoüarn l'écrit : « *On pourrait dire du génie de Pascal que c'est celui de la vérité contraire. Vous savez qu'il dit à propos de l'hérésie qu'elle n'est pas le contraire de la vérité, mais l'oubli de la vérité contraire. Il donne ainsi une image de la foi catholique faite de deux vérités contraires. Par exemple, la grâce et la liberté humaine sont les deux vérités contraires autour desquelles, en tant que janséniste, Pascal a tourné, sans jamais sacrifier l'une à l'autre.* »

On pourrait affirmer que les dogmes, loin de limiter la raison comme le craignent les agnostiques ignorants, sont des « *coincidentiae oppositorum* »[178] qui « transcendent » la raison, la font sortir de ses limites – comme les *koans* du bouddhisme zen. En même temps

---

[178] Coïncidence des opposés ; c'est par ces termes qu'au XVᵉ siècle le cardinal Nicolas de Cues tentait de comprendre la divinité ineffable.

le dogme offre des critères pour éviter l'hérésie – c'est-à-dire un point de vue trop partiel.

Le dogme des deux natures du Christ unies et distinctes est à proprement parler « inconcevable » par l'intelligence profane ; il est la manifestation d'une « révélation » ; mais il permet d'échapper à toutes sortes d'hérésies bien plus « raisonnables » : le Verbe de Dieu aurait pris une apparence humaine et n'aurait pas subi, en tant que divinité, le sacrifice de la Croix ; Jésus serait un humain particulièrement doué qui aurait fini par rejoindre l'état divin ; la nature humaine se fond dans la nature divine comme la vague se fond dans l'océan, etc., etc.

Mais comme l'a montré Benoit XVI après bien d'autres, la révélation des dogmes, bien loin d'éteindre la raison – Luther disait que la Raison est la putain du diable – lui permet de dépasser ses limites et d'en prendre conscience comme le phare dans l'océan, la nuit, permet de voir ce que l'on ne voyait pas, et de deviner tant de réalités obscures qui échappent à notre vue. Pascal n'affirme-t-il pas que « *la dernière démarche de la raison est de reconnaître qu'il y a une infinité de choses qui la dépassent.* »[179]

Il est clair que chacun élabore sa « croyance » en fonction de sa sensibilité, de son histoire personnelle et de ses capacités mystiques. Comment ne pas sombrer dans le relativisme : « à chacun sa vérité » ? La subjectivité est une réalité qui se transforme vite en subjectivisme si elle n'est pas endiguée par l'adhésion aux vérités supérieures de la Révélation – Écritures et Tradition.

C'est par le symbole – « le symbole des Apôtres » – qu'est assurée l'unité de foi de chacune des personnes qui elles aussi sont traversées par des niveaux de conscience différents, suivant les circonstances et l'inspiration du Saint-Esprit…

Ainsi, la plupart des pratiques rituelles, jusqu'à celles traitées de « superstitieuses », sont en analogie les unes avec les autres… On ne peut plus mépriser cette religion populaire qui reflète, selon son niveau de conscience, la Splendeur. Surtout si on comprend qu'il y

---

[179] Fragment 267-188-220.

a de multiples niveaux de compréhension supérieurs à ceux qui traversent la conscience de celui qui prétend juger de ces niveaux.

Les credo de fantaisie – par exemple : « *je crois en Dieu qui croit en l'homme* » –, sont de véritables attentats contre l'unité de l'Église, et même contre l'intégrité mentale de chaque croyant qui est ainsi dépossédé des critères qui lui permettraient de mettre un peu d'ordre dans le foisonnement incessant de ses représentations, de ses sentiments et de ses émotions ou, en d'autres termes, de ses « croyances ». Le principal intérêt d'un *Credo* bien « dogmatisé » par notre longue tradition, c'est de nous permettre de ne pas réduire la foi à nos croyances[180].

7. *Les médiations nécessaires*

Autre forme d'angélisme : prétendre atteindre directement la divinité, comme à Babel. Pourtant la Torah nous met en garde contre cette tentation mortelle : Moïse ne voit Dieu que de dos ; S. Thomas explique le voile des symboles comme une protection pour l'homme, incapable dans l'état où il est de contempler Dieu directement à la façon des Séraphins.

---

[180] Surtout, ne pas confondre foi et croyance. La foi est un engagement, les croyances sont toujours instables. En Australie, dans une émission télévisée de type « Caméra invisible », les animateurs recherchaient dans des bars des « libres penseurs » affirmant qu'ils ne croyaient ni à Dieu ni à diable, pas plus qu'à l'immortalité de l'âme. Une fois leur cible repérée et les convictions bien affirmées, ils leurs proposaient de gagner facilement 300.000 dollars australiens et les faisaient entrer dans une arrière-salle où un monsieur sérieux sortait un carnet de chèques qu'il s'apprêtait libeller. La condition pour obtenir le chèque était de signer un parchemin à en tête de la « *Satan Incorporated Company* » qui stipulait que le soussigné vendait son âme au diable pour la somme de 300.000 dollars. Eh bien, dans cette situation, les deux tiers des candidats se dégonflaient.

Beaucoup prétendent comme les protestants, n'avoir pas besoin des rites et de l'Église pour avoir la foi[181]. Pourtant ils n'adorent pas Dieu tel qu'il se révèle, mais tel qu'ils l'imaginent ; finalement, c'est eux-mêmes qu'ils projettent dans cette idole. « *L'homme est idolâtre de lui-même* », dit S. André de Crète (« liturgie du Grand Carême »). « *Sa capacité d'adoration, il l'a retournée vers lui-même.* »[182] Inévitablement cette projection traduit « l'esprit du temps » qui, particulièrement à notre époque, est l'esprit du Prince de ce monde se construisant contre « l'orthodoxie ».

Ainsi, on osera juger Dieu à l'aune de nos critères mondains : par exemple « *nous irons tous au paradis* » – version Polnareff – parce que Dieu est tout amour – ma conception de l'amour – et que dès lors, il ne lui est plus possible de « condamner ». Il n'y a pas à appliquer à Dieu l'idée que nous avons de l'Amour ou de la Justice, mais de concevoir l'Amour ou la Justice en fonction de la façon dont Dieu – qui est le véritable Amour, la véritable Justice – se révèle dans les Écritures et la Tradition.

Quelles sont les façons d'échapper – partiellement – à la domination de l'esprit du temps dans nos projections ?

- La « crainte de Dieu » – qui n'est pratiquement plus prêchée – et sans laquelle on assiste à une « pèrenoëlisation » de la foi.
- La « catholicité », c'est-à-dire le recours à la Tradition, aux critères de toujours – ce qui a été cru « par tous, partout et toujours » – dans la longue histoire de l'Église, dans l'Ancien et le Nouveau testament et même, dans une certaine mesure, aux religions « païennes » qui véhiculent des versions, certes multiformes, de la Tradition primordiale.

---

[181] Les Églises apostoliques ont hérité de la liturgie du Temple (cf. Jean Hani « *La Divine Liturgie* »). Depuis la Croix, la déchirure du voile du Temple, la *Schekina* (Présence réelle) est répandue sur l'ensemble du monde. Les talmudistes en sont privés ; il leur reste tout de même la lettre (le Livre) et la variété des interprétations… Les protestantismes sont passés à la pratique talmudiste par l'abandon de la médiation liturgique.

[182] Olivier Clément, *Questions sur l'Homme*, Stock, 1972.

- Restaurer le caractère « objectif » de la Révélation si mise à mal par la critique historique et les « philosophies du soupçon ». Sans cela, la foi est le résultat incertain des masturbations psychologiques. Dans les religions traditionnelles, c'est « faire le sacrifice » qui apporte le salut et non pas l'obsessionnelle interrogation sur « l'authenticité de ma foi » qui tend à réduire le spirituel au psychique.
- « L'apophatisme » ou « théologie négative » ou « docte ignorance » qui s'abstient de donner à la Transcendance des attributs susceptibles de la limiter – « *Nul ne connaît le Père* »[183]. Le premier don de la Sagesse et, dans un certain sens, de la raison, c'est la conscience de l'Inconnu – du « *Dieu inconnu* » qu'évoque S. Paul à Athènes. Voilà paradoxalement le fondement le plus solide de la foi.

8. L'hérésie de l'angélisme

Mépriser les médiations, c'est se vouloir *comme des dieux*; il y a même peut-être quelque chose de diabolique dans « l'angélisme » contemporain. J'appelle « angélisme » – « *qui veut faire l'ange fait la bête* » – non pas la réalité spirituelle des neufs chœurs de la hiérarchie angélique, mais la croyance « babélienne » de rejoindre directement la divinité en niant les médiations corporelles et sociales qui constituent, avec la conscience, l'humanité.

L'orthodoxie religieuse prend en compte les trois dimensions de l'homme : conscience, corps et société. C'est pourquoi tous les sacrements passent par de nécessaires médiations corporelles et sociales. Il est ridicule et impie de vouloir opposer au christianisme « identitaire » des coutumes voire des pressions communautaires, un christianisme purement psychologique, « libéré » des « conformismes sociaux », que l'on affirmerait être une foi authentique

---

[183] Au contraire la « théologie positive » prétend caractériser Dieu par les attributs des créatures, ce qui est dans une certaine mesure légitime, car la création reflète son Créateur ; mais son usage – souvent pour soutenir une apologétique abusive – facilite les projections mondaines.

parce que plus *libre*. J'ai de ce point de vue là quelques réticences à accepter cette hypertrophie du rôle de la « liberté » dans la théologie contemporaine. Cette foi, qui veut faire abstraction de la dimension sociale et corporelle, n'est que l'illusion de l'homme réduit à l'état d'« individu »[184].

Avant le Christ, la tentation contre laquelle il fallait s'élever relevait des déviations des médiations sacrées – idolâtries –, après l'incarnation du Christ la tentation relève des déviations du « messianisme » : croire que l'on puisse sortir du monde de la dualité par volonté humaine – activisme idéologique ou « angélisme » psychique – est l'illusion du monde postchrétien.

9. *Dieu est le premier acteur*

L'absolutisation de la liberté humaine est d'abord une illusion, ce que montre n'importe quelle science humaine tant les déterminations – historiques, géographiques, culturelles, familiales, biologiques et psychologiques – sont nombreuses et plutôt bienfaisantes. Mais, surtout, elle nous place dans une fausse position.

Je ne suis pas un chrétien-consommateur ayant « librement » choisi à quoi croire dans le vaste supermarché des religions et des philosophies. Malgré mon penchant pour les rapprochements ana-

---

[184] La liberté de l'homme ne saurait faire obstacle à la toute-puissance divine. Je ne m'oppose pas à la valeur « liberté ». Mais une hérésie c'est une perspective trop partielle. Or j'ai l'intuition que l'absolutisation de la liberté conduit à l'effacement du Dieu tout puissant. Le « cadeau » de la liberté de décision n'est pas supérieur au « cadeau » de la co-naissance. Le cadeau, c'est d'avoir été créé à « l'image et à la ressemblance » de Dieu. La chute originelle nous a fait perdre en partie la ressemblance. Il n'y a pas de « liberté » dans la perte de cette ressemblance ou dans l'illusion de se prendre pour Dieu. Ce n'est pas la liberté de décision sans critères, mais la diminution de l'influence du péché originel qu'apporte le salut, la vraie libération.

logiques, si j'adoptais un tel positionnement, j'aboutirais à de monstrueux syncrétismes déterminés par l'esprit du monde qui infeste le mien.

Même si je n'en ai pas une conscience totalement claire, j'ai été élu par le Christ pour prendre place dans le corps dont il est la tête. Cette élection est une conquête du Christ et une part de son Incarnation dans le monde. Pour la Rédemption comme pour la Création, Dieu est le premier acteur.

L'initiative appartient à Dieu. Lorsque je crois prier, c'est Dieu qui prie en moi. Je ne sais plus quel est le Père russe qui répondait à la question : « *Pourquoi, dans la pratique de l'hésychasme, donne-t-on plus d'importance à la quantité de prières qu'à leur qualité ? – C'est que la qualité dépend de Dieu, alors que la quantité dépend de l'homme* », répondit-il.

Je n'ai compris que tardivement que lorsque je dis « *Sainte Marie Mère de Dieu, priez pour nous pauvres pécheurs* » cela ne concerne pas seulement l'intention de ceux pour lesquels la prière est dite, mais surtout que la prière dite par la Vierge, l'est à notre place. Cela permet de saisir l'indignité de notre prière qui se voudrait « personnelle ».

Ma foi est suscitée par Dieu et non par « je », soit par la grâce de l'ordre naturel et particulièrement des coutumes de chrétienté ; soit par la grâce surnaturelle dans le cas souvent miraculeux des convertis. L'homme n'est qu'une image dont la tentation est de se prendre pour l'Original (l'Originel). Seul le Christ peut briser le juste tabou iconoclaste : « *qui voit le Fils voit le Père* ».

Le péché originel n'est pas d'avoir voulu « être comme des dieux », car la perfection de l'image n'est-elle pas de ressembler à son modèle – à rapprocher de l'histoire de Pinocchio ? Le péché originel est plutôt d'avoir demandé à la Création – et à la part interdite de la Création – ce qu'il fallait demander au Créateur.

XI. SUR L'ÉCHEC PASTORAL DU PROGRESSISME

« *Au milieu des années 1960, 94 % de la génération en France étaient baptisés et 25 % allaient à la messe tous les dimanches ; de nos jours la pratique dominicale tourne autour de 2 % et les baptisés avant l'âge de 7 ans ne sont plus que 30 %. Comment en est-on arrivé là ?* »

Guillaume Cuchet[185]

1. Les effets de cette pastorale

En deçà de la « *disputatio* » des théologiens, c'est la pastorale adoptée – liturgie, prêches, retraites, pratiques des sacrements, cantiques, etc. – qui modèle la foi du peuple de Dieu. D'où l'importance de ce niveau tout à fait accessible à une démarche sociologique. Jusqu'à présent, la critique des orientations pastorales élaborée dans les années 60 était le fait « constitutif » des traditionalistes. Les charismatiques s'abstenaient le plus souvent de toute critique, mais développaient une pratique pastorale spécifique. Le temps passant, les « savants » – mais à ma connaissance, trop peu de responsables de l'appareil ecclésiastique – ont commencé, un demi-siècle après, à oser mettre en cause cette pastorale.

L'historien des religions Guillaume Cuchet, avec toute l'exigence de l'appareil scientifique, montre que c'est au milieu des années 60 que s'est effectué le grand décrochage de l'Église catholique et qu'entre le concile – ou plus indiscutablement « l'esprit du concile » – et l'effondrement de la pratique catholique, il n'y a pas seulement des rapports de concomitance, mais aussi de causalité.

Certes, depuis le XVIIIᵉ siècle, la chrétienté était érodée par une série de vagues de « sécularisation », mais aussi de reprises ; or,

---

[185] *Comment notre monde a cessé d'être chrétien. Anatomie d'un effondrement*, Éditions du Seuil, 2018.

c'est la seule raison que les responsables ecclésiaux veulent trouver à l'effondrement de la pratique religieuse – quand ils n'incriminent pas l'encyclique « *Humanae vitae* » de Paul VI. Il y a là un scandaleux déni des facteurs endogènes de l'effondrement : pensant attirer le monde moderne, l'Église s'est mise à sa remorque.

Ce que montre Cuchet, c'est la part prépondérante dans le décrochage de la nouvelle pastorale élaborée en marge du concile : réforme de la liturgie, on ne prêche plus les fins dernières – mort, jugement, paradis, enfer et purgatoire disparaissent, l'obligation dominicale n'est plus en vigueur, effondrement de la confession et du jeûne, communion systématique, contexte d'optimisme théologique où les prêtres ont fait passer l'idée que le ciel est facilement accessible. Comme l'écrit Jean-Claude Larchet dans sa recension d'*Orthodoxie.com* : « *La variation de l'enseignement officiel rendait sceptiques les humbles, qui en déduisaient que, si l'institution s'était "trompée" hier en donnant pour immuable ce qui avait cessé de l'être, on ne pouvait pas être assuré qu'il n'en irait pas de même à l'avenir* […] *L'abandon de la soutane (dès 1962) et de l'habit religieux, la politisation (à gauche) du clergé, les départs de prêtres, de religieux et de religieuses, sont apparus à beaucoup comme une véritable "trahison des clercs", sans équivalent depuis les "déprêtrisations" de la Révolution, qui a eu les mêmes effets déstabilisants.* »

Pendant plus de cinquante ans – sauf chez les traditionalistes comme Jean Madiran – le phénomène a été ignoré, nié, euphémisé, « botté en touche » ; les raisons de ce silence herméneutique sont multiples, mais une des explications me semble résider dans la guerre idéologique qui a divisé l'Église de France.

Les héritiers du clergé « jureur » de la Révolution, des partisans du « ralliement » à la République, des « abbés démocrates » adversaires de l'Action Française ayant pris le pouvoir dans l'Église de France et pactisé avec les forces anticléricales ont voulu rejeter leurs adversaires. La passion partisane est loin d'être apaisée.

Le balayage des recensions du livre de Guillaume Cuchet témoigne du choc qu'a été la publication de *Comment notre monde a cessé d'être chrétien* pour le parti dominant dans l'Église. Isabelle de

Gaulmyn[186] tente d'amortir le choc : « *Le Concile n'a pas provoqué la rupture, qui aurait de toute façon eu lieu, mais il l'a déclenchée, en lui donnant une intensité particulière.* » « La crise était inévitable », c'est le destin, le « sens de l'histoire » probablement.

Anthony Favier dans « *La vie des idées* », publié sous l'égide du Collège de France – le 17 mai 2018 – rappelle que depuis les années 90 : « *l'Église catholique intériorise l'impossibilité d'une reconquête avec, par exemple, l'essai de l'évêque Albert Rouet* la Chance d'un christianisme fragile *(Bayard, 2001)* [...] *La rupture des années 1960 n'était d'ailleurs pas inconnue aux acteurs pastoraux de l'époque. Seulement devant l'ampleur des changements entrepris par le Concile Vatican II et pour ne pas nourrir le camp conservateur, les résultats n'étaient pas commentés* ». Et Favier reconnaît l'enjeu idéologique du déni de la réalité historique : « *Guillaume Cuchet prend le risque de donner du carburant aux thèmes conservateurs, voire intégristes* ».

Une fois de plus, Henri Tincq montre son parti-pris : « *Cette question a longtemps été empoisonnée par le combat « anticonciliaire » des traditionalistes.* »[187] Traduction : le déni s'explique, sinon ça aurait donné raison aux « tradis » considérés comme des freins à la « Nouvelle Pentecôte ». Et en fin connaisseur des rapports de forces dans les médias et l'appareil ecclésiastique, il reconnaît que Cuchet est « courageux ».

On le voit, l'esprit de parti est toujours bien implanté et le petit monde clérico-médiatique est loin d'être en état de reconnaître les réalités contrariantes. Anthony Favier commente le livre de Cuchet : « *le déclin du catholicisme français s'est accéléré brutalement pendant les années 1960,* paradoxalement *entraîné par la modernisation du clergé qui souhaitait pourtant s'adapter à la modernité.* » Je trouve très significatif ce « *paradoxalement* » alors qu'il y a un étroit rapport de causalité entre les deux, mais qui reste encore mal reconnu tellement il a été nié.

---

[186] *La Croix.com*, 09 /02/2018.
[187] *Études*, la revue des jésuites, mars 2018.

2. Comment les clercs ont-ils pu adhérer à l'« aggiornamento » ?

Un des phénomènes historiques qui est pour moi le plus intrigant a trait aux motivations qui ont pu pousser une ou deux générations de clercs à s'acharner à désacraliser systématiquement tout ce qui constituait le système religieux de l'Église – sauf le pouvoir clérical lui-même...

En quelques années, les traces de musique sacrée qui restaient en Occident sont remplacées par des chansonnettes débiles sur des airs de tango – « *je cherche le visage, le visage du Seigneur* » – ou de blues abâtardis ; les objets liturgiques vendus aux antiquaires pour être remplacés par des coupures de magazines ; les signes de transcendance ou de simple piété pourchassés – désorientation du prêtre pendant la messe, réaménagement des bancs d'église de façon à ce qu'on ne puisse plus s'agenouiller, etc. Le latin, langue liturgique permettant, comme les langues sacrées, de manifester la distinction du profane et du sacré, est proscrit.

Des générations de séminaristes ont été habituées à passer les textes sacrés à la moulinette de la critique historique, oubliant les quatre niveaux de sens – littéral, moral, allégorique, analogique – qu'une interprétation traditionnelle savait découvrir dans les Écritures.

Je me souviens de ces fidèles horrifiés et abandonnant toute pratique devant l'action profanatrice de leur curé démolissant à la pioche et à la barre à mine le maître-autel...

Les formes et références religieuses sont abandonnées et, avec l'abandon de la soutane, *La Vie catholique* devient *La Vie*, *La Croix* a tenté de devenir *L'Événement*, la CFTC devient CFDT... La plupart des associations familiales, hospitalières, éducatives, de soutien aux nécessiteux fondées et gérées par des chrétiens consacrés ou bénévoles passent aux « permanents » salariés et finalement sont devenues des para-administrations ralliées à la laïcité pour la subvention d'un plat de lentilles...

Comment donc expliquer que tant de clercs, *a priori* généreux, ayant donné leur vie au Seigneur et à l'Église, se soient lancés avec enthousiasme pour certains, résignation pour d'autres, dans cette entreprise d'auto-démolition de l'Église qu'on peut nommer modernisme ou progressisme ?

L'action du diable ? C'est sans doute vrai, mais un peu court ; le démon n'agit pas sur toute une génération sans médiations, c'est-à-dire sans représentations mensongères qu'il faut bien tenter de démonter.

Chez quelques-uns, rares, cette profanation a pu traduire quelque mystique apophatique mal comprise – mal comprise parce que la mystique apophatique fait suite à la mystique analogique fondée sur les symboles et par conséquent ne s'y oppose pas ; on ne retire pas l'échelle qui nous a permis de monter au niveau où l'on est pour en priver ses frères.

Succédant aux iconoclastes de l'Orient, aux puritains pourfendeurs de «superstitions papistes », ou même au clergé des XVIIe et XVIIIe siècles s'opposant au nom de la pureté aux traditions de la religion populaire – feux de la Saint-Jean par exemple –, certains clercs ont pu espérer qu'en épurant la pratique religieuse de certaines formes contingentes de piété, ils permettraient de mieux faire briller l'essentiel, ou même qu'en abolissant la frontière entre le profane et le sacré, ils sacraliseraient la totalité de la vie humaine : s'il n'y a plus de domaine sacré spécifique, on pourrait alors affirmer que tout est sacré.

En réalité il ne suffit pas de détruire les temples pour se retrouver dans la Jérusalem céleste. Certains ont donc pu être influencés par l'Espérance dévoyée de la vieille passion pour la Cité Sainte de l'Agneau.

Mais pour la plupart des clercs modernistes, la motivation de leur ralliement à ce mouvement de désacralisation vient de ce qu'ils ont été intoxiqués par l'idéologie dominante : celle du pseudo-rationalisme et de l'évolutionnisme. Selon cette anthropologie commune à la philosophie des « Lumières » du XVIIIe siècle, au scientisme du XIXe siècle, au communisme, à certaines formes de freudisme, et au transhumanisme, la mentalité religieuse, mythique, correspondrait à une étape de l'histoire, celle de l'enfance de l'humanité où l'on croit encore au Père Noël. Mais en devenant « adulte » – mot clef de l'époque post-conciliaire (*versus* « *si vous ne devenez comme un petit enfant* » Mt 18.1-4) –, l'humanité sortant de l'obscurantisme accéderait à une pensée rationnelle, et en se débarrassant enfin des superstitions d'une mentalité « magique » qui l'aliénait, elle irait vers une autonomie de plus en plus grande en se passant de plus en plus des références à une volonté ou à un dessein transcendant.

Dès lors, le Dieu du ciel n'est plus nécessaire ; tout au plus peut-on lui concéder une petite place comme divinité hégélienne, immanente à l'histoire des hommes... Comme les « Lumières » toléraient un Dieu grand horloger.

Longtemps, la majorité du clergé a combattu cette idéologie. Mais avec « l'ouverture au monde », avec cette volonté de voir l'Église épouser son siècle – comme si on pouvait échapper à cette nécessité d'être de son époque ! – avec « l'*aggiornamento* » donc, le clergé a massivement adopté cette vision idéologique au moment même, paradoxalement, ou l'intelligentsia laïque commençait à abandonner ses croyances naïves dans les vertus de la Raison et du Progrès. À vouloir courir après la mode on a toutes les chances d'être démodé : c'est pourquoi on peut constater que, par une ironie de l'histoire, c'est dans les revues cléricales (*Projet*, les *Études*...) qu'on trouvera les derniers reliquats de rationalisme ou les ultimes références au Progrès, comme on trouve à présent dans le bas clergé d'un certain âge, les derniers fervents de la vulgate marxiste...

Pour des clercs acquis à cette anthropologie d'une humanité devenant adulte et autonome, deux attitudes étaient possibles : pour les plus conséquents, défroquer et se consacrer aux choses « sérieuses » : le syndicalisme, l'animation socioculturelle ou la libération révolutionnaire des peuples. Pour les autres, plus attachés peut-être à l'Église, il s'agissait de sauver l'essentiel de la foi de la ruine nécessaire des religions. C'est donc par une sorte de piété paradoxale que certains clercs ont pu se lancer dans la profanation systématique de tout ce qui était à leur portée, comme les pompiers allument des contre-feux...

Ces raisons sont les seules que j'ai pu trouver à la rage désacralisatrice qui s'est emparée de tant de pauvres clercs qui sont aujourd'hui bien âgés. Or il s'avère que cette idéologie des stades d'évolution dans lesquels la mentalité religieuse ne serait qu'une étape réservée aux peuples « enfants » est fausse. Le plus grand intérêt de la diffusion de l'anthropologie religieuse des savants est qu'elle s'oppose très largement à l'anthropologie issue de l'idéologie des « Lumières ».

Ce que montre l'anthropologie religieuse à travers Mircea Eliade, Gilbert Durand, Georges Dumézil, Ernst Cassirer ou même Georges Bataille, C.G. Jung ou encore Roger Caillois, c'est que le fait religieux n'est pas, comme on le croyait au XIXe siècle et dans la première partie du XXe, une étape dans l'histoire de l'humanité, mais une dimension irréductible qui perdure même dans le cadre apparemment désacralisé des sociétés modernes. « *La majorité des sans-Dieu se comporte encore religieusement à son insu* », reconnaît Mircea Eliade[188].

Encore une fois, un peu de science éloigne de la foi, beaucoup de science y ramène. La science est essentiellement critique. La pseudo-science élève des obstacles idéologiques contre la foi, la vraie science sape les présupposés de ces idéologies et laisse la foi à ses seuls fondements rationnels et spirituels... C'est pourquoi, s'il est nécessaire que les clercs subissent l'influence de la pensée profane, je préférerais que ce soit celle des savants plutôt que celle des idéologues de « La Science ».

3. Une « nouvelle » messe

Comment ai-je ressenti la substitution du nouvel *Ordo Missae* de Paul VI à la messe de Pie V ? Tout d'abord, il faut affirmer que tout peut être sacralisé et que le profane n'est qu'un point de vue

---

[188] *Le Sacré et le Profane*, p. 174, éd. Gallimard, 1975.

illusoire sur les choses qui sont réellement sacrées. D'ailleurs le mot même de profane relève du vocabulaire sacré, puisque *profanum* veut dire « devant le temple ».

Cela dit, dans la mesure où nous vivons dans un état de conscience déchu, nous avons besoin de médiations. Puisque nous ne vivons pas la totalité de notre existence avec une pleine conscience de la réalité sacrée, nous avons besoin de mettre à part certains espaces – « *déchausse-toi car ceci est une terre sacrée* » –, certains temps – le dimanche, les fêtes, le Carême –, certaines personnes – « consacrées » –, pour qu'à partir des liens qu'elle tisse avec ces parcelles sacralisées, notre vie banalisée puisse retrouver un sens.

Aussi n'est-ce pas sans raisons que dans la plupart des sociétés, la langue sacrée ne coïncide pas avec le langage ordinaire. L'araméen du temps du Christ n'était pas l'hébreu de la Bible, les Russes célèbrent la liturgie en vieux slavon, et le sanscrit des grands textes hindous n'est certainement pas la langue vernaculaire. Le latin, ancienne langue véhiculaire, était devenue la langue liturgique, quasi-sacrée – la « révélation » de INRI « *Jésus de Nazareth Roi des Juifs* » n'avait-elle pas été inscrite en latin en même temps qu'en Grec et en Hébreu sur l'inscription que Pilate avait fait apposer sur la Croix ? Est-ce parce que les mots latins exprimaient dans nos consciences un autre niveau de réalité qu'on a cherché à les supprimer de la liturgie ? Pourtant rien n'est plus insupportable dans les discussions concernant les rites de la messe que cet oubli de l'essentiel. Jean Ousset disait : « *Est-ce que le Christ vient à la consécration ? Si c'est le cas, pourquoi ne viendrais-je pas ?* » Je suppose que la crèche où Jésus est né devait sentir le purin…

La messe n'est pas d'abord une pédagogie pour la « conscientisation » des fidèles. Qu'est-ce qui est nécessaire à la messe ?

• Que soit respecté un minimum de formes rituelles afin que le sacrement transmis par les pouvoirs donnés aux apôtres soit effectué et actualise pour nous le seul sacrifice du calvaire, sans bricolage liturgique qui rende l'action douteuse.

Sous cet angle-là, il n'est pas douteux que la nouvelle messe – celle qui a été amendée sur l'intervention providentielle des cardinaux Siri et Ottaviani –, au moins quand on en respecte les formes, soit la messe.

- Accessoirement, il faut souhaiter que le rite soit « priant » ; et là, les critères sont bien relatifs.

Pour en revenir à la messe de Paul VI, ce qui me paraît scandaleux, ce n'est pas la création d'un nouveau rite. Et puisque nous sommes soumis à une chute cyclique de la conscience, peut-être était-il nécessaire « d'adapter » aux conditions actuelles la célébration du sacrement de l'Eucharistie. Cela aurait été acceptable que dans quelques banlieues déshéritées où une majorité de pratiquants aurait affirmé avoir le plus grand mal à conserver l'intelligence du rite, on « expérimente » une nouvelle liturgie. Ce qui est scandaleux, c'est la façon autoritaire dont l'appareil ecclésiastique a remplacé l'ancienne liturgie, comme si c'était son bien propre, et non le bien commun de tous, auquel on pouvait légitimement être attaché.

Cet autoritarisme était d'autant plus insupportable que la plupart des promoteurs des nouveaux rites manifestaient une évidente volonté de désacralisation, qui renforçait jusqu'à la caricature la plus odieuse le caractère évidemment « horizontaliste » de la messe de Paul VI. La liturgie traditionnelle était polarisée sur l'expression de la relation à la transcendance du Père ; comme le manifestaient la position médiatrice du prêtre face à l'autel, la stricte césure entre le chœur et la nef, ou, dans les églises d'Orient, l'usage de l'iconostase. La liturgie nouvelle voulut se centrer sur le peuple de Dieu, théoriquement plus ou moins animé par la Présence immanente de l'Esprit : on célébra la messe face au peuple, l'autel réduit à une table au milieu des fidèles qui devaient ne rien perdre des paroles du prêtre et qui, bien plus qu'auparavant, s'adressaient à lui plutôt qu'à Dieu.

Cette liturgie trop axée sur la stimulation de la conscience des fidèles pouvait laisser entendre que l'essentiel n'était plus dans l'union du ciel et de la terre opérée par le Sacrifice du Christ, mais dans la « prise de conscience » des fidèles dont le rite n'était que l'instrument.

Ah ! Ces « prières universelles » dans lesquelles la finale hypocrite des phrases – « prions le Seigneur » – n'est évidemment qu'un prétexte pour poursuivre sur un mode répétitif l'effort de conscientisation entrepris lors du sermon. Encore, jadis, lorsque dans les rogations on priait pour les moissons, chacun savait que la pluie ne dépendait pas de sa propre action, tandis que lorsque j'entends qu'on me demande de prier pour la paix, j'ai toujours le soupçon que ce n'est pas de la Providence que l'on attend un changement, mais de la modification de ma conscience, comme dans les camps de rééducation du Vietminh.

On pouvait au moins espérer que toute cette polarisation sur le peuple de Dieu redonnerait au moins une certaine vie aux communautés paroissiales dans un contexte d'individualisme forcené. Las, c'est l'échec complet, d'ailleurs, comment pourrait-on éveiller la conscience de la communauté, alors qu'on s'est évertué à combattre l'héritage commun de la chrétienté et des manifestations de la piété populaire ? Il faut au contraire observer la lutte sourde qui dans les années 70 opposait si souvent le clergé à ce qui peut demeurer de véritables communautés de chrétienté – pénitents du midi, charitons normands, associations familiales catholiques, adorateurs du Saint-Sacrement, pratique en groupe du chapelet, etc.

Aussi les appels à la communauté du peuple de Dieu – sauf peut-être chez les charismatiques – apparaissent-ils malheureusement comme purement incantatoires, comme les perpétuels appels à « la mise en route » d'une grande partie des cantiques.

Au-delà de ces tristes péripéties, il faut bien reconnaître que la crise de la liturgie a révélé une fois de plus les deux grands travers de l'Église latine : l'uniformisme et le cléricalisme.

L'uniformisme c'est ce goût pour l'uniformité proche du jacobinisme. Catholique veut dire universel, mais certainement pas uniforme. Déjà, l'Église post-tridentine avait manifesté cette propension « classique » à confondre ordre et uniformité ; encore que le rite de S. Pie V laissât subsister quelques variantes à Milan, à Lyon ou dans quelques ordres religieux. Pour la messe de Paul VI, tout avait été fait pour que l'ancien rite séculaire soit purement et simplement aboli. Les représentants des rites orientaux, malabars, melkites, syriaques et autres maronites feraient bien de se méfier de cet uniformisme romain…

Quant au thème de la responsabilité donnée aux laïcs, il n'est que le faux nez du vieux cléricalisme. Lors de cette révolution liturgique, le clergé a superbement ignoré le sentiment des fidèles – mais pas des médias supposés refléter l'opinion publique –, alors même qu'il prétendait les traiter en « adultes responsables ». Il est évident que tous ces bouleversements se sont produits contre l'assentiment des fidèles.

Je me souviens de ce jésuite qui entreprenait la réorganisation des bancs en demi-cercle – selon les canons de la pédagogie soixante-huitarde – et la suppression des agenouilloirs. Je lui proposais de faire une étude sur les vœux des paroissiens. Il s'exclama alors : « *Vous êtes fou ! Si on les écoutait, ils nous renverraient à la sacristie* ».

En tant que sociologue, j'ai eu quelquefois à mener des enquêtes sur les convictions et les pratiques religieuses de mes contemporains. Les non pratiquants justifiaient en général l'abandon de la pratique avant les années 70 par la conduite scandaleuse d'un curé qui les avait choqués, au-delà de cette période, c'est le plus souvent la répugnance pour les nouveaux rites qui est invoquée – qu'on pense à la chanson de Georges Brassens : « *Sans le latin, la messe nous emmerde* ». Aujourd'hui, la non-pratique étant consensuelle, il n'y a même plus besoin d'avoir à se justifier.

Ce cléricalisme autoritaire, « jacobin », « haussmannien » est d'autant plus irritant qu'il se révèle sur un arrière-fond nominaliste, réduisant le symbolique au fonctionnel. Dans la liturgie qui devrait manifester la permanence de l'ordre divin, c'est une impiété et une cuistrerie de faire comme si la volonté arbitraire de l'homme – en fait celle des bureaucraties ecclésiastiques – était souveraine.

XII. LA MODERNITÉ COMME QUÊTE DÉVOYÉE ET IMPATIENTE DE LA JÉRUSALEM CÉLESTE

> « *La société devient un enfer dès qu'on veut en faire un paradis.* »
> Gustave Thibon

1. La modernité, hérésie chrétienne

Il est de la nature de la Tradition de se transmettre aux différentes cultures et aux différentes situations historiques. Le christianisme de l'Antiquité gréco-romaine n'est pas exactement le même que le judéo-christianisme primitif. Les débats entre Paul et Pierre témoignent de ces difficiles adaptations. La religion de la rechristianisation du continent par les moines celtes n'est pas identique à celle de la chrétienté pré-féodale, comme la chrétienté médiévale urbaine, diffère du catholicisme post-tridentin. La Tradition est donc transmission de la Révélation à travers les variations culturelles et les cycles que l'humanité doit traverser. Elle est donc nécessairement adaptation à ces conditions particulières ou, si l'on veut, traduction. Sans doute la traduction est un art difficile, les risques y sont nombreux – *traduttore traditore,* disent les Italiens –, mais c'est un art nécessaire dès lors que les chrétiens s'étaient engagés sur ce chemin en écrivant les Évangiles en grec plutôt qu'en hébreu ou en araméen, au contraire des musulmans qui arabisent les populations qu'ils convertissent.

Vaille que vaille, et parfois au prix du martyre, l'Église s'est relativement bien adaptée à la confrontation avec le paganisme, elle a su « aller aux barbares », et assimiler les cultures et les époques, grecque, romaine, celte, orientale et occidentale, impériale, féodale ou « classique ». À chaque « inculturation » elle a pu emprunter tel ou tel élément en demeurant elle-même. Et il est possible qu'elle aura demain à intégrer des apports hindous, bouddhistes, taoïstes, voire chamaniques. Finalement, le culte des ancêtres que les jésuites du XVIIe siècle n'avaient pu faire reconnaître par Rome, est aujourd'hui communément intégré par les catholiques de Chine et d'ailleurs et, en Afrique, des cultes naguère combattus par l'Église sous le nom d'animisme se trouvent à présent tolérés comme « culte des ancêtres ».

En revanche, depuis plus de deux siècles, l'Église se trouve en difficulté devant « le monde moderne ». G.K. Chesterton a dit que les idées modernes sont des « vertus chrétiennes devenues folles »[189]. C'est pourquoi « aller aux païens » n'est pas du tout la même démarche que « d'épouser le monde moderne », c'est-à-dire épouser sa propre hérésie. De façon analogue, j'avance l'hypothèse que les difficultés de l'Église face au monde musulman s'expliquent peut-être par la trop grande proximité de l'islam et du judéo-christianisme. Intégrer les principes de la modernité, ce n'est pas incarner le corps mystique du Christ dans une nouvelle culture, c'est pactiser avec les germes de sa corruption, c'est se trahir.

Pourquoi l'Église souffre-t-elle pour s'adapter à ce siècle ? Assimiler ses « valeurs » marchandes de tolérance, de respect de l'autonomie des individus, et ses formes démocratiques de pouvoir fondées sur la manipulation habile de l'opinion publique ? C'est que le « monde moderne » n'est pas une culture parmi d'autres, mais une culture atypique, pour ne pas dire une monstruosité. On peut toujours espérer amender une société païenne, c'est-à-dire religieuse, en lui apportant la révélation de la Bonne Nouvelle. Mais comment christianiser une société postchrétienne, véritable cancer prospérant aux dépens de la chrétienté dont elle est issue ? Comment, sinon par

---

[189] « *Mais les vertus, elles aussi, brisent leurs chaînes, et le vagabondage des vertus n'est pas moins forcené et les ruines qu'elles causent sont plus terribles. Le monde moderne est plein d'anciennes vertus chrétiennes devenues folles. Elles sont devenues folles, parce qu'isolées l'une de l'autre et parce qu'elles vagabondent toutes seules* ». (Gilbert Keith Chesterton, *Orthodoxie*, 1908).

un mouvement de retour à la santé et de rejet de ce qui est malade ? Toutes les cultures humaines ont reconnu la supériorité et l'autorité de principes transcendants, toutes se soumettent – ou au moins l'affirment – à une « loi non écrite » d'origine supra-humaine, toutes savent que l'homme n'est ni sa propre origine, ni sa propre fin.

Seule la culture occidentale postrévolutionnaire – qui devient la « culture-monde » –, sous sa forme libérale comme sous ses autres formes plus totalitaires, affirme l'absolue autonomie de la volonté humaine et nie la légitimité de toute loi dont les fondements ne seraient pas contractuels. Comment le christianisme pourrait-il pactiser avec de tels principes d'athéisme ?

À l'évidence, la modernité est fille du christianisme. D'ailleurs, les apologistes modernistes du christianisme le proclament : le monothéisme a désenchanté le monde et permis de traiter la Création comme « un stock à arraisonner » (Heidegger), l'Incarnation a détourné le regard du Ciel transcendant et le porte à l'autoglorification de l'Homme.

Par certains côtés, le christianisme accélère l'entropie historique. Si par de nombreux traits il possède des aspects des religions traditionnelles, par d'autres il exerce une capacité destructive extraordinaire, qui est peut-être finalement elle-même providentielle, puisqu'il faut bien que ce monde finisse. Car, comme nous l'avons déjà observé, il semble qu'une étrange, mais indéniable force anime la dynamique de l'Occident dans sa destruction de toutes les traditions – les siennes d'abord. Si Jésus est le salut, si le Christ est le *pharmacos,* l'hérésie du christianisme est un poison, et la subversion semble avoir conservé quelque chose de la force de ce qui est subverti.

Il ne faut pas pour autant confondre le christianisme et les hérésies dont il est porteur. Le vrai combat de l'Église, c'est de lutter contre ses propres trahisons, ce qui venant d'elle la pervertit.

Cinq défis se posent à l'Église dans cette fin de l'âge sombre : le progressisme, le modernisme, le psychologisme, l'œcuménisme et la crise épistémologique du rationalisme.

2. *Le progressisme prend la tour de Babel pour la Jérusalem céleste*

Le millénarisme a toujours été une des grandes tentations du christianisme[190]. À partir du premier avènement, les chrétiens sont, d'une certaine façon, contemporains de la Parousie tout en restant encore dans l'ancien monde. Les chrétiens sont donc dans une situation inconfortable, écartelés entre l'ordre naturel et l'ordre surnaturel, tenant comme toute tradition, la chaîne qui les relie aux origines, à la tradition primordiale, celle d'Adam, Noé, Abraham et Moïse, mais déjà ancrés dans l'*Agnus Dei* de la Jérusalem céleste eschatologique. Si la Tête de l'Église – le Christ – est déjà dans cette Jérusalem céleste, le reste du corps mystique gémit encore dans l'état de l'humanité post-adamique.

Pour échapper à cette tension, la tentation du chrétien est donc de renoncer à « l'ordre naturel », la sagesse traditionnelle de ce monde, et de faire comme si l'humanité était parvenue à sa fin eschatologique. Sans le lest de la Tradition, le christianisme peut devenir fou.

Puisque Dieu s'est incarné dans la nature humaine, alors l'histoire de l'homme deviendrait l'histoire de Dieu. Or, s'il est vrai que le corps ressuscité du Christ est déjà le Temple définitif, il n'est pas

---

[190] Le « *millenium* » renvoie à un passage de l'Apocalypse : « *Puis je vis descendre du ciel un ange, qui avait la clef de l'abîme et une grande chaîne dans sa main. Il saisit le dragon, le serpent ancien, qui est le diable et Satan, et il le lia pour mille ans. Il le jeta dans l'abîme, ferma et scella l'entrée au-dessus de lui, afin qu'il ne séduisît plus les nations, jusqu'à ce que les mille ans fussent accomplis. Après cela, il faut qu'il soit délié pour un peu de temps.* » (Apocalypse de Jean » XX : 1-3). Il semble que l'Église n'ait pas tranché sur le *millénium* : avant ou après l'Antéchrist et le retour glorieux du Christ ? Certains défendent même la thèse que le *millenium* c'est la chrétienté et que, par conséquent, il a déjà eu lieu et que nous sommes dans le temps de l'Antéchrist. Quoi qu'il en soit, le millénarisme a justifié tant de mouvements hérétiques qu'il est prudent de s'en méfier.

vrai que les hommes de bonne volonté, par leurs efforts, bâtissent la Jérusalem céleste.

Cette espérance qu'au plus sombre de l'âge sombre, le Messie nous fait passer à la « *terre nouvelle et aux cieux nouveaux* » a commencé à se transformer au Moyen-Âge avec les spéculations de Joachim de Flore qui imaginait que l'histoire du monde se partageait en trois âges, l'âge du Père – l'Ancien Testament –, l'âge du Fils – la chrétienté – et qu'on voyait poindre un troisième âge, celui de l'Esprit Saint, le *Millénium*. Chaque âge représentant un progrès par rapport au précédent.

Cet archéo-progressisme s'est par la suite combiné avec la révolution anthropocentrique du XVIIIe siècle – elle-même hérésie chrétienne : si Dieu s'est incarné, alors c'est parmi les hommes et non aux Cieux qu'il faut chercher l'Absolu. « L'Avenir » a pris la place et la fonction du « Ciel ».

Dès la fin du Moyen-Âge, l'histoire des effervescences sociales témoigne de cette absolutisation anthropocentrique généralisant abusivement à tous le privilège du Messie, assurant seul la totale union – uni mais distinct – de l'humanité et du Verbe divin.

Aux « *fraticelli* » – hérésie issue du courant franciscain – succéderont les extrémistes de la Réforme – anabaptistes, frères moraves et autres révoltés de Münster –, les « *nivellers* » alliés de Cromwell, ou les puritains du Nouveau Monde, allant fonder sur le « *Mayflower* » la Jérusalem céleste fondement de la société libérale américaine... Ni pape, ni prince, ni loi, ni morale objective, ni pouvoirs : toutes les médiations sont abolies. Les idéologues du XIXe siècle – socialistes quarante-huitards ou autres – continueront à professer le même *credo*, mais en oubliant plus ou moins ses fondements théologiques. Pas tous d'ailleurs ; ainsi Karl Marx reconnaît-il : « *le fantasme, le rêve, le postulat du christianisme – à savoir la souveraineté de l'homme – devient dans la démocratie réalité sensible, présence réelle, maxime profane.* »

C'est sur ce terreau que se développera au XIXe siècle le culte occidental du Progrès – Hegel, Marx, Darwin, et « Monsieur Homais »[191]. C'est cette croyance qui nous faisait qualifier les hommes d'autres cultures d'archaïques ou de primitifs.

Les tentatives du christianisme pour frayer avec cette nouvelle mythologie donneront soit quelque grande fresque à la Teilhard de Chardin, ou le plus souvent, la croyance que l'humanité, plus ou moins inspirée par le souffle de l'Esprit, bâtissait la Jérusalem céleste à la force du poignet. Dans les liturgies cela se traduisait par une surreprésentation de la métaphore du peuple en marche, dans les sempiternels appels à bâtir « un monde plus juste et plus fraternel » et pour certains à l'élaboration d'une « théologie de la Libération » justifiant l'activisme des compagnons de route du Parti communiste.

Le rappel guénonien de la cyclologie traditionnelle de l'histoire comme chute continuée par éloignement entropique des origines, cette conception qui est aussi celle du christianisme de la Révélation – comme j'ai tenté de le montrer –, ce rappel doit nous prémunir contre ce type d'illusion. Il suffit de relire l'Apocalypse : la Jérusalem céleste vient du Ciel au plus bas de la chute de l'humanité et n'est en rien le produit des efforts des hommes à l'issue d'une évolution ascendante.

Aujourd'hui le « Progrès » a du plomb dans l'aile : nous sommes à l'époque « *after punk* » du « *no future* », du catastrophisme écologique, la techno-science se révèle comme un mouvement non-maîtrisable ; dans le domaine économique, à la planification et à la prospective a succédé le « chaos-management » – la firme doit être le plus adaptable possible pour faire face aux aléas imprévisibles. Et comme, avant Michel Maffesoli, l'explique Gilles Lipovetsky[192], la

---

[191] Le personnage du rationaliste scientiste dans le roman de Gustave Flaubert, *Madame Bovary*.

[192] *L'Ère du vide : essais sur l'individualisme contemporain*, Paris, Gallimard, 1983.

modernité – jouir de l'avenir – est remplacée par une post-modernité caractérisée par la jouissance du présent sans illusion sur ce que l'avenir nous réserve. On remarquera que la science-fiction optimiste a pratiquement disparu.

Aussi comme une « déprime après un mauvais trip », après avoir adulé le Progrès, notre monde sombre dans un morne agnosticisme historique – « la fin de l'histoire ». Au contraire, dans les conceptions traditionnelles, l'histoire garde un sens, il reste possible de lire les signes des temps.

3. *La cécité moderniste*

Tels des maniaco-dépressifs, les modernes, quand ils ne sont plus mobilisés pour la « lutte finale », ratiocinent dans le relativisme désenchanté. Le modernisme est la seconde tentation, pas nouvelle, mais très actuelle, qui s'offre aux chrétiens. Il s'agit de purifier le christianisme des « naïvetés d'un autre âge » qui l'empêcheraient de pouvoir être assimilé par la mentalité moderne.

Il s'agit de désacraliser : certaines aumôneries s'ingénient même à faire saucissonner des groupes de jeunes dans les églises... En abolissant la frontière entre le profane et le sacré, ils pensent peut-être sacraliser l'ensemble de la vie humaine. S'il n'y a plus de domaine sacré spécifique, on peut alors affirmer que tout est sacré[193]. En réalité il ne suffit pas de détruire les temples pour se retrouver dans la Jérusalem céleste.

Dès lors, il est permis de considérer que le Dieu sauveur n'est plus nécessaire, puisque nous faisons comme si nous étions déjà au « Ciel » ; éventuellement on supposera qu'Il aura fait comme un dernier cadeau à l'humanité de disparaître pour la laisser à son entière liberté, comme il est prétendu dans la théologie de la mort de Dieu.

On pourrait aussi évoquer le « désenchantement du monde » suscité par une théologie des « causes secondes » opposant l'ordre

---

[193] Selon l'Apocalypse, dans la Jérusalem céleste, il n'y a plus ni soleil, ni lune ni Temple...

naturel – devenu celui des choses insignifiantes – à l'ordre surnaturel. Toute une mauvaise apologétique s'est ainsi développée – hélas, même dans certains milieux traditionalistes – pour créditer le christianisme du développement d'une science profane, positiviste et agnostique... La « libération de la Raison humaine » serait ainsi l'effet de l'abstention de la Transcendance d'intervenir dans l'ordre naturel des choses... D'où la gêne des prédicateurs modernistes pour aborder le problème des miracles considérés suivant les cas comme insignifiants – « *on n'en a pas besoin pour croire* » – ou comme pures allégories. Dans cette mentalité, combien d'exorcistes qui ne croyaient pas au diable ! Combien de catéchistes renvoyés parce qu'ils osaient faire mention des anges ! Par une ironie providentielle, dans la décennie qui a suivi cette épuration des anges, le rayon angélologie des librairies « *New Age* » s'est multiplié de façon extraordinaire.

Face à cette prétention moderniste, les pérennialistes nous apprennent à retourner l'accusation d'obscurantisme et montrent comment la modernité est une cécité.

4. *Le psychologisme ou la confusion du psychique et du spirituel*

L'anthropologie chrétienne ancienne, par exemple S. Paul, distingue trois niveaux, le corps, l'âme (la *psyché*) et l'esprit (le *pneuma*). Plus tard les théologiens scolastiques tendront à réduire l'homme à une dualité : le corps et l'âme. Sans doute S. Thomas distingue-t-il dans l'âme « sa fine pointe ». Mais finalement, le dualisme « cartésien » s'impose dans les représentations.

Le niveau spirituel n'étant plus spécifiquement identifié, on va vouloir le trouver dans ce qui n'est que la conséquence d'une vie spirituelle : la morale au temps de la Réforme et de la Contre-Réforme jusqu'au XIXe siècle, la foi réduite à la croyance « personnelle », et aujourd'hui ce que Guénon et d'autres dénoncent comme la réduction du spirituel au psychique.

Pourtant, l'important n'est pas d'abord notre mental ou nos émotions, l'important est que la messe soit dite, il faut « faire la tradition », « *exécuter le sacrifice* », dit le « *Véda* »[194]. Le sentiment que cela provoque en nous est second, sinon secondaire.

Avec le modernisme se développe le subjectivisme, nouvelle mouture du nominalisme. Comme l'a montré le sociologue Henri Desroche, si l'Esprit Saint s'incarne totalement dans la conscience de chacun, non seulement le « libre examen » protestant devient une règle absolue, mais toutes les médiations entre le Ciel et la Terre deviennent caduques : celle du prêtre et celle du prince, tout pouvoir de l'homme sur l'homme, toute règle non fondée sur le contrat, toute orthodoxie ou morale objective, deviennent d'illégitimes « aliénations ».

Pour mettre en évidence la réalité spécifique du spirituel, René Guénon réhabilite l'existence de modalités d'acquisition – ou de découverte – de ce savoir, distinctes de celles procurées par l'activité mentale spéculative et discursive. Cette capacité peut se dire soit en termes platoniciens d'anamnèse, « d'idées innées » qu'il s'agit de retrouver en soi – la connaissance est une reconnaissance –, soit en termes d'intuition, c'est-à-dire de connaissance immédiate et non conceptuelle, soit même en termes d'archétypes. L'existence chez l'homme d'une faculté intellective apte à connaître directement la vérité métaphysique, même hors de toute révélation, est une thèse traditionnelle tout à fait orthodoxe. S. Thomas écrit ainsi que « *les principes sont naturellement connus : l'erreur qui porte sur eux vient d'une corruption de la nature* »[195].

Cette faculté intellective permet de distinguer le psychique – dont font partie les facultés mentales – du spirituel et de retrouver ainsi l'anthropologie traditionnelle que l'Église a professée jusqu'à l'âge « classique » des dualismes cartésiens : le corps, l'âme et l'esprit, ce dernier échappant à toute détermination mondaine.

---

[194] Ensemble des Écritures sacrées de l'hindouisme.
[195] *Contra Gentiles*, livre 4, chapitre XCV.

Naturellement, distinguer ce mode de connaissance tout « pneumatique » des facultés psychiques n'implique pas d'opposer les unes aux autres. Au contraire, une juste spéculation théorique, la rumination des symboles et la concentration – aller vers le centre – obtenue par des exercices spirituels – dont les dimensions de techniques corporelles sont évidentes – sont une excellente préparation à cette connaissance contemplative.

L'objet de cette gnose – à ne pas confondre avec les gnoses dualistes[196] – c'est donc la redécouverte « des principes », la métaphysique, la connaissance de l'être, l'intuition de l'ordre qui soustend la création, la place de l'homme dans cette création, mais surtout de ce qui dans « l'homme passe l'homme », de ce qui est au-dessus de la nature et de sa nature, et enfin de la connaissance de Dieu comme réalité obscure, comme « fond » – en allemand, le *Grund* – non visible. Sans prétendre d'ailleurs faire l'économie de la Révélation et de tout ce que les dogmes ont pu fixer, mais au contraire en s'y appuyant.

Devrait-on ne s'en tenir qu'à ce qui a été révélé explicitement comme le voudraient les fondamentalistes ? Alors que les Écritures mêmes reconnaissent son caractère parcellaire : « *J'ai encore bien des choses à vous dire, mais vous n'êtes pas encore en état de le porter. Quand Il viendra, Lui, l'Esprit de Vérité, Il vous introduira dans la Vérité tout entière* » (Jean, XVI, 12). Commentant le dernier verset de l'Évangile de Jean, S. Thomas d'Aquin déclarait : « *Jésus a accompli encore bien d'autres actions. Si on les relatait en détail, le monde ne suffirait pas, je pense, à contenir les livres qu'on en écrirait* ». D'ailleurs, ce que l'Église nomme Tradition, une des deux sources de la foi avec l'Écriture, n'est-ce pas la capitalisation – non sans polémiques – et la transmission des intuitions et des critiques des Docteurs de l'Église ? Éclairer le chemin, le délimiter pour que le fidèle soit guidé vers l'expérience possible de cette connaissance paradoxale, de cette

---

[196] Cf. Jean Borella, *Problèmes de gnose*, Paris, L'Harmattan, coll. Théôria, 2007, et Louis Bouyer, *La spiritualité du Nouveau Testament et des Pères*, Éditions du Cerf, chap. IX-XII, pp. 262-367.

« docte ignorance », de ce « nuage d'inconnaissance » dont parlent les théologies apophatiques et qui dépassent toutes les spéculations théologiques...

Si l'homme est capable de connaître de telles merveilles, n'y a-t-il pas lieu d'essayer de comprendre ce mystère de l'homme « *capax Dei* » ? D'autant plus que dans la théorie traditionnelle de la connaissance – co-naissance –, « le même connaît le même » : « *La métaphysique affirme l'identité foncière du connaître et de l'être* [...] *et comme cette identité est essentiellement inhérente à la nature même de l'intuition intellectuelle, elle ne l'affirme pas seulement, elle le réalise* », écrit René Guénon[197]. Non pour nous enorgueillir de cette faculté que nous « posséderions », mais au contraire pour reconnaître l'Esprit, la Grâce, l'Énergie divine qui réside en nous-mêmes ; cette « fine pointe de l'âme ». En ce sens, « l'intuition » peut aussi être appelée – à proprement parler – inspiration : « *Personne ne connaît les mystères de Dieu, sinon l'Esprit de Dieu, et c'est cet Esprit que nous avons reçu pour connaître les dons que Dieu nous a faits.* »[198]

L'universalité de l'Église catholique se manifeste par la diversité de ses points de vue et de ses écoles. Il faut reconnaître la légitimité de l'École rhénane, de la théologie apophatique, et de la succession de Denys l'Aréopagite, et non chercher à en mutiler la Tradition de l'Église, comme le voudraient certains « chasseurs de gnostiques ».

5. *La rupture épistémologique de la post-modernité*

« *L'homme vit dans un univers de signes et non de choses* » (Ernst Cassirer). La mentalité moderne a réussi – partiellement – à modeler l'image inverse : c'est ce que Max Weber a appelé le « désenchantement du monde ».

L'Église a fait de gros efforts pour s'adapter à cette conception « rationaliste », c'est-à-dire tronquée, du monde. Or aujourd'hui,

---

[197] *Introduction générale à l'étude des doctrines hindoues* », pp. 144-145, Véga, Paris, 1976.
[198] S. Paul, *Corinthiens, 11,* 11-13.

comme l'avait bien annoncé Guénon, cette conception se fissure et s'effondre.

Les notions de corps et de matière sur lesquelles depuis Descartes s'étaient édifiée l'épistémologie moderne et ses paradigmes mécanicistes, ont perdu tout caractère d'évidence pour le physicien contemporain. Après l'apparition de la physique quantique, la vision de la matière – et donc du matérialisme – a volé en éclats.

La science, naguère suprême référence d'un monde laïcisé, n'a sans doute pas cessé d'étendre son empire sur la société contemporaine, mais à présent elle est livrée aux interrogations de ses grands prêtres eux-mêmes, et ses fondements sont profondément remis en cause.

Aux XVIIIe et XIXe siècles, « La Science » apparaissait comme une sorte de grand mouvement prométhéen, parti à la conquête de la connaissance totale, la preuve du pouvoir illimité de la raison humaine, dès lors qu'elle se libérait des obscurantismes métaphysiques et religieux.

Aujourd'hui, après Gaston Bachelard ou Michel Foucault, le caractère automatiquement progressiste, c'est-à-dire indéfiniment capitalisable, du savoir, est mis en doute par la plupart des épistémologues qui reconnaissent la relativité de ce savoir segmenté par des discontinuités historiques et disciplinaires brutales. Les « *épistémè* », ces continents du savoir, sont discontinus et il n'est pas de critères extérieurs pour juger de la validité de ces savoirs toujours fondés sur des bases mal démontrées – voir les théorèmes d'incomplétude de Gödel. C'est pourquoi la science d'un Paracelse devient incompréhensible et impensable pour un médecin du XIXe siècle.

Le fait pour la connaissance de se constituer dans une étape postérieure n'est plus une façon de garantir un progrès : ce qui est pensé après n'est pas automatiquement plus vrai que ce qui était pensé avant.

Il n'est pas douteux que les fondements « rationnels » sur lesquels se sont constitués le savoir et le système de représentations du monde classique ou moderne sont en train de se désagréger. D'ailleurs, dans la cité des savants, l'insatisfaction provoquée par une démarche si mal fondée provoque par contrecoup une quête de l'ordre harmonique de l'univers. Des « gnostiques de Princeton » aux participants du « colloque de Cordoue », nombreux sont les spécialistes qui tentent de puiser dans des spéculations métaphysiques, souvent orientales (« Tao de la Physique »), des voies d'accès à une connaissance totalisante qu'ils n'ont plus l'espoir de trouver dans les modalités communes des sciences atomisées.

Parallèlement, la conscience de nos contemporains a changé, sevrée de l'opium des Lumières – celle de la raison critique et du Progrès –, elle est prête, pour combler son manque, à se livrer à n'importe quelle influence. Les symptômes de ce désarroi sont nombreux :

- Goût renouvelé du fantastique qui se manifeste dans le cinéma, la bande dessinée, ou dans la vogue des jeux comme « Donjons et Dragons » plus ou moins inspirés des légendes arthuriennes. La sorcellerie puérile s'étend (Harry Potter) et nos rituels saisonniers s'en trouvent affectés (Halloween).

- Le développement de thérapies qui échappent aux paradigmes de la médecine classique, homéopathie, acupuncture, élixirs floraux, et plus récemment ethnopsychiatrie (Tobie Nathan) où les psychiatres jouent les chamanes et n'hésitent plus à se prêter à la « gri-gri thérapie ».

- Les psychanalyses sont à présent doublées par toute une série de pratiques dans lesquelles le « gourou » joue explicitement avec les auras, les vies antérieures ou de ses ascendants, la transe et la possession.

- Les sectes prennent la place des institutions ecclésiales trop adaptées à la vision désenchantée du monde.

- Les sciences traditionnelles réapparaissent, même sous les traits pathologiques de l'occultisme : il n'est pas de meilleur sujet pour animer une conversation que l'astrologie ou la parapsychologie.

Bref, l'orgueilleuse déesse Raison, celle de la démarche analytique cartésienne, celle dont les lumières éclairèrent les encyclopédistes, celle que les révolutionnaires de 1793 encensaient sur les autels de Notre-Dame de Paris, est en train d'imploser. Voici donc venir le temps des faux prophètes…

Il ne s'agit pas là d'un petit courant qu'on pourrait dénoncer dans quelque secte *New Age*, mais d'une profonde révolution épistémologique.

La tentation de l'Église sera de dénoncer ce qui émerge au nom des adaptations qu'elle avait consenties à l'épistémologie matérialiste et rationaliste précédente. Les modernistes y verront un retour de la mentalité « archaïque » et « populaire », les progressistes une fuite pour ne pas s'engager dans les combats de l'histoire, les traditionalistes dénonceront ces pratiques hétérodoxes et les charismatiques voudront voir l'action des démons derrière tout phénomène subtil. À travers cette belle unanimité, l'Église risque de passer à côté de l'ampleur de ce changement d'*épistémè*.

Pour pouvoir exercer sa fonction de discernement, il lui faudrait recourir aux critères non des trois derniers siècles, mais remonter à la Renaissance ou plus loin dans le temps. Car dans le réenchantement du monde, il n'y a pas que les anges qui reviennent. En 1945, dans son ouvrage sur *Le Règne de la quantité* et *les signes des temps*, René Guénon avait clairement diagnostiqué qu'à l'extrême du processus affectant cette fin de l'âge de fer, une phase de dissolution devait succéder à la solidification matérialiste du monde et à sa conception par les hommes. Ce basculement devait se manifester par le passage d'un matérialisme théorique et pratique à la multiplication des manifestations néo-spiritualistes que Guénon dénonçait comme des formes beaucoup plus subtiles et nocives de subversion anti-traditionnelle.

Le problème central qui caractérise notre société réside moins dans l'incroyance que dans la multiplication des croyances subjectives correspondant à la société anomique et individualiste.

XIII. POUR NE PAS CONCLURE

La faiblesse actuelle de l'Église, c'est cette mentalité « moderne » – et c'était déjà vrai pour la mentalité « classique » – qui est une hérésie chrétienne et qui se caractérise largement par un oubli de pans entiers de sa Tradition.

Cette pathologie a pu se développer parce que, effectivement, le christianisme est atypique dans les religions humaines. Si la Tradition est ce qui nous relie à l'originel, le christianisme n'est pas seulement traditionnel. *Nova et vetera*, l'Église n'est pas seulement tournée vers le paradis fondateur, mais elle annonce la Jérusalem céleste, et bien plus encore, elle affirme que le Royaume est déjà là. Cette foi est pleine de risques si elle oublie la Sagesse traditionnelle de l'ordre naturel, de la justice : « *je ne suis pas venu pour abolir la Loi, mais pour l'accomplir* », dit le Christ.

Le Verbe de Dieu s'est incarné dans une tradition particulière ; dans sa toute-puissance il aurait pu s'imposer directement à tous les hommes par une révélation babélienne qui manierait les abstractions à la façon des « grands principes jacobins » ou de quelque vulgate « œcuménique » d'une Tradition qui se présenterait directement comme universelle. Or le Christ s'incarne dans un petit peuple obscur[199] de la Méditerranée orientale et sa vie s'inscrit dans la tradition des Hébreux. C'est par cette tradition, celle des prophètes, qu'il est amené à se faire reconnaître comme Messie. Il ne se fait pas connaître, il se fait reconnaître[200].

D'un autre côté, lorsque les juifs lui demandent un signe, le Christ répond (Luc, 11, 29-32) : « *Cette génération est une génération mauvaise : elle demande un signe, mais en fait de signe, il ne lui sera*

---

[199] L'interpréter en termes d'humilité friserait l'antisémitisme.
[200] Comme Jésus aux compagnons d'Emmaüs ou Ulysse de retour à Ithaque.

donné que celui de Jonas. Car Jonas a été un signe pour les habitants de Ninive ; il en sera de même avec le Fils de l'homme pour cette génération ». Le signe de Jonas annonce d'une part que comme le prophète est resté trois jours dans le ventre de la baleine, le Messie ressuscitera le troisième jour de sa mise au tombeau. Mais aussi, ce signe annonce la destination universelle de la Révélation. Car Jonas ne prêche pas le repentir dans une ville juive, mais à Ninive, la grande ville des gentils.

Bien plus, le Christ n'est pas seulement prêtre selon l'ordre d'Aaron, il est aussi « *prêtre selon l'ordre de Melkitsédek* », cette figure du Roi-Prêtre de la Tradition universelle[201]. L'universel se donne dans le particulier.

Les marcionistes auraient bien voulu que le Nouveau Testament se présentât comme en rupture avec l'Ancien Testament, ce n'est pas possible et l'Église – le « *verus Israël* » – a écarté cette configuration d'une eschatologie coupée d'une tradition originelle. Le salut s'enchâsse dans la tradition des prophètes et dans la tradition de l'Église. Dans les deux cas, une loi est donnée, non pas que la loi soit le salut, mais elle est nécessaire aux hommes pour vivre dans les temps d'épreuve et pour leur faire connaître qu'ils ont besoin du salut.

L'Église a su tout au long de son histoire, « tricoter » la grâce avec la loi – le plus souvent « l'ordre naturel » ; quand l'homme veut arbitrairement trancher entre l'espérance eschatologique et la Tradition, il transforme la foi en idéologie, il perd Dieu et il se perd.

Par ailleurs il serait temps de reconnaître que la pastorale qui s'est développée comme un halo du Concile Vatican II – « l'esprit du Concile » – a été, au moins en Occident, un échec lamentable. Je comprends qu'il ne fallait pas « décourager Billancourt », je veux dire ceux qui à l'époque ont cru à une « Nouvelle Pentecôte ». Mais ceux-là ne sont qu'une partie de la minorité qui est restée dans l'Église, ils ne se sont pas reproduits et ils sont en train de mourir…

---

[201] S. Paul, Épître aux Hébreux V – 6.

L'institution ecclésiale a multiplié les autoflagellations de l'Église d'avant-hier – Croisades, Inquisition, Galilée… –, n'est-il pas temps de reconnaître l'échec des orientations de l'Église d'hier qui perdure aujourd'hui ? La pastorale, c'est ce qui traduit ces orientations au niveau des simples fidèles, pratiquants ou non. Or, depuis deux ou trois générations, la même pastorale nous est resservie à satiété avec ses effets désastreux.

La crise de l'Église catholique en Occident est présentée parfois comme la résultante de facteurs exogènes – mouvement inéluctable de sécularisation. La sécularisation a bon dos ! D'ailleurs, la pseudo-sécularisation est elle-même le résultat du compromis que l'Église a passé avec le monde pour penser la déchristianisation en termes d'adhésion aux « valeurs » du monde : croyance au Progrès, anthropocentrisme, rationalisme, subjectivisme, contractualisme…

On objectera que l'Église s'est toujours plus ou moins bien adaptée aux normes des cultures et des époques. Certes, mais ces normes étaient « païennes », religieuses, donc « christianisables », relevant d'un ordre naturel créé. Alors que les normes du monde moderne sont des hérésies du christianisme, l'Église, sous la pression de l'époque, se reconnaît dans ces (ses ?) normes et s'aplatit devant elles. Elle peut même s'y perdre. Ce ralliement aux « valeurs du monde » est d'autant plus ridicule que le monde ne croit plus au Progrès et doute de ses « valeurs » – c'est la post-modernité.

Les causes de la crise sont évidemment surtout endogènes. S'il n'y avait la résistance « archaïque » et providentielle des dogmes et de la liturgie, la pastorale aurait complètement passé :

- de la Révélation des dogmes au libre examen – de chacun « inspiré par l'Esprit » ;
- du Royaume hiérarchique du Christ-Roi au « peuple de Dieu en marche » – la démocratie : idéal de l'Église pour le monde et pour elle-même ;
- de « l'Église militante » au mondialisme non-violent par le « dialogue » babélien qui relativise tout dans une « novlangue » consensuelle.

L'Église me semble écartelée entre l'ordre naturel du monde et l'espérance de la Jérusalem céleste. Sa tentation : abandonner la Justice de l'ordre naturel donne l'illusion de se retrouver dans la grâce surnaturelle. Ce « pseudo-surnaturalisme » ressemble à la façon dont le démon tente Jésus au désert. À ce jeu, l'Église ne ferait probablement qu'accélérer la venue de l'Antéchrist…[203]

Certes, le Christ dort dans la barque de Pierre, et nous nous inquiétons et gémissons, car nous coulons, mais quand même nous espérons… Le redressement que nous espérons dépend en partie des traditionalistes à condition qu'ils ne se coupent pas de l'Église institutionnelle. Les « tradis » ont fait la preuve que leurs positions sont viables ; qu'ils sortent de leurs chapelles et cessent de se réfugier dans une mentalité d'émigrés de l'intérieur.

Ce traditionalisme de la reconquête doit être le plus inclusif possible. Toute famille spirituelle qui reconnaît les fondements traditionnels de l'Église – dans l'Église et éventuellement même dans ses marges – ne devrait-elle pas être considérée comme alliée. Il faut donc savoir passer d'un traditionalisme défensif, correspondant à la période où le progressisme semblait triompher, à un traditionalisme offensif, maintenant que le progressisme connaît une crise durable.

---

[203] Ce qui est peut-être providentiel, je ne l'exclus pas ni ne puis l'affirmer.

ANNEXE – MANIFESTE POUR UNE CRITIQUE TRADITIONELLE DE LA MODERNITÉ

En 1974 en marge d'un colloque que j'avais organisé à la faculté de philosophie et sociologie de Grenoble, je publiais le manifeste suivant. Rétrospectivement je le republie pour montrer la continuité d'une pensée et quelques naïvetés de jeunesse. Le contexte philosophique y est très présent et ma croyance en la tendance des savants à faire de nouvelles synthèses plus holistiques me semble avoir péché par optimisme : si certains savants sont tentés par quelque gnose, les sciences, elles, restent de plus en plus pointillistes. Enfin on pourra dans ce texte comprendre comment il était possible dans une perspective post-moderne de retourner la subversion contre elle-même.

1. *De la mort de l'Homme à la résurrection des dieux*

Le non-sens de la société industrielle est devenu un lieu commun de la pensée contemporaine, et l'évidence flagrante du bouleversement des fondements culturels rend désormais inutile tout projet de recensement des symptômes de crise qui ne serait pas en même temps une explication du phénomène. À la crise de l'intelligence, l'intelligence de la crise peut-elle apporter une réponse ?

Dans la littérature ou dans les arts, la délectation dans la dérision ou dans l'absurde, la consommation accélérée des modes, la recherche systématique des normes implicites qui resteraient encore à subvertir (anti-roman, anti-tableau, anti-musique, etc.) reflètent une crise intellectuelle, spirituelle peut-être, dont il faut préciser le diagnostic.

• Que ce soit pour constater le fait, ou pour le dénoncer comme une intolérable aliénation, la culture « moderne », mettant un terme à l'anthropocentrisme, reconnaît que l'individu ne constitue pas son propre fondement. Faut-il pleurer « la mort de l'Homme » dont le nihilisme semble l'ultime et nécessaire accomplissement ? Ou bien l'agonie des « immortels principes » (et de tous leurs avatars) laisse-t-elle espérer le retournement épistémologique de la Tradition ? Les critiques de la modernité, en fissurant l'édifice impeccable des rationalisations historicistes, anthropocentriques et désacralisées ont découvert un abîme que seul l'absolu du nihilisme ou de la Tradition peut combler. Après Heidegger et Foucault, seuls peut-être les hérétiques de l'âge classique tels le marquis de Sade ou à l'opposé Joseph de Maistre, demeurent nos contemporains.

La décomposition des religions séculières, ces eschatologies frelatées, indique-t-elle la fin de toute eschatologie ? La réponse est peut-être donnée par quelques signes :

- Le gauchisme spontanéiste, agent subversif de la pensée progressiste (hégélienne, marxiste, libérale ou technocratique) semble à son tour subverti par le sacré. Les effets en chaîne qu'ont pu provoquer, à des niveaux différents des œuvres comme celles des maîtres hippies, de Soljenitsyne ou de Maurice Clavel témoignent de ce phénomène. En particulier, le rejet des conceptions de l'homme comme « être de besoins », « *homo faber* » ou « *homo economicus* » et l'exploration du désir infini risquent de faire apparaître ce qui dans l'homme passe l'homme.

- Derrière les pratiques dévoyées telles que : retour du « Bon Sauvage », mode rétro, verbiage écologique, hystérie des espaces verts et de la nourriture « naturelle », musique folk, « jeunes filles du temps passé » de David Hamilton, comment ne pas entendre un fantastique et commun discours sur le paradis (paradigme) perdu ?

- Enfin, c'est au moment où les théologiens professionnels chantent la cité séculière, la démythification et la désacralisation de la foi, que les sciences humaines découvrent l'importance de la pensée mythique et sacrée – Jung, Bataille, Caillois, E. Cassirer, M. Eliade, H. Corbin, Massignon, J. Servier, G. Durand, Ch. Delacampagne et bien d'autres comme René Guénon.

- La science elle-même, naguère suprême référence d'un monde laïcisé se trouve maintenant en butte aux interrogations de ses grands prêtres, sur ses finalités, ses limites et ses moyens. Parties à la conquête de la connaissance totale dans un grand mouvement prométhéen qui pensait balayer les « obscurantismes » mythico-religieux, les sciences se sont morcelées et spécialisées en autant de micro-chapelles aux jargons techniques n'embrassant que des aperçus de plus en plus partiels du réel. De là, l'angoisse de redécouvrir un savoir unifié, une connaissance qui relierait la multiplicité des savoirs techniques en retrouvant leur signification perdue et rétablirait les indispensables correspondances. Parallèlement, les sciences modernes dans leur démarche fondamentalement matérialiste, relativiste et « héraclitéenne » redécouvrent, à la pointe ultime de leurs recherches, l'unité du vivant, l'ordre organique et harmonique de l'univers et la priorité des invariants. Elles mesurent maintenant combien une appréhension purement quantitative du réel peut être partiale et fausse. Il n'est donc pas douteux que les fondements sur lesquels se sont constitués les savoirs et le système de représentations du monde contemporain – l'*épistémè* classique définie par Michel Foucault – sont en train de se fissurer.

2. *Pourtant l'idéologie anthropocentrique pèse plus que jamais*

Dans l'université, la recherche, les arts, l'édition, ce sont les mêmes principes qui servent de référence à toute l'intelligentsia occidentale. Comme la vague à la fin de sa course s'étale sur la plage, le rationalisme anthropocentrique, historiciste et désacralisé, malgré ses contradictions et son faible dynamisme, n'a jamais étendu autant son conformisme dans tous les domaines, au point que les plus fondamentales contestations du monde moderne ne peuvent s'exprimer que dans les catégories de l'idéologie dominante.

Alors que dans toutes les sociétés traditionnelles, des clercs disent l'ordre du monde derrière le désordre apparent, dans le monde moderne, les intellectuels disent le désordre derrière l'ordre apparent. Ou plutôt c'est l'ordre des choses qui, particulièrement dans les découvertes des sciences humaines, est donné comme le désordre d'une intolérable aliénation.

Notre but consiste d'abord à contribuer à multiplier les espaces « libérés » où il sera possible à ceux qui auront pris conscience de la pesanteur de cette idéologie dominante de « penser autrement » et d'exprimer cette pensée.

Des disciples rigoureux de la scolastique aux adeptes de la voie symbolique, des contre-révolutionnaires aux « nouveaux philosophes », et tous les chercheurs en sciences humaines déçus par la phraséologie et les dogmes « bas-marxistes », chacun peut apporter sa contribution à la critique de l'idéologie dominante dont les totalitarismes contemporains sont l'émanation. En particulier, nous aurons à poser au monde moderne la question qui lui est le plus subversive : celle de la Tradition.

3. *Un retour post-moderne à la Tradition ?*

Notre projet est subversif en ce sens qu'il tient compte des fissures, des contradictions, des tensions au sein de l'édifice qu'il veut abattre. Or, nous constatons que la post-modernité comme pensée de pointe de l'idéologie dominante est en train de retourner contre elle-même les armes de la critique.

Là où l'âge critique mettait en cause les coutumes d'un peuple au nom de la Raison, glorifiait la Technique comme négation de l'ordre du monde (Hegel), légitimait l'impérialisme au nom des Grands Principes, et justifiait les pires oppressions totalitaires au nom de l'Histoire, la post-modernité se présente comme une critique de la critique, une négation de la négation qui rend possible, enfin, l'émergence d'un discours positif.

L'ethnologie, l'histoire des mentalités, la Nouvelle Philosophie sont venues nous révéler que les « immortels principes » issus des « Lumières », n'étaient que des catégories transitoires, étroitement confinés dans l'espace d'une culture, ou le temps d'une *épistémè*.

Car la nouvelle épistémologie qui se dessine en mettant en évidence les phénomènes de rupture a pulvérisé en tronçons discontinus l'histoire sainte du progressisme.

Aussi ce serait une erreur stratégique de lutter, dans un réflexe conservateur, contre les critiques de la post-modernité. La tâche d'une critique vraiment traditionnelle n'est pas de défendre le désordre établi, la négation d'hier contre la négation de la négation, la cécité de l'âge critique contre la reconnaissance de cette cécité. Notre objectif est d'accoucher la modernité de ce vers quoi elle tend et d'achever ainsi de la délivrer de l'idéologie dominante anthropocentrique.

Au traditionalisme contre-révolutionnaire (celui de la résistance d'un J. de Maistre ou d'un Bonald) doit succéder un traditionalisme postrévolutionnaire au temps de la révolution achevée.

Quand les « immortels principes » agonisent, malades de leur triomphe-même, il est possible de développer un « traditionalisme » de la subversion et de l'espérance, dont le double rôle sera de parfaire la critique post-moderne en la portant au niveau le plus fondamental et de montrer les voies possibles du dépassement du nihilisme contemporain[204].

4. Une recherche de la Tradition non-traditionnelle ?

• Pour paradoxal que cela paraisse : il faut prévenir l'objection, la critique « traditionaliste » que nous aurons à développer ne peut retrouver l'exacte vision traditionnelle au sens où l'emploient des sociologues contemporains dont certains affirment que l'ordre ne peut s'y perpétuer qu'à la condition qu'il soit tenu comme le seul possible. Dans ces sociétés, les solutions traditionnelles seraient perçues comme nécessaires et immuables et non comme des possibilités parmi d'autres. Pour notre part, nous connaissons la diversité historique et culturelle et donc la relativité des solutions que l'homme a pu trouver pour s'établir dans ce monde. En ce sens, notre critique n'est pas le fait de Bororos ou de Brahmanes rescapés. Elle est bien dans la modernité dont elle n'est qu'un des dépassements possibles.

---

[204] Cette attitude devrait se traduire dans la façon dont nous poserons les problèmes et dans notre vocabulaire : nous n'avons pas à « défendre les valeurs de la civilisation occidentale face à la subversion », mais à découvrir et renverser les idoles que servent consciemment ou non les dévots du Progrès, de la Technique ou de la Révolution.

Mais si nous ne prenons pas une culture pour une nature, cela nous dispense-t-il de rechercher la nature de la nature humaine ?

- D'autre part, notre position n'est pas non plus traditionaliste au sens banal du terme. C'est-à-dire que nous ne portons pas au passé un intérêt privilégié en tant qu'il est passé. L'étude de l'Histoire ne présente pour nous d'intérêt qu'en tant que recherche de ce qui est permanent (ce qui se transmet, et non le pittoresque des ruines)[205] ou des exemples d'autres voies possibles pour l'homme. Si l'on s'est tourné vers le passé, c'est pour y découvrir ce qui traverse l'Histoire (le permanent) et non le périmé. En ce sens, l'Histoire ne nous polarise pas plus que l'ethnologie (dans la mesure où elle se débarrasse des projections ethnocentriques) ou la psychologie des profondeurs.

- Enfin, quelles que soient les convictions de certains d'entre eux, ceux qui poursuivent cette recherche post-moderne d'esprit traditionnel ne sont pas dépositaires en tant que tels d'une Tradition au sens religieux ou ésotérique. Cette critique « traditionaliste » n'apporte pas la lumière d'une révélation ; elle n'est que lucidité sur notre cécité, conscience d'un manque, d'une incomplétude, que les rationalisations de l'âge classique voulaient masquer. Mais ce désir mis à nu, parce qu'il est mis à nu, nous apparaît non seulement comme la force qui nous meut, comme béance insatiable, mais aussi peut-être comme la forme d'une transcendance.

5. *Il ne s'agit pas de se mesurer avec ce siècle, mais de le mesurer*

Encore faut-il pour prévenir tous les soupçons, préciser la position de cette critique et la tradition à laquelle elle se réfère. La spécificité d'une telle critique ne provient pas d'une plus grande faculté

---

[205] Encore que la nostalgie ne soit pas elle-même à négliger dans la mesure où la conscience de ce qui est perdu a toujours été une des voies pour retrouver la trace d'une transcendance présente/absente. Le masque peut être plus vrai que le visage, car il est signe renvoyant clairement à autre chose que lui-même.

spéculative ou d'une meilleure information, mais de la position judicieuse qu'elle prend pour analyser la société contemporaine. On sait que la perception d'un phénomène dépend de la position de l'observateur et que, sans altérité, notre culture n'est pas pensable parce que précisément elle est nôtre.

Comme toujours, l'arbre cache la forêt : ce dont on ne peut prendre conscience, ce dont on discute c'est ce sur quoi on se dispute ; tandis que l'essentiel des thèmes consensuels reste implicite et la configuration de notre personnalité de base, inconsciente.

Au-delà des reflets illusoires de la moire, la trame du tissu culturel dans laquelle nous sommes insérés ne peut que nous échapper si nous ne parvenons pas à nous situer par rapport à une altérité, un terme de comparaison. On ne peut peser un objet qu'en relation avec un système extérieur et « transcendant » de mesure ; on ne peut cerner une forme qu'en la situant sur un fond.

Aussi un « arrière-monde » est-il nécessaire pour comprendre ce monde, décrypter ses fondements implicites susceptibles de censurer l'analyse. Si la modernité est l'aboutissement d'une culture anthropocentrique qui refuse tout arrière-monde et a ainsi littéralement perdu le sens (la signification et sa direction), la critique d'esprit traditionnel sera définie ici comme une tentative pour penser cette culture dans ses rapports avec « l'Altérité » qu'elle rejette.

Nous savons que les utopies forgées par les idéologies dominantes ne sont que de fausses altérités, produites par les sociétés-mêmes que souvent elles prétendent combattre. Pour mesurer l'homme contemporain, l'Histoire nous offre l'homme d'avant, l'ethnologie l'homme d'ailleurs, et la psychologie des profondeurs (et la *philosophia perennis*…) l'homme de toujours.

Est-il possible à partir de cette mémoire critique qui cerne la nature paradoxale de l'homme, de renouer avec une Tradition qui serait l'intelligence de l'intelligence du monde, affirmation de la Transcendance dans l'histoire et le cosmos, restauration de l'image de Dieu dans l'homme ? Nous en faisons le pari.

6. *Le témoignage des idoles*

Cependant, si tradition veut dire transmission, que pouvons-nous transmettre que nous n'ayons nous-mêmes reçu ? Que signifie ce désir de Tradition ? En quoi consiste le manque ? Comment a-t-on pu rompre avec la Tradition si elle est l'éternel présent de l'homme ? (« *Ce qui a été cru toujours, partout et par tous* »)[206]. Si ce sentiment de rupture était véritable, la tradition ne serait-elle pas une illusion ? L'évidence de la rupture n'est peut-être que le signe de notre cécité : ce n'est pas la lumière qui manque, c'est la vue.

Le sens fait-il défaut ? Le cosmos est-il redevenu chaos ? L'Homme a-t-il perdu sa nature ? Ou bien notre système de représentations (l'idéologie dominante) nous empêche-t-il de reconnaître les forêts dans les supermarchés, le pèlerin dans le touriste et l'attente du Paraclet dans l'action révolutionnaire ?

« *En fait* – affirme Michel Foucault – *quand l'homme demeure étranger à ce qui se passe dans son langage, quand il ne peut reconnaître de signification humaine et vivante aux productions de son activité, lorsque les déterminations économiques et sociales le contraignent, sans qu'il puisse trouver sa Patrie dans ce monde, alors il vit dans une culture qui rend possible la schizophrénie.*

Le monde contemporain rend possible la schizophrénie non parce que ses événements le rendent inhumain et abstrait ; mais parce que notre culture fait du monde une telle lecture que l'homme lui-même ne peut s'y reconnaître. » Et Foucault ajoute : « *Ce rapport général que l'homme a établi, voici bientôt deux siècles, de lui-même, c'est celui que l'homme a substitué à son rapport à la vérité de la vérité* »[207].

---

[206] Cf. La règle de S. Vincent de Lérins : « *quod semper, quod ubique, quod ab omnibus creditum est* ».
[207] Michel Foucault – *Écrits de jeunesse*, publié en 1960, non réédité, cité pp. 199 et 200 par Maurice Clavel, *Ce que je crois*, 1975, Grasset.

En soupçonnant les idées et les pratiques courantes[208] au nom du permanent, du sacré, du transcendant, la critique d'esprit traditionnel révèle le dieu refoulé dans l'idole et tente ainsi de renverser le rapport établi par l'idéologie anthropocentrique en « dé-couvrant » et en re-connaissant la tradition toujours présente au sein même du monde moderne et d'abord dans cette idéologie elle-même.

Alors que l'idéologie se donnait comme scientifique en déformant le concept de science, la modernité nous a permis de démasquer la nature religieuse de l'idéologie. Non pas comme l'ont souvent affirmé les critiques « positivistes » ou machiavéliennes que les « -ismes », les « religions séculières » soient des illusions parce qu'elles sont de nature religieuse, mais au contraire, l'illusion de l'idéologie réside dans l'ignorance et la déformation de la vérité religieuse qui l'anime.

« Religion de contrebande », écrit Henri Desroche ; ce n'est pas la marchandise qui est fausse, mais l'absence de représentations qui nous empêche de reconnaître la vérité de cette marchandise. C'est la cécité occidentale sur sa propre vérité qui constitue celle-ci en idéologie.

Nietzsche d'abord, Heidegger, Foucault et tous les penseurs de la post-modernité, en décapant l'idéologie de ses « dérivations », mettent à nu le « résidu » religieux. En tirant sa force de ce qu'elle nie, plus l'idolâtrie est adhérente, plus elle témoigne de l'incoercible désir de transcendance qu'elle exprime, masque et refoule à la fois.

7. Le nihilisme... Enfin !

Chaque époque a probablement eu ses médiations plus ou moins opaques[209] susceptibles d'être idolâtrées, mais aussi de conduire au dieu caché.

---

[208] En trouver des exemples dans Léon Bloy, *Exégèse des lieux communs,* coll. Idées.
[209] Il y a toujours une « lettre » pour garder « l'esprit », mais il est des gardiens qui enferment plus qu'ils ne protègent.

Mais si changer de regard était insuffisant et si la critique postmoderne ne parvenait pas, au terme de ce parcours néguentropique, à donner un contenu clairement défini à la Tradition, elle parviendrait tout de même, par la conscience d'un arrière-monde manquant, à donner un sens à ce monde.

Le nihilisme parce qu'il est invivable, nous force mieux que toute médiation à retrouver la transcendance. Alain Besançon définit l'idéologie (on pourrait dire l'idolâtrie) comme la « voie rapide »[210]. Elle est la « voie directissime » pour répondre à notre désir d'absolu en tentant de l'incarner ici-bas ; celle à partir de laquelle la chute est la plus vertigineuse : « *Vous serez comme des dieux* », nous dit la Genèse.

Le dépassement « traditionaliste » du nihilisme, au contraire, peut être considéré comme une voie indirecte : celle qui nous fait affronter le désir comme absence. Peut-être cette nostalgie de la tradition, cette quête de la trace de Dieu peut être la trace que Dieu a imprimée dans le monde ; ou tout au moins, celle qui nous est aujourd'hui accessible. Depuis Œdipe, toutes les sagesses du monde nos ont montré comment la cécité reconnue était signe de lucidité.

Les « lumières » du XVIIIe siècle s'éteignent, avec tous les lampions que l'homme y a accrochés. Au pire nous est donnée la chance d'explorer la nuit des sens et de reconnaître par le manque infini qui est en nous, la présence en creux d'une image de l'infini.

---

[210] Dans un écrit qu'il a rédigé en collaboration avec le R.P. Le Guillou : « Le mystère du Père ».

TABLE DES MATIÈRES

Préface par Fabrice Hadjadj		13
Introduction		23
I	**Le déclin du mythe du progrès permet de repenser le religieux**	37
	1. L'homme est-il naturellement religieux ?	38
	2. Penser le religieux comme distinct	39
	3. Des formes religieuses variables	41
	4. Des typologies religieuses contestables	42
	5. Religion et économie sacrificielle	43
	6. Théories évolutionnistes et stades de développement	44
	7. Misère de l'apologétique progressiste	48
	8. Mytho-logiques…	49
	9. De quelle nature relève la « sécularisation » de notre société	50
	10. Sécularisation ou plutôt déchristianisation ?	53
	11. La modernité, fille du christianisme	62
II	**Les « Noces de Cana » et le sens de l'histoire : considérations sur la place anachronique du christianisme dans les cycles historiques**	65
	1. L'eau changée en vin	67
	2. Les tribulations des fils d'Adam	70
	3. l'Esprit vient au secours de notre faiblesse	74
	4. « Mon heure n'est pas encore venue »	75
	5. La Vierge et les noces	76
	6. Les serviteurs et le Maître du banquet	78
	7. L'anachronisme de l'Église	80

III	**L'Église et la « *philosophia perennis* »**	83
	1. Pourquoi l'Église s'est-elle alliée avec ses pires adversaires ?	83
	2. La Tradition dans l'Église et dans la « *philosophia perennis* »	88
	3. Du bon usage pour un catholique de l'œuvre de René Guénon	96
	4. La Tradition pérenne : une part ancienne de la doctrine de l'Église	103
	5. Tradition et traditions	104
	6. La Tradition est-elle un mythe ?	109
	7. Être « traditionaliste »	113
IV	**Catholicité, c'est-à-dire œcuménisme**	115
	1. L'Église et les religions	115
	2. L'œcuménisme en pratique	118
	3. Le christianisme n'a pas à entrer en concurrence avec les religions	119
	4. Paganisme et hérésies	121
	5. Les anges ne sont pas tous des démons	123
	6. Pour vraiment « dialoguer » avec les religions, l'Église doit-elle renoncer à son adhésion aux paradigmes de la modernité ?	125
V	**La voie du guerrier et le christianisme**	131
	1. La chrétienté a réussi à transformer des soudards en chevaliers	132
	2. Entre le faire et l'être, le combat	135
	3. La chevalerie, voie universelle	136
	4. Le christianisme héroïque	139
	5. Métaphysique de la guerre	143
	6. *Pax in bello*	145
	7. L'héroïsme divin	147
	8. L'Espérance et les espoirs	148
VI	**Le retour des « clercs » et la religion prométhéenne**	151
	1. L'Ordre des clercs et la tripartition sociale	151
	2. La dynamique des Ordres dans la société occidentale	156
	3. Structure du fait religieux	158
	4. Les fondements de la religion prométhéenne	161
	5. Le Mythe originel de la religion prométhéenne	164
	6. La religion prométhéenne, idéologie dominante	171

VII	Le « venin du Magnificat »	183
	1. L'espérance du « *pharmacos* »	183
	2. Les deux faces du christianisme	183
	3. L'Église (comme chacun d'entre nous) est un champ de bataille	186
	4. Le « christianisme subversif » ?	186
	5. Sur le néopaganisme	187
	6. La « catholicité » peut-elle amender le « christianisme-poison » ?	187
	7. Préférence pour le pauvre : le scandale du retournement de l'ordre naturel	189
	8. Amour et démesure	190
	9. L'*Imago Dei*	190
VIII	La cité de l'unité : Babel ou Jérusalem	193
	1. L'unité, du rêve au cauchemar	193
	2. Comment penser la mondialisation ?	194
	3. La démesure (*hubris*) de l'homme « libéré »	198
	4. Babel ou l'échec de l'unité	200
	5. La Pentecôte, figure symétrique inversée de Babel	202
	6. L'unité : une perspective finale	204
	7. L'unité maléfique, parodie de l'unité divine	204
	8. L'unité totalitaire	206
IX	Art et transcendance ou la malédiction des « artistes maudits »	209
	1. La chute dans l'« art »	210
	2. De l'originalité et du destin des « avant-gardes »	214
	3. De l'efficacité anagogique	215
	4. La crise de l'art sacré	216
	5. Misère de l'artiste libéré	218
	6. Démesure de l'anthropocentrisme	221
	7. De la valeur de l'art	222
X	Qui veut faire l'ange fait la bête	225
	1. L'homme réduit à sa conscience individuelle ou le psychologisme	225
	2. Le corps et les habitudes sont constitutifs de la nature humaine, donc nécessaires et légitimes	230
	3. Le mythe de la « libération »	231
	4. « La chouette de Minerve ne prend son vol qu'à la tombée de la nuit »	232

	5. Le mental et l'intuition métaphysique	234
	6. Des niveaux de compréhension	235
	7. Les médiations nécessaires	237
	8. L'hérésie de l'angélisme	239
	9. Dieu est le premier acteur	240
XI	**Sur l'échec pastoral du progressisme**	243
	1. Les effets de cette pastorale	243
	2. Comment les clercs ont-ils pu adhérer à l'« *aggiornamento* » ?	246
	3. Une « nouvelle » messe	249
XII	**La modernité comme quête dévoyée et impatiente de la Jérusalem céleste**	255
	1. La modernité, hérésie chrétienne	255
	2. Le progressisme prend la tour de Babel pour la Jérusalem céleste	258
	3. La cécité moderniste	261
	4. Le psychologisme ou la confusion du psychique et du spirituel	262
	5. La rupture épistémologique de la post-modernité	265
XIII	**Pour ne pas conclure**	269
Annexe	– **Manifeste pour une critique traditionnelle de la modernité**	273
	1. De la mort de l'Homme à la résurrection des dieux	273
	2. Pourtant l'idéologie anthropocentrique pèse plus que jamais	275
	3. Un retour post-moderne à la Tradition	276
	4. Une recherche de la Tradition non-traditionnelle ?	277
	5. Il ne s'agit pas de se mesurer avec ce siècle mais de le mesurer	278
	6. Le témoignage des idoles	280
	7. Le nihilisme… Enfin !	281

Structures éditoriales
du groupe L'Harmattan

L'Harmattan Italie
Via degli Artisti, 15
10124 Torino
harmattan.italia@gmail.com

L'Harmattan Hongrie
Kossuth l. u. 14-16.
1053 Budapest
harmattan@harmattan.hu

L'Harmattan Sénégal
10 VDN en face Mermoz
BP 45034 Dakar-Fann
senharmattan@gmail.com

L'Harmattan Cameroun
TSINGA/FECAFOOT
BP 11486 Yaoundé
inkoukam@gmail.com

L'Harmattan Burkina Faso
Achille Somé – tengnule@hotmail.fr

L'Harmattan Guinée
Almamya, rue KA 028 OKB Agency
BP 3470 Conakry
harmattanguinee@yahoo.fr

L'Harmattan RDC
185, avenue Nyangwe
Commune de Lingwala – Kinshasa
matangilamusadila@yahoo.fr

L'Harmattan Congo
67, boulevard Denis-Sassou-N'Guesso
BP 2874 Brazzaville
harmattan.congo@yahoo.fr

L'Harmattan Mali
ACI 2000 - Immeuble Mgr Jean Marie Ciss
Bureau 10
BP 145 Bamako-Mali
mali@harmattan.fr

L'Harmattan Togo
Djidjole – Lomé
Maison Amela
face EPP BATOME
ddamela@aol.com

L'Harmattan Côte d'Ivoire
Résidence Karl – Cité des Arts
Abidjan-Cocody
03 BP 1588 Abidjan
espace_harmattan.ci@hotmail.fr

Nos librairies
en France

Librairie internationale
16, rue des Écoles
75005 Paris
librairie.internationale@harmattan.fr
01 40 46 79 11
www.librairieharmattan.com

Librairie des savoirs
21, rue des Écoles
75005 Paris
librairie.sh@harmattan.fr
01 46 34 13 71
www.librairieharmattansh.com

Librairie Le Lucernaire
53, rue Notre-Dame-des-Champs
75006 Paris
librairie@lucernaire.fr
01 42 22 67 13